Caterina von Siena
Gottes Vorsehung

Serie Piper
Band 527

Das Leben der Caterina von Siena (1347–1380) war kurz, ihre Bedeutung und ihre Wirkung auf die Kirchen- wie Geistesgeschichte ist dennoch sehr hoch anzusetzen. Ihr Hauptanliegen war eine Reform der Kirche, die sie durch Reisen und durch eine rege Korrespondenz zu erreichen hoffte. Aus diesen Briefen liegt hier eine repräsentative Auswahl vor, zum Teil neu, zum Teil erstmals übersetzt. Ergänzt werden sie durch drei Abschnitte aus Caterinas berühmtem »Buch von Gottes Vorsehung«, in dem sie ihre geistlichen Erfahrungen zusammengefaßt hat, sowie durch einige Gebete.

Louise Gnädinger, Dr. phil., studierte Romanistik und Philosophie an der Universität Zürich. Sie hat zahlreiche Arbeiten zur Mystik und zu Caterina von Siena publiziert.

TEXTE CHRISTLICHER MYSTIKER

Caterina von Siena

Gottes Vorsehung

Herausgegeben,
eingeleitet und übersetzt
von Louise Gnädinger

Piper
München Zürich

In der Reihe »Texte christlicher Mystiker« liegen bereits vor:

Aurelius Augustinus, Aufstieg zu Gott (521)
Hildegard von Bingen, Gott sehen (522)
Meister Eckhart, Einheit im Sein und Wirken (523)
Ignatius von Loyola, Gott suchen in allen Dingen (524)
Franz von Assisi, Arm unter Armen (525)
Teresa von Avila, Freundschaft mit Gott (526)
Weitere Bände sind in Vorbereitung

ISBN 3-492-10527-0
Februar 1989
R. Piper GmbH & Co. KG, München 1989
Lizenzausgabe mit Genehmigung des Walter-Verlags, Olten

Umschlag: Federico Luci,
unter Verwendung des Gemäldes »S. Caterina« von
Lorenzo di Pietro (Palazzo Pubblico, Siena)
(Foto: Institut für Kunstgeschichte der Universität München)
Satz: Grafische Betriebe des Walter-Verlags
Druck und Bindung: Clausen & Bosse, Leck
Printed in Germany

INHALTSVERZEICHNIS

ANDERE TEXTE

ANHANG

VORWORT

Als Caterina von Siena vor sechshundert Jahren nach längerer Krankheit, die sich im Winter 1380 vehement steigerte, in schwerem Todeskampf starb, war dies einesteils ganz nach ihrem Wunsche. Denn wie sich einst Francesco von Assisi der Frau Armut und Heinrich Seuse der Ewigen Weisheit vermählt hatten, gehörte sie durch eine geistlich erfahrene Trauung der Ewigen Wahrheit an: diese von Angesicht zu Angesicht ohne Trübung und Behinderung zu sehen und zu schmecken, gelüstete sie schon lange. Andererseits ließ sie die Welt, besonders den Leib der Kirche, nur ungern in dem argen und leidvollen Zustand zurück, in dem sie sich auch damals befand. Caterina hatte seit dem vor einigen Jahren durchlebten mystischen Tod die Gewißheit, aus diesem persönlichen Erlebnis des geistigen Sterbens weit über den Kreis ihrer Anhänger, Jünger und Freunde hinaus wirken zu müssen. Diesen Auftrag verstand sie vor allem als intensive Tätigkeit für die Erneuerung der Kirche an allen Gliedern, für die Rückkehr des Papsttums aus dem Exil von Avignon, für die Befriedung der verfeindeten italienischen Städte und Territorien und für die Vereinigung aller Christen im Kreuzzug, der nach mittelalterlicher Vorstellung das Gottesreich auf Erden universal eröffnen sollte. Zur Rückkehr der päpstlichen Kurie mit Gregor XI. nach Rom vermochte sie zwar mit aller Mühe beizutragen, aber das bald darauf ausbrechende abendländische Schisma konnte sie nicht aufhalten. Da dämpfte das immense Leid um die zerrissene Kirche die Begeisterung für den *santo passaggio*. Nur noch Sühne möchte Caterina von Siena leisten. So mündet die aufgetragene Reformtätigkeit in ihren Tod, durch den sie zu wirksamerer Hilfeleistung an der Welt befreit zu sein hofft. Scheinbar sind all ihre Unternehmungen, für die sie sich so ungewöhnlich einsetzte, gescheitert. Trotzdem war sie niemals enttäuscht und immer voller Dank: sie lebte und starb im festen Glauben und in der Hoffnung, daß sie in der Liebeseinheit mit dem menschgewordenen Wort Gottes, das am Kreuze nach allen Seiten sein Blut, Realsymbol der Liebe, verströmte, am Heilswirken Gottes für die Welt teilzunehmen vermöge. Caterinas Geduld – in ihrem Tugendsystem eine grundlegende Kraft – hatte alles natürliche Sträuben vor dem Leiden und selbst den Abscheu vor der menschlichen Niedertracht und Bosheit in Christus dem Gekreuzigten, in dessen Namen sie all ihre Schreiben eröffnet, überwunden. Die schmerzliche Erfahrung und Einsicht, daß die Menschheit trotz Gottes Gnadenangebot versagt, bewirkt ihre stets tiefere Hingabe für die Welt. Caterina von Siena war vor allem durch Leiden und Mitleid ganz in die Weite der Liebe eingetreten. Damit erfüllte sie vorbildlich, vielleicht anders, als es ihr selbst anfänglich vorschwebte, die ihr von Gott übertragene Aufgabe, als Dominikanerin zu Gottes Ehre und zum Heil der ganzen Welt und aller Seelen zu wirken.

In den zahlreichen uns überlieferten Briefen, in ihrem umfangreichen «Buch», dem «Buch von Gottes Vorsehung», und in ihren Gebeten hat Caterina Benincasa ein gewiß verpflichtendes Zeugnis ihrer Gotteserfahrung und ihres Wirkens für die Welt hinterlassen. Sie will, daß alle, ebenso wie sie, vorwärts blicken und selbstlos im Dienste der Ewigen Wahrheit stehen. Eine unvoreingenommene Lektüre in ihren Schriften kann mit dazu verhelfen.

Am Todestag der heiligen Caterina von Siena, dem 29. April 1980.

EINFÜHRUNG

1. LEBEN UND LEGENDE

Die meisten Aufzeichnungen und Berichte über Caterina von Siena, an denen es keineswegs mangelt, haben ihren Grund und Ursprung in der ihr schon zu Lebzeiten, erst recht aber nach dem Tode entgegengebrachten Verehrung. Manche Lebensbeschreibungen, teilweise auch die Abschriften ihrer Briefe, entstammen dem Wunsche, sie kultisch bestätigt und heiliggesprochen zu sehen. So geben die Viten ihres Beichtvaters Raimondo von Capua und ihres Jüngers Stefano Maconi kein Bild der Zeitgeschichte, in die sich Caterina doch sehr mutig verwickeln ließ, sondern ein inneres Bild ihrer Persönlichkeit, nach dem überkommenen Verfahren der Hagiographie stilisiert. Ähnlich dem noch heute in jedem Nachruf sich geltend machenden Bedürfnis nach Exemplarität und Überblickbarkeit eines Lebenslaufes, wird im Heiligenleben das sichtbar gewordene Handeln Gottes im Menschen zu verstehen gesucht. Ein derart konzipierter biographischer Text muß richtig gelesen und eigens interpretiert werden. Aus der trotz ihres kurzen Lebens doch sehr reichen und langen Lebensgeschichte sollen hier nur die hagiographisch wichtigen Episoden hervorgehoben werden, die Caterinas spezifische Geistigkeit, von der ihre Lebensführung bestimmt war, aufzeigen. Daß sich in der Kindheit und frühen Jugend der Heiligen anbahnt, ja in gewissem Sinne schon da ist, was später voll zur Entfaltung kommt, gehört zwar zur legendarischen Stilisierung, entspricht aber gewöhnlich ebenso sehr den einfachen Tatsachen. Caterina wurde als dreiundzwanzigstes Kind der Eltern Jacopo Benincasa und Monna Lapa und als das überlebende Mädchen einer Zwillingsgeburt in eine zahlreiche Großfamilie hineingeboren. Mehrere ihrer älteren Brüder wohnten mit ihren Familien, zusammen mit den Angestellten der väterlichen Färberei und diversen Haushalthilfen unter einem Dach im Viertel zwischen der Fonte Branda und der Kirche San Domenico von Camporeggio. Von der Mutter besonders geliebt, Caterina war das einzige Kind, das sie bis zur Entwöhnung selbst stillte, wuchs sie von einer ganzen Gemeinschaft umhegt auf. Sie lernte, nach dem Bericht Raimondos von Capua, früh gehen und bald Brot statt Milch vertragen, und alle, die ihr Kindergespräch hörten, wollten sie um sich haben, so daß Monna Lapa sie kaum zu Hause zu behalten vermochte. Das einnehmende und durch Zuneigung verwöhnte Kind bekam in den politisch bewegten und durch die Furcht vor der Pest beunruhigten Jahren – sie dezimierte 1348 die Bevölkerung Mitteleuropas drastisch – am Familientisch freilich manches zu hören, was verständlich macht, daß sich das Kind früh um das Los der Menschen zu sorgen begann, wie die *Legenda maior* berichtet. Ebenfalls früh beginnen Caterinas religiöse Erfahrungen und bestimmen all ihre weiteren Lebensetappen. Im Kindesalter sieht sie auf dem gewöhnlichen Rückweg von einem Besuch bei ihrer verheirateten Schwester von der Valle Piatta aus den Erlöser in Lichtglanz über dem Chor von San Domenico. Umgeben von den Aposteln *lächelt* er ihr segnend zu. Nicht nur ihre Familie und Nachbarn, auch Gott kommt ihr freundlich entgegen. Dies ist das Gegengewicht zur frühen Sorge um das Geschick der Menschen, und in den benachbarten Dominikanern erkennt sie eine Lebensform, die beide Erfahrungsbereiche verbindet. Das erlebte Entgegenkommen Gottes weckt vorerst in Caterina den Wunsch zu einer Gegenleistung. Wie später Theresia von Avila als Kind mit ihrem Bruder zum Martyrium ausziehen will und Theresia von Lisieux mit ihren Geschwistern Einsiedlerleben spielt, so will Caterina das Leben der ägyptischen Wüstenväter nachahmen, will, bereits apostolisch und missionarisch wirkend, ihre Gespielinnen dazu animieren. Das Kind Caterina empfindet nun offenbar einen realen Anspruch der so erfahrenen Bereiche um Gott und Menschen und gelobt im Inneren, Jungfrau zu bleiben. Dem Lebensgefühl ihres kindlichen Alters entsprechend denkt sie sich aus, wie einst Euphrosyne, von der sie durch die italienisch abgefaßten Altvätergeschichten des Dominikaners Domenico Cavalca gehört haben wird, als Knabe verkleidet in ein Männerkloster einzutreten, denn wie die Predigerbrüder möchte sie nun wirken.

Als Zwölfjährige wird sie, im damaligen Siena gehörte sich das absolut, streng im Hause gehalten. Jetzt stand sie ernstlich vor der Wahl zwischen Ehe und Kloster, einen anderen Weg gab es nicht, die Eltern hatten an ihrer Stelle schon entschieden und eine Heirat ins Auge gefaßt. Die Mutter Monna Lapa bemüht sich um eine gute Partie und drängt ihre Tochter zu entsprechender Schönheitspflege. Caterina, von ihrer visionären Schau und dem Kummer um die Menschen schon zu sehr in Anspruch genommen, sträubt sich, sieht aber noch keine andere mögliche Lebensform für sich. Die ältere verheiratete Schwester Bonaventura und der mit ihr zusammen aufgewachsene, etwas ältere, bereits Dominikaner gewordene Neffe Tommaso della Fonte sollen die widerspenstige Tochter zur Heirat überreden. Vorübergehend hört Caterina auf Bonaventura und färbt sich, damaliger Mode gemäß, ihr Haar blond: zeitlebens wird sie dies bereuen. An einer scheinbaren Bagatelle war ihr offenbar klar beworden, daß sie von der Wahrheit abwich. Tommaso della Fonte rät ihr, sich zum Zeichen ihres Gelöbnisses die Haare zu schneiden. Das war ein Teil der monastischen Jungfrauenweihe und hatte Rechtskraft; auch die Gefährtin Francescos von Assisi, Clara von Montefalco, hatte dies einst dem elterlichen Anspruch enthoben und für immer dem Ordensleben übergeben. Nach der Stefano Maconi zugeschriebenen *Legenda minor* zögerte Caterina kurz vor diesem definitiven Schritt, denn das bis dahin innerlich verborgen gehaltene Jungfräulichkeitsversprechen würde durch das Haareschneiden offiziellen Charakter erhalten. Sie läßt sich jedoch scheren und die heftige Reaktion der Mutter auf Caterinas eigenmächtige Handlungsweise zeigt, daß sie das Zeichen wohl verstand. Ist nun, mindestens vorderhand, keine Aussicht mehr auf eine Heirat, so muß die Rache folgen: Caterina wird innerhalb der Familie degradiert, ihr wird kein Zimmer mehr zur Verfügung gestellt, sie muß Magddienst leisten. Aus den hagiographischen Berichten geht deutlich hervor, daß Caterina jetzt, wie stets, versucht, ihren Entschluß zu praktizieren. Dazu bindet sie ihre alltägliche Umgebung an ihre innere Welt: sie sieht in ihrem Vater Christus, in den Brüdern die Apostel und so weiter. In den Menschen und durch die Menschen dient sie auf diese Weise jetzt schon Gott. Sie hat auch bereits, wie sie sich später ausdrückt, ihre Zelle ständig bei sich.

Die Viten sprechen im Detail von einer zweiten Vision, in der Caterina unter die seligen Ordensgründer versetzt wird und unter ihnen den heiligen Dominikus für sich wählt, der ihr sein Gewand verspricht. Dies gibt ihr neue innere Klarheit und die Kraft, dem Heiratsanspruch der Familie vollends zu widerstehen. Sie wiederholt das einst gemachte Gelöbnis vor ihren Angehörigen und ihr Entschluß wird nun anerkannt. Wie die verheirateten Söhne bekommt sie jetzt ein Zimmer im Haus, ist also in dieser Beziehung wieder in die Famlie eingeordnet und rehabilitiert. Doch konkretisiert sich ihre Verpflichtung Gott und den Menschen gegenüber stärker. Im Anschluß an die zweite Schau will sie bei den Bußschwestern des heiligen Dominikus, den ihrer Kleidung wegen Mantellaten genannten Terziaren, Aufnahme finden. Sie denkt nicht an den klausurierten Zweig der Dominikanerinnen, sie spürt offensichtlich, daß sie für ihr weiteres Wirken Bewegungsfreiheit braucht, obschon sie natürlich Einzelheiten noch nicht vorauszusehen vermag. Daß sie zu stärkerer Klarheit und Entschiedenheit gelangen muß, zeigt ihre Zurückgezogenheit und ihr jetziges von strengen Bußübungen erfülltes Leben. Monna Lapa wendet, um ihre Tochter Caterina von einer ungewöhnlichen Lebensweise abzuhalten, eine mütterliche List an. Sie nimmt Caterina, damit sie sich ‹zerstreue› und auf ‹normale› Gedanken komme, mit in das Schwefelbad von Vignone im Val d'Orcia in der Nähe Sienas. Caterina kann noch immer nicht verwirklichen, was sie für sich erkannt hat und wird krank. Endlich bittet die Mutter um Aufnahme ihrer Tochter bei den Mantellaten. Unter ihnen gibt es aber bis jetzt nur Witwen und ältere bestandene Frauen, die sich weigern, eine junge Tochter, die Skandal auslösen könnte, aufzunehmen. Nach einer Begutachtung Caterinas, bei der sie als «nicht übermäßige Schönheit» doch aufnahmewürdig befunden wurde, fand die Einkleidung in San Domenico statt. Von jetzt an will Caterina ihrem Kleide gemäß leben. Dabei belästigt sie nach der Legende der Versucher unter anderem mit der Vorhaltung, sie solle doch so leben wie alle anderen: «Du kannst doch auch so Gott wohlgefällig sein». In ihrer Zelle vernimmt sie von Christus her die Frage: «Weißt du, wer du bist und wer ich bin?» Diese augustinische Frage nach der Gottes- und Selbsterkenntnis eröffnet Caterina bald den Weg zum Mitmenschen: sie führt sie zurück in die Kindheit, als sie in den Predigerorden eintreten wollte, um dem Heil der Seelen nützlich zu sein.

In diese Zeit fällt Caterinas geistliche Vermählung mit Christus, dem sie durch ihren Lebensstand und ihre Lebensregel, nun noch stärker im Innersten ihrer Person angetraut ist. Sie erfährt eine intime Lebensgemeinschaft mit Gott in Jesus Christus, aus der sich sofort eine Aufgabe an die Welt, vorerst in ihrer nächsten Umgebung, ableitet. Augenblicklich soll sie die Tür ihrer Kammer öffnen und am Familientisch das gemeinsame Mittagsmahl einnehmen; in hagiographischer Formulierung: Caterina vermag von nun an schnell aus den Höhen der

Meditation zu den Bedürfnissen ihrer Mitmenschen niederzusteigen. Doch weitet sich der Kreis unaufhaltsam. Zuerst geht sie auf Arme zu, die ihr beim Kirchgang oder vor dem Hause begegnen. Dann pflegt sie schwierige Schwerkranke im Quartier, besucht Gefangene, verkehrt in rivalisierenden Familien und löst dort Versöhnung und Bekehrung aus. Bereits bildet sich um sie eine eigene *famiglia*. Hatte sie schon im väterlichen Hause die bürgerliche Hierarchie nicht beachtet und, zum Leidwesen ihrer Eltern, die sich in einem Ehrenpunkt verletzt fühlten, die kranke Magd gepflegt sowie bei der Arbeit vertreten, so konstituiert sich von jetzt an eine ganz neu geartete Gemeinschaft um sie als die *mamma dolce*. Im Bilde des Herzenstausches berichtet die *Legenda maior* von Caterinas fortschreitendem Abbau des selbstsüchtigen Eigenwillens und einer zunehmenden Enteigung ihrer selbst zugunsten ihrer Freunde und Anhänger: im Herzenstausch entreißt ihr Christus ihr eigenes, immer noch teilweise ichbezogenes Herz, um es durch sein eigenes zu ersetzen.
Am Feste der Bekehrung Pauli im Jahre 1370 erlebt Caterina ein innerliches, in geistlicher Fachsprache *mors mystica* genanntes Sterben, nach dem sie nicht mehr bloß allgemein bereit ist, ihr Leben ganz ihren Mitmenschen hinzugeben, wie nach dem Herzenstausch, sondern einer inneren Ansprache folgend will sie konkret wirksam werden durch Unterweisung und Predigt. Bald beginnt sie in Begleitung ihrer *famiglia* ihre Reisen in die Umgebung Sienas, Bekehrungsansprachen haltend.
An diesem Lebensabschnitt beginnt die Legende unaufhaltsam mit der Wiedergabe von Mirakelerzählungen. Diese Wundergeschichten sollen das Handeln Gottes durch Caterina illustrieren. Manches an ihr wirkte bestimmt wunderbar: in ihrer Wahrhaftigkeit, mit der sie stets verwirklichte, was sie als ihre Aufgabe erkannte, sich selbst dabei großherzig übersteigend, mußte sie gewaltig beeindrucken. Dies ist auch der Moment, in welchem sie in die sogenannte Zeitgeschichte eintritt. Ihr

von der Legende gezeichnetes inneres Bild wird nun von einem öffentlichen Leben abgelöst.
Während sie ihren aus ‹normaler› Perspektive gesehen absonderlichen Weg, von vielen Anhängern begleitet, ging, wurde auch Kritik an ihrer Lebensweise laut. Skeptische Äußerungen, ja Klagen über ihr Verhalten, das in seinem Überschwang anmaßend erschien, veranlaßten wohl das Ordenskapitel der Dominikaner sie zu Pfingsten 1374 nach Florenz zu laden. Zusätzlich ging es vielleicht auch um Zweifel an ihrer Rechtgläubigkeit, da sie doch die Spuren der franziskanischen Spiritualen zu berühren schien. Sie vermochte in Florenz aber eindeutig zu überzeugen; ja von nun an erlaubt ihr eine Bulle Papst Gregors XI. sogar, auf ihren Reisen drei Beichtiger bei sich zu haben, welche die Neubekehrten sofort mit dem sakramentalen Leben vertraut zu machen hatten. Auch beginnt der Kreuzzugsplan Gregors Formen anzunehmen und Caterina will sich gerne dafür einsetzen, denn sie wünscht jetzt das Heil der Seele für alle, sogar über die Grenzen der Kirche, wohin alle zurückgeholt werden sollen, hinaus. Der Dominikaner Raimondo von Capua wird ihr und ihrer *famiglia* als geistlicher Berater und Vater gegeben. 1375 empfing Caterina in der Kirche Santa Cristina zu Pisa die auf ihren Wunsch hin unsichtbar gebliebenen Stigmata, durch die sie, in Überbietung der geistlichen Vermählung, mit Christus eine Leidensgemeinschaft einging.
Caterinas briefliche Tätigkeit hatte um 1370 begonnen. Sie gibt einen großartigen Einblick in das Denken und Handeln der Heiligen. Die hier vorgelegte Briefauswahl läßt ihren von da an ins politische, vor allem kirchenpolitische Leben verschlungenen Weg einigermaßen verfolgen. Er führt in eine, wie es scheint, für Caterina Benincasa speziell reservierte Form des Martyriums. Es erreichte seinen Höhepunkt mit dem Ausbruch des großen abendländischen Schismas, für dessen Heilung Caterina ihr Leben anbot, worauf sie in schwerem Leiden

am 29. April 1380 verstarb. Über dieses schwere Sterben liegt in einem Brief ihres Anhängers Barduccio di Piero dei Canigiani ein eigentlicher, für die damalige Zeit seltener Augenzeugenbericht vor. Barduccio sandte ihn bald nach dem Verscheiden Caterinas an Schwester Caterina di Pietroboni im Kloster San Pietro a Monticelli bei Florenz.

Die Wirkung Caterinas auf ihre nächste Umgebung läßt sich, nach dem hier gegebenen Abriß und der Lektüre von Caterinas Briefen und Mustern aus ihrem «Buch», an der posthumen Tätigkeit ihrer Vertrauten, mithin auch an ihrer Legendengeschichte ablesen. Die *famiglia,* welche Caterina in ihrem ‹Testament› Raimondo von Capua zur Führung und Betreuung anvertraut hatte, löste sich teilweise noch unter ihrer Mitwirkung – ähnlich wie die Gruppe des seligen Giovanni Colombini – auf, indem einige Mitglieder, besonders Raimondo von Capua, im Dienste der kirchlichen Reform und der dominikanischen Ordensreform intensiv tätig waren. Einige ihrer Jünger, beispielsweise Stefano Maconi, führten ihr Leben unter anderen Ordensregeln oder, wie Neri di Landoccio, als Einsiedler weiter; viele verblieben in Gesinnungs- und Gebetsgemeinschaft verbunden bei ihren unterschiedlichen Aufgaben zurück.

Frater Tommaso della Fonte, der bereits genannte Verwandte Caterinas, schrieb tagebuchartig seit etwa 1363, das auf, was ihm an Caterina auffällig und wichtig erschien. Als Dominikaner von Camporeggio in Siena war er ihr Beichtvater. Von 1368 an half ihm bei den Aufzeichnungen der Dominikaner Frater Bartolomeo Dominici, ebenfalls aus Siena. 1374 brachen diese Notizen ab, da nun, nach dem Ordenskapitel von Florenz, Frater Raimondo von Capua Caterinas geistlicher Führer und Beichtvater war. Die frühen Mitteilungen Tommasos della Fonte und Bartolomeos Dominici sind leider verloren, wurden jedoch von Raimondo von Capua noch benützt. Ein anderer früher Bericht über Caterina stammt aus der Zeit von

1374, als ein unbekannter Florentiner Caterina anläßlich des Kapitels kennenlernte und in sienesischer Sprache in seinen *Miracoli* (Wunderberichten) darüber berichtete.
Raimondo von Capua, der dem Wunsche Caterinas folgend, nach deren Tod mit wahrhaftig großartigem Mut ins «Schifflein der Kirche» sprang und schwierige Aufgaben besonders der Ordensreform übernahm, kam erst 1385 wieder nach Siena. Dorthin übertrug er triumphal – heute schwer nachzuvollziehen – in Anwesenheit von Monna Lapa, der Mutter Caterinas, das Haupt der Heiligen, die in Santa Maria sopra Minerva in Rom bestattet worden war. Von der *famiglia* gedrängt, begann er mit der Abfassung einer Lebensbeschreibung, der später unter der Bezeichnung *Legenda maior* kursierenden Vita. Erst 1390 konnte er in Rom den zweiten Teil abschließen, den dritten beendigte er erst 1395 in Sizilien. Neri di Landoccio Pagliaresi begann bald mit der Übersetzung des lateinischen Textes ins Italienische, verstarb jedoch während der Arbeit. Ein anonymer Übersetzer aus Piacenza vollendete sie im Auftrag Stefano Maconis. Frater Tommaso die Antonio Nacci, oft einfach Caffarini genannt, sammelte eifrig Caterinas Schriften, arbeitete auf eine Heiligsprechung hin und kürzte im Hinblick darauf wohl die *Legenda maior* zweimal; eine erste Redaktion entstand zwischen 1412 und 1413, eine zweite zwischen 1413 und 1415. In den Jahren 1416–1418 verfaßte er zudem ein *Supplementum* zur *Legenda maior,* um deren vermeintliche Lücke zu füllen. 1411 nämlich hatte der ‹Prozeß von Castello› begonnen; er dauerte bis 1416, währenddem auf der bischöflichen Kanzlei von Castello unter Eid Aussagen über Caterina von Siena gemacht werden konnten.
Caterinas persönliche Ausstrahlung muß außergewöhnlich gewesen sein. Sie kann ebenso wenig wie ihre charismatische Begabung, von irgend jemand übernommen werden. Ihre Suche und die Konsequenz in der Befolgung ihrer Einsichten indes sind exemplarisch und vermögen wohl, Vorbild zu sein.

2. DIE BRIEFE

Caterina Benincasas briefliche Wirksamkeit war und blieb – trotz seltener in etwa vergleichbarer Parallelen – ein Unikum in der Geschichte der Epistolographie. Sie erhielt ihren Ansporn, ihre Eindringlichkeit, ihren Ernst, aber auch ihre Unverfrorenheit ganz aus der dominikanisch verstandenen Sorge um das Heil aller Menschen und aus dem Willen zur Erneuerung und Reformation der aus diesen Menschen gebildeten Kirche, dem mystischen Leib Christi. Am Haupt und an sämtlichen Gliedern sollte sich die Wiederherstellung und Gesundung vollziehen: deshalb finden sich unter den Adressaten Menschen aller Stände, aller Arten und in den verschiedensten Situationen. Der Heilige Vater, Christus auf Erden, soll unter allen Umständen, trotz politisch unabsehbarer Wirren, die Stelle der Apostel Petrus und Paulus in Rom wieder einnehmen, das heißt, aus Avignon zurückkehren. Caterina sucht dazu und zur Verwirklichung einer christlichen Einheit im Kreuzzug schriftlich und, soweit es ihr möglich war, wohl auch mündlich weitere Würdenträger, Legaten, Politiker und Machthaber zu erreichen. Doch auch scheinbar bescheidene «treue Diener» müssen zum *santo passaggio,* aber vielmehr noch zur inneren Umkehr, zur Besserung ihres Lebens und der Beharrlichkeit darin überredet werden. Der alle ständische Schichten durchdringende Aufruf Caterinas richtet sich an jedes der Glieder am einen Leib. Bei noch so großer Differenz der Briefempfänger und manch kluger Anpassung der Botschaft an die Mentalität des Adressaten bleibt doch die Mitteilung überraschend einheitlich: die Doktrin Caterinas besteht aus christlichen Grund-

wahrheiten, aus dem Aufruf, Gott, den Nächsten und sich selbst aus allen Kräften zu lieben und aus dieser Erfahrung kompromisslos zu leben. Die existentielle Verwirklichung mußte, von einigen offensichtlich nötigen und allgemein unabdingbaren Anwendungen abgesehen, dem im Brief Angesprochenen überlassen bleiben. Der Adressat musste zu einer ganz persönlichen grundlegenden Revision der Lebenshaltung und -führung sozusagen gezwungen werden. Der Eindruck, Caterina habe ihren Korrespondenten nur in Bildersprache übertragene nackte Prinzipien mitgeteilt, wird freilich durch die Überlieferungsform der Briefe, in denen ganz individuelle Ratschläge und private Ermahnungen ausradiert oder einfach weggeschnitten wurden, begünstigt. Daß nur die geistliche Lehre in die Tradition einging, die nicht in einer ‹zufälligen› individuellen Anpassung übernommen, sondern stets neu einer je eigenen Berufung gemäß verwirklicht und praktiziert werden soll, mag auch in dem weit offenen Geiste Caterinas gelegen haben. Persönlichkeitsschutz des Briefempfängers und Wahrung von Geheimnissen blieb sicher Nebensache.
Die über 380 erhaltenen, meist mehrere Druckseiten umfassenden Schreiben Caterina Benincasas wurden ungefähr zwischen 1370 und 1380 von ihr diktiert. Davon sind nur sechs oder acht authentische Briefe, das heißt von Caterinas Sekretären eigenhändig geschriebene Briefe erhalten. Die übrigen sind in fünfundfünfzig Manuskripten als Abschriften überliefert; siebenundzwanzig dieser Codices sind Sammelhandschriften, in denen ein eigentliches caterinianisches Briefcorpus zusammengestellt werden sollte. Da Caterina selbst nicht schreiben konnte, vielleicht zwar gegen 1380 das Schreiben ‹wunderbarerweise› erlernte, aber gewiß auch dann nur wenig schrieb, kann es keine Autographe, in diesem Sinn keine Originale, nur ihrem Diktat entsprechende Briefe geben. Doch liegt da ein enorm schwieriger Punkt: Wenn man auch ausschließen darf, daß Briefe Caterinas absichtlich gefälscht und entstellt wurden,

so waren doch jeweils die zahlreichen Sekretäre in mancherlei Hinsicht verschieden. So differierte ihr Stil und ihr Denken, was bei der Umsetzung von mündlicher Rede über Feder und Tinte aufs Pergament – ein langer Weg – nicht unerheblich sein mochte. Es ist, wie gesagt, nicht anzunehmen, daß die Caterina freundschaftlich ergebenen und verpflichteten Schreiber und Schreiberinnen ein Wort ihrer verehrten, oft in Verzükkung sprechenden *dolce mamma* verpassen oder gar verdrehen wollten. Und doch sagt man vielleicht besser, die Briefe seien, so wie sie uns überliefert sind, ein Werk von Caterinas *famiglia,* in dem indes der Geist und die Diktion der Heiligen treu und einheitlich erhalten sind. Vom sienesischen Dialekt, in dem Caterina sprach, ist jedoch wenig mehr vorhanden; die Briefe weisen italienische Hochsprache auf.

Die überlieferten Briefsammlungen wurden nicht durch Caterina von Siena selbst zusammengestellt, auch nicht von ihr durchgesehen, sie entstanden nicht mehr zu ihren Lebzeiten, erst nach ihrem Tode. Und zwar bewahrte und verbreitete man sie rein zu Erbauungszwecken. Die ersten Briefsammlungen erfolgten durch Caterinas Vertraute, durch die ihr am nächsten gestandenen Anhänger und sie behielten vorerst privaten Charakter. Doch hatte das gesamte Mittelalter, so auch noch das 14. Jahrhundert, ein anderes Verhältnis zu schriftlichen Zeugnissen, als man es heute einer schriftlichen Hinterlassenschaft gegenüber erwartet: man suchte nicht auch den letzten Buchstaben noch unverändert zu erhalten, sondern verhielt sich einer schriftlichen Überlieferung gegenüber eher kreativ. Auch bei größter Pietät dem Texte gegenüber betrachtete man jedenfalls die Vollständigkeit und Integrität von Caterinas Briefen als sekundär. Die Abschriften der Briefe sind lückenhaft und ohne Chronologie. Allzu Privates, vielleicht Intimes berührende geistliche Ratschläge und Ermahnungen, ließ man bald weg. Erst recht säuberte man die zu größerer Verbreitung bestimmten Briefsammlungen am Anfang des 15. Jahrhun-

derts. Triviale Mitteilungen, an denen man natürlich heute, um das alltägliche Zusammenleben der caterinianischen *famiglia* besser kennenzulernen, sehr interessiert wäre, fielen für immer weg, selbstverständlich auch politisch heikle Passagen. So stehen zwischen uns, den Lesern von Caterinas Briefen, und der Heiligen ständig die damaligen Schreiber und Sammler, namentlich die Sekretäre Neri di Landoccio dei Pagliaresi, Stefano Maconi und Tommaso di Antonio, genannt Caffarini. Ihrer Ehrfurcht vor Caterinas Botschaft und geistlicher Doktrin aber haben wir es zu danken, daß sie Caterinas Briefe, wie immer, nach bestem Wissen und Gewissen übermittelten. Sie geben deren Inhalt vertrauenswürdig weiter, waren sie doch schon gewohnt, während des Diktats gewisse Modifikationen oder gar Rekonstruktionen anzubringen, wenn Caterina einmal zu schnell oder in Exstase, was öfter vorkam, undeutlich diktierte. Und da nach dem Tode Caterinas keine Briefentwürfe, Kopien oder Zusammenfassungen vorhanden waren, konnten bei der Abschrift in den Briefsammlungen keine neuen Stücke mitverarbeitet werden. Unweigerlich müssen Caterinas Briefe in der überlieferten Form akzeptiert werden und können es getrost als geistliche Dokumente. Die Amputation des sogenannt ‹Menschlichen› wird letztlich sogar der Absicht Caterinas entsprochen haben; denn gerade sie war, bei aller praktischer Begabung und familiärer Lebensweise eine Meisterin im Überspringen des Trivialen und der Banalität.
Von den an die Heilige gerichteten Briefen sind nur fünf erhalten und keiner von ihnen bezieht sich bestimmt auf eines der von Caterina verfaßten Schreiben. Die meisten von Caterinas *famigliari* uns überlieferten Briefe, die sie nach dem Tode ihrer *mamma dolcissima* unter sich austauschten, bestätigen, ganz ungewollt, die große Überlegenheit von Caterinas Schreibweise und Briefkunst: ein Indiz mehr, daß wohl kein *caterinato* sich vermessen hätte, Caterinas Briefe beim Abschreiben ernstlich ‹verbessern› zu wollen.

Der Aufbau der Briefe Caterinas von Siena ist dreiteilig und wird immer beibehalten. Auf eine Eingangsformel, die anfänglich leicht variiert, aber zunehmend stereotyp wird, folgt der Hauptteil des Briefes, die eigentliche Mitteilung, meist eine bildreiche, sprühende geistliche Belehrung, Ermahnung und Ermunterung. Den Abschluß bildet eine stets fast gleichbleibende Schlußformel. Ihr voraus ging der heute verlorene, von den Sammlern und Abschreibern eliminierte Teil, welcher, soweit heute in Überresten noch fassbar, Bitten, Nachrichten, persönliches Zureden und Grüße enthielt.

3. DAS «BUCH» UND DIE GEBETE

Einige Briefe münden inhaltlich und formal direkt in die umfangreiche Schrift, welche in einem an Stefano Maconi gerichteten Schreiben von Caterina kurz das «Buch» genannt wird (vgl. XXXVI, S. 186: sie hatte es bereits einer Contessa zur Lektüre ausgeliehen und verlangte es nun dringend zurück, vielleicht um etwas hinzuzufügen oder um es abschreiben zu lassen. Das «Buch» lag Caterina wohl besonders am Herzen, denn sie, die längst auf jederlei Besitz verzichtet hatte, übermacht in ihrem letzten an Raimondo von Capua gerichteten Brief, in ihrem geistlichen Testament, das «Buch» sowie die hinterlassenen Briefe letztwillig ihm, Bartolomeo Dominici, Tommaso della Fonte oder Tommaso von Siena (Caffarini), Giovanni Terzo Tantucci und dem apostolischen Protonotar Tommaso de Petra. Sie sollten zusammen dieses Vermächtnis zur Ehre Gottes, sonst aber nach ihrem Gutdünken verwalten. Später erschien Caterinas «Buch» unter dem Titel «Buch göttlicher Lehre» *(Libro della divina dottrina),* »Buch über Gottes Vorsehung» *(Libro della divina Provvidenza)* oder einfach als «Dialog» *(Dialogo).* Es fand sich unter den ersten Zeugnissen der Buchdruckerkunst und war schon damals nicht nur ins Lateinische, sondern in verschiedene Volkssprachen übersetzt. Caterina von Siena arbeitete am «Buch» sicher seit dem Dezember 1377. Im August 1378 kehrte sie von einer politischen Mission aus Florenz nach Siena zurück, wo sie die Redaktion im Oktober 1378 abschloß. Immer in ekstatischer Schau entrückt, diktierte sie den Text etappenweise ihren drei vertrauten, hauptsächlichen Sekretären Stefano di Curado

Maconi, Neri di Landoccio Pagliaresi und Barduccio di Piero Canigiani. Caterinas Diktion ist – noch einheitlicher als in den Briefen – von seltener Sicherheit des Denkens und der Formulierung, die eindeutige Bestätigung ihrer hohen und sensiblen Intelligenz wie ihrer charismatischen Begabung. Nach der Lebensbeschreibung Raimondos von Capua diktierte Caterina jeweils sehr rasch, ohne Pausen und ohne nachzudenken, als ob sie in einem aufgeschlagenen Buche läse.

Caterina wählte für ihr «Buch» die im geistlichen Schrifttum traditionelle Form des Zwiegespräches: Gott antwortet dem fragenden und betenden Menschen. Es ist eine tiefe und weitschweifige Aussprache mit Gott, die durch Caterinas Erschütterung angesichts der politischen und innerkirchlichen Wirren und Ereignisse ausgelöst wurde: wo blieb da Gottes Heilsplan und Wirken mit der Menschheit, welche der Liebe nur Widerstand zu leisten schien. Im Dialog mit Gott erfährt Caterina den innersten Zusammenhang von Wahrheit und Liebe; Gott belehrt sie über die durch die Selbstsucht des Menschen dramatisch gewordene Rückführung zur wahren Bestimmung, zur Liebe. Was Caterina schon lange gebetsweise erfahren und in ihren Briefen bereits weltweit schriftlich mitgeteilt hatte, verdichtet, systematisiert und synthetisiert sie in ihrem «Buch» zu einer Summe, zu einer geschlossenen Lehre über Gottes Liebeshandeln, das mit der Vorsehung identisch ist und sich, selbst wider allen Anschein, zusammen mit dem menschlichen Handeln verwirklicht. Caterina sieht und versteht dieses schwierige Verhältnis in bildlicher Transposition und spricht dementsprechend in der von ihr schon durch die Briefe geübten Bildrede.

Das Schema des «Buches» ergibt sich aus der wiederholten Abfolge Bitte, Antwort, Dank, also aus der Fragestellung Caterinas an Gott, der belehrenden Antwort Gottes und dem darauf oft hymnisch und gebetsartig formulierten Dank der Frage- und Bittstellerin. Auffällig und trostvoll für uns, sicher

bereits für Caterina, ist die Einsicht – Paul Claudel dramatisierte sie im großangelegten Theaterstück «Der seidene Schuh» und Charles Péguy variierte sie in den wunderbaren Gedankengängen seiner «Mystères» –, daß selbst die Gottesbeleidigung und Kirchenverfolgung, das ‹Böse›, im Plan und im Werk Gottes seine ‹Notwendigkeit› hat. Das Sühnewerk Gottes in Christus, an dem sich der Mensch beteiligen darf, und Caterina bittet für sich inständig um solches Mitwirken, holt alles zum Guten ein.
Ein gedrängter Überblick über den Aufbau des «Buches» soll zeigen, in welchen Bildern Caterina von Siena die Problematik einsichtig und verständlich, auch sagbar wird. Drei Bitten Caterinas beziehen sich auf Gottes Barmherzigkeit für das Volk Gottes, die Kirche und die ganze Welt sowie auf das Gnadengeschenk Gottes an die Menschen, durch das sie der Wahrheit zu folgen vermögen. Die Antworten enthalten Ausführungen über die Gabe des Erlöserblutes, über das Gift der Eigenliebe und der Selbstsucht und über die Herrschaft Gottes in bezug auf Gute und Böse. Christus, als Weg der Wahrheit, ist die Brücke zwischen Gott und Welt. In der reich ausgestalteten Bildrede von der Brücke beschreibt Caterina den Lebensweg all derer, die in der richtigen Richtung gehen. Die Mitbeteiligung des Menschen am Erlösungswerk und die Liebesökonomie zwischen Gott und Mensch sowie zwischen Mensch und Mensch erklärt Caterina im Bild des Weinbergs. Die Brücke als Weg der Wahrheit und der darunter fließende Fluß der Lüge, in dem viele untergehen, ist beherrschend; Caterina kann an diesem Bild viel erklären, auch die traditionellen sogenannten Vollkommenheitsstufen, die freilich eine für sie typische Auslegung erfahren: die Anfangenden, die Fortschreitenden und die Vollkommenen gehen nicht auf ein genußvolles Ziel im herkömmlichen Sinn zu, sie erfahren die *unio*, die mystische Vereinigung mit Gott im Hunger und Durst der Seelen mit Christus am Kreuz. Auf ihre Weise werden sie gewiß dort

gesättigt, doch die Freude besteht in der Gemeinsamkeit des unendlichen Verlangens nach Gott. Die in einem eigenen Abschnitt gegebene Lehre der Wahrheit handelt von den Lichtern, welche die Welt und das Handeln Gottes in dieser zu betrachten ermöglichen. Besonders interessant sind Caterinas innere Verhaltensregeln, um über den Lauf der Geschehnisse nicht in Verwirrung und Verzweiflung zu geraten: nach der Lehre der Wahrheit darf man über die Laster und die Tugenden der Mitmenschen nicht urteilen – das Urteil ist Gottes –, man darf auch nicht alle in der selben Form auf den Weg der Wahrheit zwingen wollen, denn: im Hause des Vaters sind viele Wohnungen. Ein großer und wichtiger Abschnitt des «Buches» behandelt den mystischen Leib der Kirche, ihren inneren Organismus wie ihre Diener und die übrigen Glieder. An bestimmten, dafür vorgesehenen Stellen baut Caterina eine Abhandlung über die Tugendkräfte, eine Lehre über die Tränen und Ausführungen über den Gehorsam und die Armut ein. Im Traktat über die Tugenden ist das Bild vom Tugendbaum, dem andernorts ein Lebens- und ein Todesbaum korrespondieren, beherrschend und metaphorisch eindrücklich. In den die einzelnen Abschnitte jeweils beschließenden Gebeten lobt Caterina Gott glühend und leidenschaftlich für seine Barmherzigkeit, seine Wahrheit, sein Licht und sein Feuer.

Alle Teile des weitverzweigten «Buches» – kein Wunder bei dieser Themenstellung – sind stark aufeinander bezogen und ineinander verzahnt. Caterina verarbeitet darin sicher viel Wissen, das ihr durch Gespräche und Lesungen in ihrer *famiglia* zukam. Die Aneignung und Verarbeitung jedoch sind in ihrer Eigenständigkeit und Originalität frappant und ganz und gar vom Denk- und Sprachstil Caterinas geprägt. Die hier ausgewählten beiden Abschnitte sind nur ein Muster: anders läßt sich aus dem «Buch», das als Ganzes gelesen werden muß, nichts herauslösen. Die in den Briefen vorhandenen Kontaktzonen mit dem «Buch» geben davon einen Vorgeschmack. Das

abschließende Gebet, Caterinas Dank an Gott, darf freilich zusammenfassend über dem ganzen Leben und Werk der Heiligen stehen.
Caterinas Gebete, von denen rund zwei Dutzend in vollständiger Ausformulierung überliefert sind, unterscheiden sich fast nur in ihrem hymnischen Sprachduktus von den Briefen und dem «Buch». Thematisch und bildlich schließen sie sich den von Caterina offensichtlich mit Vorliebe gedanklich umkreisten dogmatischen Grundwahrheiten an. Ein einziges Gebet in der vorliegenden Auswahl möge als Beispiel für alle stehen.

4. BEMERKUNGEN ZU CATERINA VON SIENAS BILDWELT

Nicht nur Caterina von Sienas politisches und kirchliches Engagement springt in seiner Exponiertheit und Einmaligkeit bei der Betrachtung ihres Lebens in die Augen. Auch die in der Legenda beschriebene karitative, seelsorgerliche und lehrende Tätigkeit, welche nahestende, entferntere, ja der Intention nach alle Menschen erfaßt, ist erstaunlich; zugleich wiederum nicht erstaunlich, wenn man bedenkt, daß bei Caterina das innerste Leben in Gebet und Meditation immer auf Gott als den Weltenschöpfer und Welterlöser, der das Heil des ganzen Universums bewirkt, bezogen ist. Verwunderlich, manchmal sogar irritierend wirkt Caterinas Ausdrucksweise, wenn sie in reicher, heute teilweise befremdender Bildlichkeit von ihren Schauungen, Anliegen und Erlebnissen spricht.

Auffällig ist Caterinas ständige Rede vom *Blut* (vgl. vor allem die Briefe X und XLI, aber auch IV, XXVI und XXIX). Beinahe jeden ihrer Briefe eröffnet sie «im kostbaren Blut» des Gottessohnes, was für sie nicht nur eine Floskel ist, sondern alle ihre Aussagen in den großen Zusammenhang des Erlösungswerkes Gottes stellen soll: Ich habe euch zwar ohne euch geschaffen, aber ich werde euch nicht ohne euch retten, diese Ansprache Gottes kehrt in Caterinas Schriften immer wieder. Blut ist die Chiffre für die Heilsgemeinschaft aller, es ist das flüssige Element der Gnade und der Erlösung. Blut bezeichnet die Solidarität aller im Heilsgeschehen. Caterinas Bewußtsein der Solidarität äußert sich zunächst in beinahe noch kindlich anmutender Denkweise, wenn sie als Mädchen ihre anstrengenden Nachtwachen in ihrer Kammer so lange ausdehnt, bis sie die Glocke von San Domenico zur Matutin läuten hört. Jetzt weiß sie, die überaus gemeinschaftsfähig ist, daß ihre Brüder sie im Gebet ablösen. Später anerbietet sie sich kühn, anstelle ihrer Jünger mit dem Teufel abzurechnen, selbst die Hölle anstelle der schweren Sünder zu erleiden. Oft vermischt sich das Blut in Caterinas bildlicher Vorstellung mit dem dem heiligen Geiste zugeordneten luftigen Element Feuer; es erleuchtet, wärmt und verwandelt. Dem väterlichen Meer der Gottheit entspricht das Wasser, während dem Element Erde der Mensch, der Stoff Adams, zugeordnet ist. *Blut* und *Feuer* sind, besonders in ihrer Mischung, Ausdruck des Leidens und der Freude am Heil sowie der erhofften Seligkeit. Dies ist deutlich aus Caterinas Brief über die Enthauptung eines Verurteilten und dessen seltsamen Bluthochzeit herauszulesen (vgl. Brief XVI).

Caterinas Redeweise von Jesus Christus als dem *Agnello dolce,* dem süßen Lamm, erhält ihre Berechtigung aus der Caterina eigenen Bluttheologie. Das am Kreuze hingeschlachtete Lamm, dem die Adern geöffnet sind und das deshalb nach allen Seiten sein Blut verspritzt, seine Liebe und Gnade ausgießt, ist ihr Inbild: in ihm kommt auch jede menschliche Liebe zum Strömen und ins Verschenken. Deshalb ist das Kreuz nicht nur Ort des Leidens und der Schmerzen, sondern ebensosehr der Freude: in einfacher Konsequenz der Sinnbildlichkeit spricht Caterina nach dem Muster einer weit zurückreichenden Tradition vom Festmahl auf dem Tische des Kreuzes, von der ruhigen Wonne auf dem Bett des Kreuzesholzes. Denn im Kreuz ist nach Caterina ein Ziel erreicht, die Schwelle nämlich, der Eingang durch die geöffnete Seite Christi zu Seligkeit und Vollendung. Die aus diesem Bild- und Sinnzusammenhang gewonnene Begeisterung Caterinas setzt sich in der ihr eigenen, sehr beweglichen, doch gar nicht willkürlichen Bildsprach leicht in die Vorstellung vom *ritterlichen Kampf* um. Christus selbst ist am Kreuz ein mit dem Tode fechtender Ritter (vgl.

die Briefe II, VII, XVI, XVII und XXXV). Mit solchem Kampfesmut strengt sich Caterina für das an, was ihr als Heil erscheint, und darin müssen ihr ihre Jünger unbedingt folgen, denen sie ihr *‹ich will›* zumutet. In einer Identifikation mit dem hingeschlachteten Lamm, deren Ausdruck die von ihr empfangenen Stigmata sind, wagt sie in starkem Sendungsbewußtsein gebieterisch aufzutreten.
Gebieterisch verhält sich Caterina wohl im Bewußtsein ihrer in mystischen Schauen übernommenen Aufgabe und Verantwortung, aber auch aus der bei ihr kräftig vortretenden Überzeugung, daß die *Zeit* vergeht und drängt. In der Zeit muß Heil gewirkt werden. Jedes Leben hat ein Ende und man weiß nicht wann – ein alter traditioneller, natürlich stets zutreffender Ermahnungstopos –; Zeit ist bei Caterina darüberhinaus eine Aufgabe, nämlich die, sie eben zum Heile zu nutzen. In ihrem eigenen Leben geschah alles früh, früh war sie besonders von Gott und der Sorge um Menschen in Anspruch genommen, früh, das heißt jung, starb sie. Ein solches Zeitgefühl bestimmt ihre Erwartung und damit ihr Vokabular, in dem sie spricht: alles muß eilen, laufen, rennen. «Wartet nicht auf die Zeit, denn die Zeit wartet nicht auf euch», dies zitiert sie wie ein gängiges Sprichwort. Merkwürdig, wenn man bedenkt, daß sie fast in gleichem Atemzug die *Geduld* und das *Ausharren* als unabdingbare Grundtugenden preist. Caterinas Aufrufe zum *Erwachen* aus dem geistigen Schlaf beziehen von daher ihre Dringlichkeit.
In Zusammenhang mit Caterinas Eile für das Heil steht die von ihr so häufig, fast routinemäßig verwendete Schlußformel in den Breifen: *Mehr sage ich nicht*. Gewiß heißt dies jedesmal auch einfach «ich schließe». Oft aber signalisiert die formelhafte Wendung einen Überschwang an geistlicher Erkenntnis, ein Zuviel im Verhältnis zu der ihr zur Verfügung stehenden Zeit: mehr wäre zu sagen, zuviel wäre zu sagen, es zersprengt ihr beinahe das Herz, wie sie mehrmals schreiben lässt.

Diesem bei Caterina geistlich bestimmten Lebensgefühl – die kurze Zeit des Heiles, sie geht vorüber wie der Wind – entspricht ganz ihrer Lehre vom *Verlangen* und vom *Hunger und Durst* nach Seelen (vgl. VIII, X, XII, XVI, XX, XXX und XXXII). Was Caterina ‹mystisch› mit Gott erfährt, was sie als Gnadenschwall empfängt, möchte sie auf alle übertragen. So packt sie an der Säule der *Capella delle volte,* der Gewölbekapelle der Terziaren in San Domenico, oft ein *raptus* zu Gott, in dem sie dann aber nicht für sich behält, was sie sieht und empfindet. In lauten ekstatischen Gebeten und litaneiartigen Namensreihungen, Gesù, Gesù, Gesù etwa, teilt sie ihren beglückenden Zustand mit. Solches Reden ist ein Abbild ihres Verlangens, das, nach ihren Ausführungen, unendlich und so der Punkt ist, an dem der Mensch auch nach dem Sündenfall Gott noch ganz gleicht. In Caterinas Bildsprache wird dieses unendliche Verlangen nach Seligkeit und nach Glück, also eigentlich nach Gott, sobald es auf den Nächsten gerichtet ist, zu Hunger und Durst nach Seelen. Beide Richtungen des Verlangens stillt Caterina indem sie das Bild vom *Tische* des Kreuzes gebraucht, wo die zu Gott bekehrten Seelen zur *Speise* werden; Gott nimmt sie in sich auf. Das Speise- und Nahrungsgleichnis wandelt Caterina ab, wenn sie von der Braut Kirche spricht. Die Kirche, die, wie das Kreuz, nährt, erscheint dann als Mutter, die *Milch* spendet, ja diese noch den verderbten Kindern reicht, sogar noch den pervertierten Verwaltern des Blutes, die durch ihre Lebensweise – hierin spart Caterina bekanntlich nicht mit Kritik –, durch Nepotismus, Simonie, Reichtum *(cavalli grossi!),* üppiges Essen, Paläste und Verkehr mit Huren Ärgernis geben.

So zielen denn die meisten Bildreden Caterinas, wie Blut und Milch, auf die faktische Übermacht der *Liebe.* Selbst das hingeschlachtete Lamm am Kreuz ist dort nicht durch die Nägel festgehalten – damit übernimmt Caterina ein bei Domenico Cavalca gefundenes angebliches Zitat aus Hugo von Sankt

Viktor –, sondern allein durch die Liebe. Gott ist, nach dem von ihr angeführten Evangelisten Johannes, Liebe und auch der Mensch kann als Gottes Bild und Gleichnis nicht leben ohne die Liebe. Er *muß* lieben, nur darf er nicht ablassen in der Bemühung, es richtig zu tun. Dahin führen sowohl Caterinas Lehre von der *Selbsterkenntnis,* der sie eine originale Prägung gibt, wie auch ihre *Tugendlehre* und die *Lehre von der Besonnenheit,* welche die asketische Anstrengung regelt.

Ein anderer, weitläufiger Bildbereich ist organischer, pflanzlicher Art. Der *Garten* der Kirche, der *Weinberg* der Seele, *Tugend-, Lebens-* und *Todesbaum* geben Caterina die sprachlichen Mittel, mit denen sie theologische Aussagen füllt. Besonders das *Pfropfreis,* das dem Wildling eingepflanzt wird, gehört in der Rede von der Menschwerdung Gottes zu den bevorzugten Metaphern. Teilweise ist die biblische oder patristische Herkunft des Bildgutes nachweisbar, immer aber verwendet Caterina es in eigenständiger, ganz persönlich gestalteter Ausformung. Jeder von Caterinas Bildbezügen wäre eine eigene Untersuchung und Auslegung wert; hier aber soll auf die kühne, oft vielleicht sogar befremdliche Bildwelt und Ausdrucksweise nur hingewiesen sein, als Vorbereitung auf die Lektüre der in diesem Band ausgewählten Briefe, Gebete und sonstigen Textstücke. Stapelt man die Bildelemente alle im Gedächtnis, wird man bald feststellen, daß sie zusammen eine groß angelegte Bildwelt ergeben, deren Aussage nicht als nackte lehrhafte Mitteilung dasteht, sondern aus den metaphorischen Bezügen eine affektive und gedankliche Eindringlichkeit erhält, die in ihrer Kühnheit anders nicht zu gewinnen wäre.

BRIEFE

I.

Dieser um 1370 abgefaßte, an ihre Mutter, Monna Lapa, gerichtete Brief ist wohl eines der ersten Schreiben, die Caterina Benincasa von einer Reise in die weitere Umgebung Sienas versandte. Monna Lapa scheint sich wie über die Lebensweise der Tochter Caterina, so auch über deren Abwesenheit Sorgen zu machen; Caterina ermuntert sie deshalb, auf sie als Tochter, um Gottes willen, zu verzichten, was bei den damaligen starken Familienbindungen besonders schwer fallen mußte. Die nähere Begründung des Verzichts durch die Doppelformel «zur Ehre Gottes und zum Heil der Seelen» entspricht der von Caterina – nach Auskunft des Raimondo von Capua – gehandhabten zwiefachen Kette, mit der sie Himmel und Erde zu verbinden imstande war.

Geduld, wie sie hier der Mutter Monna Lapa dringend geboten wird, bedeutet nicht nur Wartenkönnen und gleichmütiges Ausdauern, sondern starke Hingabe- und Leidensfreudigkeit, wie sie nur in Gemeinschaft mit dem ‹Lamm Gottes› am Kreuz möglich wird.

Das in übertragenem Sinne häufig gebrauchte Bild vom Ausziehen und Anlegen eines Kleides verwendet Caterina wohl in Anlehnung an die Briefe des Apostels Paulus.

An Monna Lapa, ihre Mutter!

Im Namen Jesu Christi des Gekreuzigten und der süßen Maria.

Liebste Mutter in Christus Jesus! Ich, Caterina, Dienerin und Magd der Diener Jesu Christi, schreibe Euch in seinem kostbaren Blut, mit dem Wunsche, Euch als wahre Dienerin des gekreuzigten Christus in echter Geduld gegründet zu sehen; denn ohne Geduld vermögen wir Gott nicht zu gefallen. In der

Geduld erzeigen wir unser Verlangen nach Gottes Ehre und nach dem Heil der Seelen. Und die Geduld erweist zudem, daß die Seele dem liebevollen Willen Gottes gleichgestaltet und mit ihm bekleidet ist. Deshalb freut sie sich über alles und ist sie zufrieden mit dem, was ihr geschieht. Ein mit solch lieblichem Kleide umkleideter Mensch ist immer im Frieden und zufrieden, daß er Mühsal um der Ehre Gottes und um des Lobes seines Namens willen ertragen darf; und er gibt sich, seine Kinder und seine ganze Habe, ja selbst das Leben zur Ehre Gottes hin. Nun, ich will, daß auch Ihr so tuet, teuerste Mutter! Daß Ihr nämlich Euren ganzen Willen und mich, Eure unwürdige armselige Tochter, dem Dienste und der Ehre Gottes und zum Heil der Seelen überantwortet, in aufrichtiger und vollkommener Geduld, Euch zusammen mit dem sanften, liebergriffenen und demütigen Lamm, von der Frucht des heiligsten Kreuzes nährend. Auf diese Weise wird Euch nichts mehr schwer fallen. Ziehet aus die empfindliche Selbstliebe, denn es ist Zeit, die Ehre Gott und Eure Mühe dem Nächsten hin zu geben. Der Eigenliebe entkleidet, werdet Ihr in Freuden und nicht mit Beschwernis voranschreiten. Mehr sage ich nicht. Verbleibet in der heiligen und wonnevollen Liebe zu Gott. Liebster Jesus, Jesus die Liebe.

II.

Die Mutter, welche zeitlebens unter der Sendung ihrer Tochter litt, obschon sie selbst im Alter unter die Bußschwestern des heiligen Dominikus aufgenommen wurde, erhielt briefliche Ermahnungen, wenn Caterina sich auf Reisen befand. Aber auch nach Florenz, wo Monna Lapa nach dem Tode ihres Gatten Jacopo (1368) bei ihren Söhnen Bartolomeo und Stefano zeitweilig lebte.
Caterina schreibt ihrer Mutter zumeist kurz und bündig: an einem eindrücklichen Hauptgedanken oder -bild soll sich die oft auflehnende und widerspenstige Mutter aufrichten und beruhigen. In diesem Brief, ebenfalls aus der Zeit um 1370, ist die Forderung nach Selbst- und Gotteserkenntnis zentral. Damit verbunden erscheint wiederum die Geduld, diesmal – wie oft in den Briefen Caterinas – im Bild des Kampfes thematisiert.

An Monna Lapa, ihre Mutter.

Im Namen Jesu Christi des Gekreuzigten und der süßen Maria.

Teuerste Mutter in Christus, dem süßen Jesus! Ich, Caterina, Dienerin und Magd der Diener Jesu Christi, schreibe Euch in seinem kostbaren Blut, mit dem Wunsche, Euch in der wahren Erkenntnis Eurer selbst und der Güte Gottes gegen Euch zu wissen. Denn ohne diese Erkenntnis könnt Ihr am Gnadenleben nicht teilhaben. Und darum sollt Ihr mit aufrichtigem und heiligem Bemühen darauf bedacht sein, Euer Nichtsein zu erkennen, Euer Sein als aus Gott stammend anzuerkennen, wie auch all die vielen Gaben und Gnaden, die Ihr von ihm empfangen habt und noch täglich empfanget. Auf diese Weise werdet Ihr Euch dankbar und erkenntlich zeigen. Ihr werdet zu

wahrer und heiliger Geduld gelangen und die kleinen Angelegenheiten nicht mehr für große nehmen; vielmehr werden Euch die großen Übel durch Christus den Gekreuzigten wie Kleinigkeiten zu ertragen sein. Es ist kein guter Ritter, wer sich nicht auf dem Kampfplatz bewährt: so muß sich Eure Seele im Kampf mit vielerlei Trübsal bewähren. Und wenn sie dann die Probe der Geduld gut bestanden hat, sich nicht in Auflehnung gegen das, was Gott zuließ, zurückwendete, darf sie sich freuen und frohlocken und in ungetrübter Zuversicht das ewige Leben erwarten. Sie weilte ja am Kreuze und stärkte sich an den Leiden und der Schmach Christi des Gekreuzigten und darf so rechtens die ewige Anschauung Gottes erhoffen, da Christus sie ihr ja versprach. Denn die, welche in diesem Leben Verfolgung und Trübsal leiden, werden dann in der ewigen Anschauung Gottes gesättigt, getröstet und erleuchtet werden, deren Süße ohne Verminderung kostend. Doch schon in diesem Leben beginnt er jene zu trösten, die sich um seinetwillen abmühen. Indes ohne Selbst- und Gotteserkenntnis können wir ein so großes Gut nicht erlangen.
Darum bitte ich Euch, so viel ich kann und vermag, daß Ihr sie zu bekommen Euch anstrengt, damit wir die Frucht unserer Mühen nicht verlieren. Mehr sage ich nicht. Verbleibet in der heiligen und süßen Liebe Gottes. Liebster Jesus, Jesus die Liebe.

III.

Drei Brüder Caterinas mußten aus politischen Gründen vor 1370 Siena verlassen. Sie siedelten sich in Florenz an und übten dort ihren Färberberuf weiter aus. 1370 erhielten sie in Florenz das Bürgerrecht, gerieten aber trotzdem in finanzielle Schwierigkeiten. Stefano starb 1373, der Brief muß also, da er an alle drei namentlich gerichtet ist, vorher, wahrscheinlich um 1370, geschrieben sein. Jedenfalls sind sie, wie aus dem Briefinhalt abzuleiten ist, in Sorgen und sollen, nach dem Rat und der Aufforderung Caterinas, ihre Hoffnung nicht auf materielle Güter setzen. Caterina wünscht auch, daß sie in der fremden Stadt die Familienhierarchie, die sich vielleicht gelockert hatte, einhalten und sich einander unterordnen.

An drei ihrer Brüder in Florenz.

Im Namen Jesu Christi des Gekreuzigten und der süßen Maria.

Teuerste Brüder in Christus Jesus! Gedenket mir an die maßlose Liebe, die unser lieber Erlöser empfand, da er sich unsertwegen den Tod gab, um uns das Leben der Gnade wieder zu schenken. Unser lieber Erlöser wollte – nachdem er sehen mußte, daß wir aus der Ordnung der Liebe herausgefallen waren – nichts anderes, als mit dem schmachvollsten Tod, den er erwählen konnte, vereint sein, um uns dadurch die Einheit in der Liebe wieder zu geben. O weh mir, daß unser Erlöser uns krank sehen musste durch ungeordnete Begierde nach uns selbst und nach jenen endlichen Dingen, die vergehen wie der Wind und entschwinden, entweder sie uns oder wir ihnen. Deshalb bitte ich Euch, ich unwürdige und unnütze Magd, Caterina, daß Ihr Eure Hoffnung auf Gott setzen wollet und nicht auf dieses sterbliche Leben vertrauet. Ich bitte Euch als losgekaufte Knechte, daß Ihr all Euer Wünschen und das Verlangen Eurer Seele mit all Euren Sorgen auf Euren Herrn werfen wollet, der Euch auslöste, wie der heilige Petrus sagt: «Nicht mit Gold oder Silber wurdet Ihr losgekauft, sondern durch sein kostbares und mildreiches Blut». Darum bitte ich Euch, teuerste Brüder, schätzet diesen Preis hoch ein, daß Ihr ihn auch liebet, und, um zu beweisen, daß Ihr ihn liebet, stets Liebhaber und Befolger der Gebote Gottes seiet. Und besonders bitte und beschwöre ich Euch, im Namen Christi des Gekreuzigten, des ersten und höchsten Gebotes wegen, nämlich wegen der Liebe zu Gott und der Einheit mit ihm. Von dieser heiligen Liebe will ich Euch alle ergriffen wissen und Eure Seelen davon ganz erfüllt, wie dies auch meine Gesinnung ist. Wollt Ihr mir ebenso Liebe erzeigen, so laßt mich Euch immerdar mit dieser sanften Fessel der Liebe geeint und verbunden sehen, so daß weder der Teufel noch das Gerede irgend eines Menschen Euch davon zu scheiden vermöge. Mir kommt das Wort in den Sinn, welches Jesus Christus sprach, daß wer sich demütige, erhöht sein werde. So fordere ich Dich auf, Benincasa, der Du der älteste bist, Du wollest Dich als den Letzten betrachten; und Du, Bartolomeo, wollest der Mindeste der Minderen sein; und Dich, Stefano, bitte ich, unterwirf Dich Gott und ihnen. Und so werdet Ihr mildreich in vollkommenster Liebe erhalten bleiben. Mehr schreibe ich Euch nicht. Verbleibet in Gottes heiliger und süßer Liebe. Liebster Jesus, Jesus die Liebe.

IV.

Gesandte Bernabò Viscontis, des Herrschers über Mailand und große Teile Oberitaliens, befanden sich zwischen November 1373 und Januar 1374 in Siena. Bernabò war zeitlebens mit den Päpsten im Streit; Gregor XI. hatte ihn wegen der Beschlagnahmung geistlicher Güter exkommuniziert. Vermutlich hatten Bernabòs Gesandte eine mündliche Botschaft an Caterina, in welcher sie dessen Verhalten und Handeln zu rechtfertigen suchten. Jedenfalls nimmt Caterina in ihrem Schreiben auf die unrechtmäßig angeeignete Gerichtsbarkeit Bernabòs Priestern und Geistlichen gegenüber bezug. 1375 kam es dann zur Rebellion und zum Abschluß eines Bündnisses zwischen Mailand und Florenz gegen den Papst. Auch fanden Waffenstillstandsverhandlungen zwischen Papst Gregor XI. und Bernabò Visconti 1375 statt, während Caterina in Pisa weilte. Es ist nicht unmöglich, daß der Brief erst in dieser Zeit diktiert wurde. Die Briefe – Caterina begnügte sich nicht damit, Bernabò zu einer Bekehrung aufzurütteln; sie zog mit großem Geschick die Gattin des Despoten, Regina della Scala, zur Mithilfe bei, damit sie mit dem guten Beispiel vorangehe – sind eigentliche eindringliche geistliche Traktate. Bernabò freilich bekehrte sich trotzdem erst auf dem Totenbett. Caterina spielt in dem leidenschaftlichen, alle Register ziehenden Brief auf den Kreuzzugsplan Gregors XI. gegen die Türken an. Die Konferenz von Theben im Jahre 1373 mochte dazu den Anstoß geben. Caterina jedenfalls arbeitete seither darauf hin, die verfeindeten und gegeneinander arbeitenden italienischen Städte untereinander und mit der Kirche in der großen gemeinsamen Aufgabe des Kreuzzugs gegen die Türken, in einem Bekehrungswerk also, zu vereinigen. Es kam nicht dazu. Auch zur Wiedergutmachung von Bernabòs persönlicher Schuld durch die Organisation eines Kreuzzuges – falls ein solcher überhaupt eine «süße Rache» sein kann – kam es nicht.

An Messere Bernabò, Herrn von Mailand, durch einige seiner Gesandten, die er zu ihr geschickt hatte, ihm überreicht.

In Namen Jesu Christi des Gekreuzigten und der süßen Maria.

Ehrwürdiger Vater in Christus, dem liebsten Jesus! Ich, Caterina, Dienerin und Magd der Diener Jesu Christi, schreibe Euch in seinem kostbaren Blut, mit dem Wunsche, Euch als Teilhaber zu sehen am Blute des Gottessohnes, als Sohn – vom höchsten Vater nach dessen Bild und Gleichnis erschaffen – und als losgekauften Knecht; auf daß Ihr in Liebe und heiliger Furcht Gottes wandelt.
Wisset, daß wer seinen Schöpfer nicht mit kindlicher Liebe liebt, am Blute nicht teilhaben kann: es ist Euch also notwendig, zu lieben. O teuerster Vater, was für ein Herz und welches Herz könnte so verhärtet und widerspenstig sein, daß, wenn es die Zuneigung und Liebe, die ihm die Güte Gottes entgegenbringt, einsieht, es sich nicht erweichte? Liebet, liebet! Bedenkt, daß ihr geliebt wurdet, bevor Ihr liebtet; denn als Gott in sich selbst hineinblickte, ergriff ihn Liebe zu seiner Kreatur und er erschuf sie, bewegt vom Feuer seiner maßlosen Liebe, allein zu dem Ende, daß sie das ewige Leben habe und das unendliche Gut, welches Gott in sich selbst genießt, mitgenieße. O unschätzbare Liebe! Wohl bewiesest du diese Liebe. Denn als der Mensch durch die Todsünde, durch den Ungehorsam dir gegenüber, die Gnade verloren hatte, da mein Herr, war sie ihm entzogen: Nun habt acht, Vater, auf welche Weise die Güte des heiligen Geistes sie dem Menschen wieder zurückgab. Seht, die höchste Höhe Gottes begab sich in die Knechtschaft unserer Menschheit, in solche Niedrigkeit und tiefe Demut hinab, daß all unser Hochmut zuschanden werden müßte. Möchten sich schämen die törichten Kinder Adams!

Was Unerhörteres könnte man sehen, als den zum Menschen verdemütigten Gott; als ob der Mensch Gott erhalten müßte und nicht Gott den Menschen! Und dies, obgleich der Mensch in sich keinen Bestand hat: was er hat, bekam er aus Gnade und nicht aus Schuldigkeit von Gott. Deshalb wird keiner, der sich selbst erkennt, Gott je tödlich beleidigen, in Hochmut, Standesdünkel, Überheblichkeit oder Herrschsucht verfallen. Wenn er die ganze Welt beherrschte, würde er sich als Nichts erachten, denn auch so bliebe er dem Tod unterworfen wie das niedrigste Geschöpf, und auch so vergehen die törichten Vergnügungen der Welt, und vergehen für ihn wie für einen anderen, und er kann nicht verhindern, daß Leben, Gesundheit und alle geschaffenen Dinge vergehen wie der Wind.
Also können wir uns durch keine Herrschaft, die wir in dieser Welt ausüben, uns als Herren erachten. Ich weiß nicht, was für eine Herrschaftlichkeit das wäre, die mir genommen werden kann und nicht in meiner freien Verfügung steht. Mir scheint, man dürfte sich nicht Herr nennen oder sich dafür halten; man ist eher Verwalter, und dies nur auf Zeit, nicht für immer, so lange als es unserem liebsten Herrn gefällt. Und wenn Ihr mir einwendet: Hat denn der Mensch in diesem Leben gar keine Herrschaft?, so antworte ich: Doch, er hat eine, die angenehmste und gefälligste und beständigste von allen Dingen, die sind, und dies ist die Stadt unserer Seele. O, gibt es Größeres und Erhabeneres denn eine Stadt zu besitzen, in der Gott wohnt, der alles Gute umfaßt, in dem sich Friede, Ruhe und jeglicher Trost findet? Diese Stadt ist so stark befestigt und von solch vollkommener Regierung, daß weder Mensch noch Teufel sie Euch entreissen kann, wenn Ihr nicht wollt. Man verliert sie nie, außer durch die Todsünde. Dann wird sie Knecht und Leibeigener der Sünde, wird ein Nichts und verliert all ihre Würde. Niemand kann uns zwingen, auch nur die kleinste Sünde zu begehen; denn Gott hat Ja und Nein in das stärkste Ding gelegt, das ist, in den Willen. So daß, wenn er in

Zustimmung dazu ja sagt, er sofort beleidigt, indem er Gefallen und Vergnügen findet an der Sünde; und wenn er nein sagt, würde er eher den Tod wählen, als Gott und seine Seele zu beleidigen. Ein solcher beleidigt nie, sondern wahrt die Stadt, beherrscht sich selbst und die ganze Welt. Er macht sich nichts aus der Welt und all ihren Lustbarkeiten; er hält sie für eine vergängliche Sache, ärger als Dreck. Und darum sagen die Heiligen, die Diener Gottes seien die freien Herren: sie haben den Sieg errungen. Viele erlangten den Sieg über eine Stadt oder Burg, sie haben ihn aber nicht über sich selber und über ihre Feinde, als da ist die Welt, das Fleisch und den Teufel, errungen; so kann man sagen, sie hätten nichts.

Auf denn, Vater, haltet die Herrschaft über die Stadt Eurer Seele fest. Kämpft tapfer mit jenen drei Feinden: Ergreifet das Schwert des Hasses und der Liebe, indem Ihr die Tugend liebt und das Laster haßt; mit der Hand des freien Willens führt es. Und zweifelt nicht, daß die Hand kraftvoll und das Schwert stark sei, da, wie ich sagte, niemand es Euch entreißen kann. Dies meinte, so scheint es, Paulus, wenn er sagte: «Weder Hunger noch Durst, noch Verfolgung, weder Engel noch Teufel können mich scheiden von der Liebe Gottes, wenn ich nicht will». Der liebste Paulus sagte gleichsam: wie es unmöglich ist, daß ein Engelwesen mich von Gott scheide, so ist es unmöglich, daß irgend etwas mich zu einer Todsünde zwinge, wenn ich nicht will. Machtlos sind diese unsere Feinde geworden, weil das unbefleckte Lamm, um dem Menschen die Freiheit wiederzugeben und ihn zu befreien, sich selbst dem schmachvollsten Tod am heiligsten Kreuz hingab. Sehet die unsagbare Liebe, die durch Ihren Tod uns das Leben schenkte! Schmach und Schande ausstehend, stattete sie uns die Ehre zurück; an den Händen festgenagelt am Kreuz, löste sie uns vom Band der Sünde; durch das geöffnete Herz nimmt sie uns die Herzenshärte; selbst entblößt, bekleidet sie uns; mit seinem Blute berauscht sie uns; mit ihrer Weisheit hat sie die Bosheit des Teufels besiegt; mit den Geißelhieben überwand sie unser Fleisch; durch Schmach und Demut besiegte sie die Lustbarkeiten und den Hochmut der Welt; sie hat uns gewaschen im Überfluß ihres Blutes. So fürchten wir uns vor nichts, denn mit unbewaffneter Hand vernichtete sie unsere Feinde und gab uns den freien Willen zurück.

O süßes Wort, Sohn Gottes, du hast dieses Blut im Leib der heiligen Kirche hinterlegt, du willst, daß es uns durch die Hände deines Stellvertreters gereicht werde. Die Güte Gottes sorgt so für die Not des Menschen vor, denn täglich verliert er die Herrschaft über sich und beleidigt er seinen Schöpfer. Und darum setzte er das Heilmittel der heiligen Beichte ein, die ihre Kraft durch das Blut des Lammes hat. Er gibt sie Euch nicht einmal oder zweimal sondern fortwährend. Deshalb ist ein Tor, wer sich vom Stellvertreter, der die Schlüssel des Blutes Jesu Christi, des Gekreuzigten, hält, entfernt oder gegen ihn wirkt. Wenn jener selbst ein Teufel wäre, dürfte ich mein Haupt nicht gegen ihn erheben, müßte mich vielmehr stets demütigen und das Blut aus Barmherzigkeit erbitten: denn nur so könnt Ihr es erlangen und an der Frucht des Blutes teilhaben. Ich bitte Euch um der Liebe Christi des Gekreuzigten willen, unternehmt nie mehr etwas gegen Euer Oberhaupt. Laßt Euch nichts vorspiegeln! Denn der Teufel will Euch die Farbe der Tugend vormachen, und er hat es schon getan: nämlich ein Gericht zu halten gegen die schlechten Hirten, ihrer Vergehen wegen. Misstraut dem Teufel und wollet nicht Gerichtsbarkeit üben, wo Ihr dazu nicht befugt seid. Unser Erlöser will es nicht, sagt er, sie seien seine Gesalbten. Und er will nicht, daß Ihr oder irgend ein Mensch jene Gerechtigkeit übt, denn er selbst will sie schaffen. O, wie unschicklich wäre es, wenn der Diener dem Richter die Vollmacht entreißen wollte, um den Übeltäter zu verurteilen. Es wäre sehr zu bedauern, denn es steht ihm nicht zu; der Richter hat zu entscheiden. Und wenn Ihr nun einwendet: Der Richter tut es aber nicht; ist es dann nicht gut, wenn ich handle? Nein, denn Du bist in jedem Fall zu tadeln, nichtsdestoweniger fällt Dir der Richtspruch in den Rücken, wonach Du des Todes würdig bist, wenn Du tötest. Das Gesetz wird Deine gute Absicht, in der Du einen Übeltäter von der Welt schaffen wolltest, nicht entschuldigen. Weder das Gesetz noch die Vernunft läßt es zu, daß, weil der Richter schlecht sei und nicht Recht schaffe, Du es an seiner Stelle tun dürfest. Du mußt das Gericht dem höchsten Richter überlassen, der die Ungerechtigkeiten und anderen Verfehlungen nicht durchgehen lassen wird, ohne daß sie am rechten Ort zu rechter Zeit bestraft würden, besonders nicht im letzten Augenblick vor dem Tod, wenn das finstere Leben vorüber ist: ist dieser Punkt überschritten, wird alles Gute belohnt und jede Schuld bestraft.

So sage ich Euch, teuerster Vater und Bruder in Christus, dem liebsten Jesus, daß Gott nicht will, daß Ihr, noch irgend jemand, sich zum Richter seiner Diener aufwerfe. Er hat das Richteramt sich selbst übergeben und er selbst gab es an seinen Stellvertreter weiter; und übte es sein Stellvertreter nicht aus – denn er sollte es tun und es steht übel, wenn er es nicht tut –, müßten wir demütig Gericht und Strafe des höchsten Richters, des ewigen Gottes, abwarten. Auch wenn uns durch sie unser Gut genommen würde, müßten wir eher uns entschließen, zeitliche Güter und das Leben unseres Leibes zu verlieren, anstatt der geistlichen Belange und des Lebens der Gnade. Denn jene sind endlich, aber die Gnade Gottes ist ewig und sie gibt uns unendliches Gut, darum haben wir, wenn wir dieses verlieren, unendliches Übel. Und bedenket, daß er Euch Eurer guten Absicht wegen nicht freisprechen wird. Es wird Euch also weder Gott noch das göttliche Gesetz vor ihm entschuldigen. Darum werdet Ihr in den Bann des ewigen Todes verfallen. Ich will nicht, daß Ihr je in diesen Übelstand geratet. Ich sage es Euch und bitte Euch im Namen Christi des Gekreuzigten, mischet Euch niemals mehr ein. Besitzet Eure eigenen

Städte in Frieden, schaffet Euren Untergebenen Recht, wenn jemand strafbar wird. Aber jenen gegenüber nie, die Diener dieses glorreichen und kostbaren Blutes sind. Durch andere Hände als die ihrigen, könnt Ihr es nicht bekommen; und könnt Ihr es nicht erhalten, werdet Ihr die Frucht jenes Blutes nicht erlangen und Ihr werdet, wie ein faules Glied, vom Körper der heiligen Kirche abgeschnitten werden.

Nun, haltet ein Vater! Demütiglich will ich, daß wir das Haupt in Hingabe und Liebe in den Schoß Christi im Himmel legen und in den des Stellvertreters Christi auf Erden, aus Ehrfurcht vor dem Blute Christi, zu welchem er die Schlüssel trägt. Wem er öffnet, dem ist geöffnet und wem er zuschließt, dem ist zugeschlossen. Er hat die Macht und Gewalt und niemand kann sie ihm aus den Händen nehmen, denn sie ist ihm von der süßen ersten Wahrheit verliehen. Und denket daran, daß unter den strafbaren Handlungen, die Gott besonders mißfallen, die gehört, wenn er sieht, daß an seine Gesalbten Hand angelegt wird, seien sie schlecht wie immer. Und glaubet nicht, daß, weil es scheint, Christus tue dergleichen, als sähe er nicht in diesem Leben, die Strafe im anderen Leben kleiner sei. Wenn die Seele vom Leibe entblößt sein wird, wird er beweisen, daß er in Wahrheit sah. Deshalb will ich, daß Ihr ein treuer Sohn der heiligen Kirche seid, Euch badend im Blute des gekreuzigten Christus. Dann werdet ihr ein der heiligen Kirche verbundenes Glied sein, und kein faules. Empfanget solche Kraft und Freiheit, daß weder Teufel noch irgend eine Kreatur sie Euch nehmen kann. Sobald Ihr der Knechtschaft der Todsünde und der Auflehnung gegen die heilige Kirche entronnen seid, werdet Ihr erstarken in der Kraft der Gnade, die dann in Euch wohnen wird und Ihr werdet verbunden sein mit Eurem Vater. So bitte ich Euch, stellt diese Verbundenheit her und säumet nicht länger.

Aber wie werden wir Rache nehmen für die Zeit, die Ihr draußen standet? Diesbezüglich, Vater, scheint mir, es bereite sich eine Zeit, in der wir eine süße und glorreiche Rache ausüben können. Wie Ihr Euren Leib und Euer zeitliches Gut aller Gefahr und dem Tode aussetztet im Krieg mit unserem Vater, so fordere ich Euch nun auf, im Namen Christi des Gekreuzigten, zu wahrem und vollkommenem Frieden mit dem gütigen Vater, Christus auf Erden, und zum Krieg gegen die Ungläubigen, indem Ihr Leib und Vermögen dem gekreuzigten Christus zur Verfügung stellt. Bereitet Euch, denn Ihr müßt diese süße Rache nehmen und wie ihr gegen ihn waret, so eilet nun zu helfen, wenn der Vater das Banner des heiligen Kreuzes erheben wird. Denn dem heiligen Vater steht darnach Verlangen und Wille. Ich will, daß Ihr der Anführer seid, und daß Ihr den heiligen Vater auffordert und drängt, daß er bald übersetze. Denn es ist große Schmach und Schande für die Christen, wenn schlechteste Ungläubige das besitzen, was mit Recht uns zukäme! Doch wir handeln wie Toren und Feiglinge, die nur Streit und Kampf untereinander führen. Der eine trennt sich vom anderen aus Haß und Feindseligkeit, während wir doch mit dem Band der göttlichen glühenden Liebe verbunden sein müßten. Ein Band, das so stark ist, daß es Gott und Mensch am Holz des heiligsten Kreuzes festhält. Nun auf, Vater, bei der Liebe Gottes, vermehret mir das Feuer des heiligsten Verlangens, dadurch daß Ihr Euer Leben für Christus, den Gekreuzigten, geben wollt, das Blut lassend aus Liebe zum Blut. Nun, wie wird Eure und meine Seele glücklich sein – aus Liebe, die ich zu Eurem Heil habe –, Euch das Leben für den Namen des liebsten und guten Jesus hingeben zu sehen! Ich bitte die höchste und ewige Güte, daß sie uns einer solchen Wohltat würdige, wie die Hingabe des Lebens für ihn eine ist. Nun eilet mannhaft, die großen Taten für Gott und die Erhöhung der heiligen Kirche zu vollbringen, wie Ihr sie früher für die Welt und als Widerpart vollbrachtet. Tut Ihr dies, werdet Ihr am Blut des Sohnes Gottes teilhaben. Entsprecht der Stimme und Güte des heiligen Geistes, der Euch so zärtlich ruft, damit er die Diener Gottes vor ihm für Euch um das Leben der Gnade schreien lasse. Denket daran, Vater, daß die Güte Gottes Euch von den Tränen und dem Schweiß, die sie durch Euch an ihren Dienern vergoß, von Kopf bis Fuß reinwaschen wird. Verachtet sie nicht, noch seid so großer Gnade gegenüber undankbar. Betrachtet, wie sehr Gott Euch liebt; daß Eure Zunge es nicht zu sagen vermöchte, noch das Herz zu ersinnen, noch das Auge zu sehen, wie groß die Gnaden sind, die er über Euch ausgießen will, wenn Ihr nur die Stadt Eurer Seele bereitet, daß Ihr sie aus der Knechtschaft der Todsünde befreit. Seid dankbar und erkenntlich, auf daß der Quell des Erbarmens in Euch nicht versiege. Mehr sage ich nicht.

Seid treu, seid es, demütigt Euch unter die starke Hand Gottes. Liebet und fürchtet Christus den Gekreuzigten. Nistet Euch ein in die Wunden des Gekreuzigten, bereitet Euch zu sterben für Christus den Gekreuzigten. Verzeiht meiner Unwissenheit und Anmaßung, weil ich mir viel zu sagen herausnehme. Aber die Liebe und das Verlangen nach dem Heil Eurer Seele entschuldigen mich. Verbleibet in der heiligen und süßen Liebe Gottes.

Was das betrifft, was Euer Diener, der von Euch zu mir kam, mich bat &c. Liebster Jesus, Jesus die Liebe.

V.

An Madonna Regina, Gattin des vorher angeschriebenen Herrn von Mailand, durch die genannten Gesandten überbracht.

Im Namen Jesu Christi des Gekreuzigten und der süßen Maria.

Verehrte Mutter in Christus Jesus! Ich, Caterina, Dienerin und Magd der Diener Jesu Christi, schreibe Euch in seinem kostbaren Blut, mit dem Wunsche, Euch mit dem Kleide der heißesten Liebe umkleidet zu sehen; so zwar, daß Ihr das Mittel und Werkzeug seiet, durch das sich Euer Gemahl mit Christus, dem liebsten Jesus und mit seinem Stellvertreter, Christus auf Erden, versöhne. Ich bin gewiß, daß wenn Ihr in Euch die Tugendkraft der Liebe habt, es nicht ausbleiben kann, daß Euer Gatte deren Hitze verspüre. Und so will die erste Wahrheit, daß Ihr zwei ein Geist seiet, in einer Liebe und heiligem Verlangen. Dies könnt Ihr nicht verwirklichen, habt Ihr jene Liebe nicht in Euch.

Aber Ihr werdet mir sagen: Da ich die Liebe nicht habe und ohne Liebe es nicht vollbringen kann, wie kann ich sie erlangen? Ich sage es Euch. Ich sage Euch, daß Liebe sich nur mit Liebe erlangen läßt. So muß also zuerst lieben, wer Liebe will, das heißt, er muß den Willen zu lieben haben. Hat er diesen Willen, muß er das Auge der Erkenntnis öffnen, um zu sehen, wo und wie man diese Liebe findet. In sich selbst wird er sie finden. Wie denn? Sich selbst als Nichts erkennend. Erkennt er sich in sich selbst als nicht seiend, weist er sein Sein Gott zu und erkennt es als von ihm herstammend, desgleichen jede Gnade, die sich auf dieses Sein gründet, nämlich die Gnadengaben und die geistlichen wie zeitlichen Gaben, die Gott uns verleiht. Wenn wir nicht sind, können wir aber keinerlei Gnade erhalten. So aber bekommt man alles – und man entdeckt, daß man es schon hat – durch die unschätzbare Güte und Liebe Gottes. Hat die Seele in sich so große Güte vonseiten ihres Schöpfers gesehen und gefunden, erhebt sie sich und weitet sich zu solcher Liebe und solchem Verlangen, daß sie sich, die Welt und all ihre Lustbarkeiten verachtet und dem gegenüber insgesamt Mißfallen zeigt. Ich verwundere mich weiter nicht, denn jene Güte ist die Ursache der Liebe, und wenn der Mensch sich geliebt sieht, liebt er alsbald auch. Nun da er liebt, wählt er eher den Tod, als den zu beleidigen, den er liebt. Er nährt sich im Feuer der Liebe, weil er sich so sehr geliebt sah, während er sich als den Acker und jenen Fels erkannte, in dem das Banner des heiligsten Kreuzes aufgepflanzt wurde. Denn Ihr wißet wohl, daß weder Erde noch Fels das Kreuz gehalten, weder Nägel noch Kreuz das Wort des eingeborenen Sohnes getragen hätten, wenn die Liebe es nicht festgehalten hätte. Die Liebe, die Gott zu unserer Seele empfand, war jener Fels und jene Nägel, die es hielten.

Nun, dies ist der Weg, zur Liebe zu gelangen. Da wir den Ort fanden, wo die Liebe weilt, in welcher Weise nun sollen wir sie lieben? O verehrte und liebste Mutter, sie selbst ist die Regel und der Weg: einen anderen Weg als diesen gibt es nicht. Ihr Weg – den sie uns weist, dem wir folgen müssen, wollen wir im Lichte gehen und das Leben der Gnade empfangen – ist, durch Mühsal, durch Schmähungen, Spott, Qual und Beschimpfungen und Verfolgungen zu gehen. Durch diese Mühsal wird man dem gekreuzigten Christus gleichgestaltet. Er war jenes unbefleckte Lamm, das die Reichtümer und Gewalten der Welt verachtete und, obschon er Gott und Mensch war, als unsere Regel und unser Weg, die er uns lehrte, sich zum Beobachter des Gesetzes und nicht zum Übertreter machte. Er ist demütig und sanft, so daß von ihm kein

Scheltwort auf irgend eine Widerrede vernommen werden konnte. Er öffnete sich selbst aus liebender Freigebigkeit. Er macht sich zum Verkoster und Verzehrer unseres Heils, sich selbst nicht suchend noch sehend, allein zur Ehre des Vaters und zum Wohle der Geschöpfe. Er flieht die Mühen nicht, sondern geht gerade auf sie zu.

Etwas Großes ist es, den liebsten und guten Jesus zu betrachten, wie er das ganze Universum leitet und weidet, und ihn selbst in größtem Elend und in Not, so daß ihm darin niemand gleichkommt. Er ist so sehr Bettler, daß Maria keine Windeln hatte, ihren Sohn darin einzuwickeln. Zuletzt starb er nackt am Kreuze, um den Menschen zu bekleiden und seine Blöße zu bedecken. Denn dieser war nackt durch die begangene Sünde, das Kleid der Gnade hatte er verloren. Darum zieht jener das Leben aus und bekleidet uns damit. Ich behaupte, daß die Seele, die in der Hingabe an Christus den Gekreuzigten die Liebe fand, sich schämte, ihm auf einem anderen Wege zu folgen, denn durch Christus den Gekreuzigten. Er will keine Vergnügungen, weder Standesehren noch Pracht, vielmehr will er in diesem Leben Fremdling und Wanderer bleiben, nur darauf bedacht, sein Ziel zu erlangen. Weder durch Wohlstand, den er auf dem Wege finden könnte, noch durch Widerwärtigkeit verlangsamt er sein Gehen; so ist er ein guter Pilger. Er geht kräftig ausschreitend aus Liebe und Zuneigung zu dem, der ihm sein Ziel setzte und das zu erreichen, er sich bemüht. So will ich, daß auch Ihr tuet, geliebteste Mutter und Schwester in Christus, dem süßen Jesus. Ich will nicht, daß Ihr Euch aufhaltet beim hohen Stand, den Ihr habt, noch bei den Reichtümern und Lustbarkeiten, aber auch nicht bei den Widerwärtigkeiten und Trübsalen, die Ihr kommen seht. Weder Vergnügen noch Mühsal halte Euch fest; eilet vielmehr mit mannhaftem Herzen auf jenem Weg. Ergötzt Euch stets an den Tugenden und freut Euch, Mühsal zu ertragen um Christi des Gekreuzigten willen, der Euch dies liebreich gelehrt hat. Nehmet die Dinge der Welt als Naturnotwendigkeit und nicht in ungeordneter Neigung; denn es mißfiele Gott sehr, wenn Ihr Eure Liebe in jene Dinge setztet, die weniger sind als Ihr, und wodurch Ihr Eure Würde verlöret, da der Mensch dem gleich wird, das er liebt. Liebe ich die Sünde, die ein Nichts ist, siehe da, auch ich werde ein Nichts. Zu größerer Niedertracht kann man nicht gelangen. Die Sünde ergibt sich aus nichts anderem, als wenn man liebt, was Gott haßt und haßt, was er liebt. Also beleidigen wir ihn, wenn wir die vergänglichen Dinge der Welt lieben und uns selbst in sinnenhafter Liebe; denn dies haßt Gott und es mißfällt ihm so sehr, daß er es am eigenen Körper richten und rächen wollte. Er machte aus sich einen Amboß, um unsere Bosheit darauf zu bearbeiten.

Nun denn, wie groß ist das Elend und die Blindheit des Menschen! Er weiß, daß er geschaffen ist nach seinem Bild und Gleichnis und wiedererschaffen durch Gnade – da er durch die Todsünde es verloren hatte, dieses Bild, es aber durch die Fülle des Blutes wiederhergestellt worden war – und er ist so blind, daß er die Zuneigung und Liebe, die ihn in seiner Güte groß gemacht hatte, verläßt, und sich dazu hingibt, jene Dinge zu lieben, die außerhalb Gottes sind, indem er nämlich Zuneigung und Liebe ihm entzieht, um die geschaffenen Dinge und sich selbst zu lieben ohne ihn. Denn nicht die Standesarten und Annehmlichkeiten der Welt, noch die Geschöpfe sind tadelnswert; jedoch die Zuneigung, die man ihnen entgegenbringt, indem man durch diese Zuneigung das Gebot des liebsten Gottes überschreitet, ist es. Wenn, umgekehrt, die Liebe und Zuneigung sich von sich wegbegibt und alles auf Christus, den Gekreuzigten, setzt, kommt er zur höchst möglichen Würde, denn er wird eins mit seinem Schöpfer. Und was besseres kann er haben, als mit dem vereint zu sein, das jegliches Gut in sich enthält? Er kann diese Würde und Einigung jedoch nicht sich selbst zuschreiben, aber der Liebe. Denn eine Magd würde erhöht, wäre sie die Braut des Kaisers; denn so bald sie sich mit ihm vereinigt, ist sie zur Kaiserin geworden, und dies nicht, weil sie Magd war, sondern durch die Würde des Kaisers. So überlegt auch Ihr, teuerste Mutter in Christus, dem süßen Jesus, daß die von Gottesliebe ergriffene Seele, die durch das Blut des Gottessohnes erkaufte Magd und Sklavin ist, zu so großer Würde gelangt, daß sie sich nicht mehr Magd, vielmehr Kaiserin, da Braut des ewigen Kaisers nennen kann. Das stimmt mit dem Wort der ersten Wahrheit ganz überein: «Gott zu dienen ist nicht Knechtesdienst, sondern Herrschaft», denn er nimmt ihm die Knechtschaft der Sünde und macht ihn frei. Diese vollkommene Einheit ist dadurch überaus stark; denn außer der Würde, sein Geschöpf zu sein, vervollkommnet er die erste Würde dem Sein nach durch die Einheit in der Liebe und Tugendkraft, das heißt durch die Vereinigung, die er vollzog mit seinem Schöpfer. Durch sie hat er den alten Menschen, sich selbst, ausgezogen und den neuen, Christus, den liebsten Jesus, angezogen. Da ward die Seele geöffnet, Gnade aufzunehmen und zu bewahren, wodurch sie in diesem Leben Gott schmeckt; dann, im letzten Augenblick erfährt sie seine ewige Anschauung, in der sie Frieden findet und vollkommene Ruhe und Beruhigung; denn all ihre Wünsche sind nun erfüllt.

Und jetzt der Grund, warum sie in diesem Leben einen solchen Frieden nicht haben kann: das Verlangen ist nicht gestillt, bis sie zur Einigung mit dem göttlichen Wesen gelangt. Sie empfindet nur Hunger und Sehnsucht, während sie Wanderer und Pilger in diesem Leben ist. Verlangen hat sie nach der geraden Straße, und Hunger, ihr Ende und Ziel zu erreichen. Solches Verlangen macht sie eilen auf ihrem Weg, auf der von Christus, dem Gekreuzigten geebneten Straße, wie oben gesagt wurde. Denn verspürte sie zu ihrem Ziel, nämlich zu Gott, keine Liebe, mühte sie sich nicht so sehr, den Weg zu kennen. Darum will ich, daß Euer heiliges und aufrichtiges Verlangen, diesem Weg zu folgen, der Euch das Ziel erreichen läßt, wachse. Wisset, daß er nicht finster und dunkel, noch voll von Dornen, sondern von wahrem Licht erhellt ist: diese Straße baute Jesus Christus, der selbst das Licht ist, mit seinem Blute. Dornen gibt es da nicht, denn sie ist wohlduftend, voller Blumen und schmackhafter Früchte, so daß der Mensch, kaum hat er sich auf diese Straße, den sanften Weg, gemacht, solche Süßigkeit schmeckt, daß er lieber den Tod wählte, als darauf verzichten zu müssen. Und entdeckte man auf diesem Weg auch Dinge, die Dornen zu sein scheinen, wie Dornen der Trübsal und Täuschung durch den Teufel, und stellte sich auch die Welt mit aufgeblasenem Hochmut in den Weg, so sage ich, daß jene Seele sich nicht darum kümmert, wenn man sich in diesem Leben vergnügt: sie tut wie einer, der in den Rosengarten geht, die Rosen pflückt und die Dornen stehen läßt. So auch sie in bezug auf die Widerwärtigkeiten und Bedrängnisse in der Welt: sie läßt sie hinter sich und pflückt die duftende Rose der wahren und heiligen Geduld, indem sie sich vor das Auge der Erkenntnis das Blut des Lammes, welches Leben verleiht, hält, und welches am Ende dieser Straße sich hingestellt hat.

So eilet denn, Mutter, wie alle wahren und treuen Christen eilen, hin zum Träger dieses Blutes und in dessen Geruch. Dadurch werden wir berauscht von diesem Blut, entfacht und verzehrt in der göttlichen süßen Liebe; wir werden eins sein mit ihm. Tun wir wie der Berauschte: er denkt nicht mehr an sich, nur an den Wein, den er trank und von dem ihm zu trinken übrigbleibt. Berauschet Euch mit Blut durch Christus den Gekreuzigten, da Ihr ihn vor Euch habt, laßt Euch nicht umkommen vor Durst! Nehmet nicht wenig davon, sondern so viel, daß Ihr berauscht seid und Euch selbst dadurch verliert. Liebet Euch nicht um Eurer selbst willen, vielmehr Euch um Gottes willen; auch nicht das Geschöpf als Geschöpf, sondern nur allein zum Lobe und zur Ehre des Namens Gottes. Liebet Gott nicht um Euretwillen, zu Eurem Vorteil, sondern Gott um Gottes willen, insofern er höchste Güte ist, aller Liebe würdig. Dann ist Eure Liebe vollkommen und nicht käuflich. Dann könnt Ihr an nichts anderes denken als an Christus, den Gekreuzigten, an den Wein, den Ihr getrunken habt, nämlich an die vollkommene Liebe, von der Ihr seht, daß Gott sie Euch gegeben und erwiesen hat vor der Erschaffung der Welt, Euch Liebe erzeigend, bevor Ihr waret. Denn wäre er nicht von Liebe ergriffen gewesen, er hätte Euch nicht geschaffen. Doch durch die Liebe, welche er empfand, als er Euch in sich sah, wurde er dazu bewogen, Euch das Sein zu geben. Nun, hier werden sich Eure Gedanken auf diese Liebesflasche richten. Damit sage ich, daß Ihr an das denket, was zu trinken bleibt; nämlich die höchste ewige Schönheit Gottes zu erharren und zu erwünschen, um sie zu kosten. Damit haben wir den Ort gefunden, wo sich die Liebe ausruht und wo die Seele zu ihr gelangt, und hat man ihn so gefunden, soll man ihn genießen. Nun bitte ich Euch, bei der Liebe Christi des Gekreuzigten, seid nicht träge, sondern eifrig darauf bedacht, an diesen Ort zu kommen und den Weg dorthin, den ich eben zeigte, einzuhalten. Tut Ihr dies, erfüllt Ihr das Verlangen und den Willen Gottes für Euch, der nichts anderes sucht noch will, als Eure Heiligung, und Ihr erfüllt auch mein Verlangen. Ich elende Armselige voller Sünden und Unrecht, die ich Hunger und Verlangen habe nach Eurem Heil, im Hinblick auf Euch und auf die Vermittlung, die Ihr bei Eurem Gemahl erfüllt, ihn zur Tugend führend und auf den Weg der Wahrheit! Fordert ihn auf und bittet ihn, wie Ihr nur könnt, alles zu tun, um ein wahrer Sohn und Diener Christi des Gekreuzigten zu sein, gehorsam dem heiligen Vater, der Christi Statthalter ist, und nicht mehr aufständig.

Teuerster Vater und teuerste Mutter! Seid mir vereint in einem Willen und einem Geist. Wartet nicht auf die Zeit, denn die Zeit wartet nicht auf Euch. Habt acht, habt acht, denn das Auge Gottes ist über Euch und niemand kann sich vor diesem

Auge verbergen. Es ist unser liebster Gott, der unser nicht bedarf: doch liebte er uns, bevor er von uns geliebt wurde. Er gab sich selbst aus Gnade und nicht aus Schuldigkeit. Ich will nicht, daß Ihr so großer Wohltat gegenüber undankbar seid, doch dankbar und erkenntlich, seiner Gnade und der Güte des heiligen Geistes entsprechend. Ich bitte Euch, erzieht Eure Kinder und läßt sie heranwachsen in der Furcht Gottes. Achtet nicht bloß auf ihre Körper, mehr auf das Heil ihrer Seelen. Wisset, daß Gott darüber Rechenschaft verlangt am jüngsten Tag. Weiter sage ich nichts. Verbleibet in der heiligen und süßen Liebe Gottes. Verzeiht meiner Unwissenheit, falls ich Euch zu sehr mit Worten beschwerte. Doch aus Hunger und Liebe nach Eurem Heil, möchte ich es lieber in Wirklichkeit ausführen als mit Worten.

Es kam Eurerseits jener treue Gesandte. Er überbrachte mir Ihre Botschaft mündlich, die ich gerne entgegennahm &c. Liebster Jesus, Jesus die Liebe.

VI.

Der sprühende Brief an Frater Bartolomeo Dominici aus dem Konvent San Domenico in Siena stammt aus der Zeit vor 1374, vielleicht aus der Fastenzeit März 1372 oder April 1373. Frater Bartolomeo hielt zusammen mit Frater Simone da Cortona, dem Caterina offensichtlich seelisch beizustehen sucht, die Fastenpredigten in Asciano in der Nähe von Siena. Wie dem Briefinhalt zu entnehmen ist, war die Predigt Bartolomeos mit einem Kreuzzugsaufruf verbunden, zu dem ihn Caterina noch stärker anstacheln will. Dazu teilt sie Frater Bartolomeo mit, Frater Raimondo von Capua habe durch den Kuriensekretär Nicola da Osimo vernommen, daß selbst Papst Gregor XI. an die Organisation eines Kreuzzugs denke. Deshalb soll sich Bartolomeo durch sichtbare Teufel, das heißt in diesem Zusammenhang durch Menschen, die gegen den Kreuzzugsgedanken sind, nicht von seinem Aufruf abhalten oder in seiner Begeisterung dämpfen lassen.

Der im Briefschluß genannte Nanni (= Giovanni) ist näher nicht zu identifizieren. Er wird in den Briefen öfter erwähnt, gehörte zu Caterinas famiglia, *wie auch die genannte Alessa und Cecca, mit dem Übernamen «die Zeitverschwenderin». Mit der Heiligen Agnes meint Caterina das Dominikanerinnenkloster in Montepulciano, wohin man das empfohlene Mädchen bringen könnte. Agnes war dort Vorsteherin gewesen, lebte und starb heiligmäßig (1327) und wurde nach ihrem Tod entsprechend verehrt. Raimondo von Capua schrieb ihre Vita.*

An Frater Bartolomeo Dominici aus dem Predigerorden, in Asciano.

Im Namen Jesu Christi des Gekreuzigten und der süßen Maria.

An Euch, mein liebster und teuerster Sohn in Christus Jesus! Ich, Caterina, Dienerin und Magd der Diener Gottes, schreibe Euch und ermuntere Euch im kostbaren Blut des Gottessohnes, mit dem Wunsche, in Euch solche Kraft, ein solches Übermaß und solche Fülle des heiligen Geistes zu sehen, wie sie über die heiligen Apostel kam, auf daß Ihr das süße Wort Gottes in Euch und Eurem Nächsten wachsen und Frucht bringen lassen könnt. Als das Feuer des heiligen Geistes über die Apostel gekommen war, eilten sie auf die Kanzel des glühenden Kreuzes: sie empfanden und verspürten den Hunger des Gottessohnes und die Liebe, die er zum Menschen hatte. Da entfuhren ihnen die Worte, wie das glühende Schwert aus der Esse kommt. Mit dieser Hitze spalteten sie die Herzen der Zuhörer und verjagten daraus die Dämonen. Sich selbst verloren, hatten sie auf sich nicht acht, nur auf den Ruhm und die Ehre Gottes und auf unser Heil. Tut ebenso, mein liebster Sohn, ich bitte Euch und ich will es in Christus Jesus! Verbleibet auf dem Predigtstuhl des Kreuzes, verliert und vernichtet Euch dort ganz in unstillbarem Verlangen, indem Ihr das feurige Schwert zieht, damit die sichtbaren Teufel – und den unsichtbaren, der Euer Gewissen, um die Ernte in den Menschen zu verhindern, oft zur Trauer verführen will – zu verfolgen. Kehrt Euch nicht an diesen verruchten Dämon, besonders jetzt, zur Zeit der Ernte und der Aussaat nicht. Richtet dem Dämon aus, er möge mit mir und nicht mit Euch Abrechnung halten. Also denn mutig drauf los, schlafen wir nicht weiter, denn die Zeit drängt.

Ich empfand große Freude, weil mir scheint, Eure Frucht sei

mannigfaltig – verschiedenen guten Nachrichten im Hinblick auf den Kreuzzug zufolge, die mir Frater Raimondo zukommen ließ und die er von Misser Nicola da Osimo hatte. Freut Euch und seid fröhlich, daß unsere Wünsche sich erfüllen. Ich habe keine Zeit, mehr zu schreiben.
Nanni befindet sich gut und wohl. Segnet mir meinen Sohn Frater Simone; richtet ihm aus, er solle den Mund des Verlangens darauf einstellen, die Milch aufzunehmen, welche die Mutter ihm senden wird. Denkt an jenes Mädchen, das Euch durch jenes Testament anempfohlen wurde und auch an meine heilige Agnes, wenn Ihr in Ungewißheit kämet, wohin es geben. Verharret in Gottes heiliger Liebe. Alessa und die Zeitvergeuderin empfehlen sich Euch innig.

VII.

Caterina diktierte diesen kühnen Brief Cecca, der sogenannten Zeitverschwenderin, einer ihrer Gefährtinnen. Er ist wiederum an den in offenbar schwierigem Predigtamt stehenden Frater Bartolomeo Dominici gerichtet und ist vor 1374 zu datieren.
Wie im vorhergehenden Brief fordert Caterina Bartolomeo auf, sich selbst zu verlieren. In ihrer Sprache heißt dies, die enge Eigenliebe immer radikaler abzubauen, um zur Weite der Gottesliebe zu gelangen. Wie Moses und Paulus muß ein Nachfolger Christi bereit sein, aus Liebe zum Nächsten die Hölle auf sich zu nehmen.
Kurz erscheint Christus als Ritter, was gut mit Caterinas Kampfesmut zusammenpasst, was aber auch an die Ostersequenz Victimae paschalis *anspielt, wo es heißt: Mors et vita duello / conflixere mirando: dux vitae mortuus, regnat vivus; ebenso an den Hymnus* Vexilla regis prodeunt *erinnert, in dem gesungen wird: vita mortem pertulit / et morte vitam protulit, und an die Osterpräfation: Qui mortem nostram moriendo destruxit et vitam resurgendo reparavit.*

An Frater Bartolomeo Dominici aus dem Predigerorden, als er in Asciano Predigt hielt.

Im Namen Jesu Christi des Gekreuzigten und der süßen Maria.

An Euch, mein liebster und teuerster Bruder in Christus! Ich, Caterina, Dienerin und Magd der Diener Gottes, schreibe Euch und ermutige Euch im kostbaren Blut des Gottessohnes, mit dem Wunsche, Euch so ertötet und erglühend in Christus Jesus zu wissen, daß Ihr Euch selbst ganz verliert. Dies könnt Ihr jedoch nicht erreichen, wenn Ihr das Auge der Einsicht in das wahre Verlangen nicht über Euch erhebt, um in das

unergründliche Auge der göttlichen Liebe zu blicken, mit dem Gott seine Geschöpfe anschaute und noch anschaut, bevor er sie erschafft. Als er in sich selbst hineinblickte, ergriff ihn maßlose Liebe und aus Liebe erschuf er uns, mit dem Wunsch, daß wir selig seien und teilnähmen an dem Gut, das er in sich hat; wegen der Schuld Adams erfüllte sich dieser sein Wunsch nicht. Durch das Feuer der göttlichen Liebe dann wurde Gott gezwungen, das süße menschgewordene Wort seines Sohnes zu senden, um den Menschen loszukaufen und ihn aus der Knechtschaft zu erlösen. Der Sohn eilte und gab sich der Schmach des Kreuzes hin und dem Umgang mit Sündern, mit öffentlichen Verbrechern und Geächteten und aller Art Leute. Denn der Liebe läßt sich kein Gesetz und Maß vorgeben; sie nimmt keine Rücksicht auf sich und sucht nicht das ihre. Da der erste Mensch durch Eigenliebe von der Höhe der Gnade fiel, war es notwendig, daß Gott ein gegenteiliges Verhalten zeigte, und deshalb sandte er jenes unbefleckte Lamm mit seiner unausdenkbar weiten Liebe, die nicht sich sucht, sondern allein die Ehre des Vaters und unser Heil. O sanfter und liebevoller Ritter, du nimmst nicht Rücksicht auf deinen Tod noch auf dein Leben oder deine Schmach, sondern fichst am Kreuze mit ausgebreiteten Armen mit dem Sündentod; und der Tod besiegte das Leben deines Leibes, und dieser Tod zerstörte unseren Tod. Die Liebe hat es erreicht, wie Ihr seht! Dadurch, daß sein Auge auf nichts anderem ruhte als auf der Ehre seines Vaters und der Erfüllung seiner Wünsche für uns, daß wir nämlich selig würden in Gott, wozu er uns erschaffen hatte.
O mein teuerster und geliebtester Sohn! Ich will, daß Ihr diesem Wort, das unsere Regel ist, gleichförmig werdet und den Heiligen, die ihm gefolgt sind. Und so werdet Ihr eins mit ihm und werdet teilnehmen an seiner Fülle und nicht Mangel leiden. Ich sage Euch nochmals, daß wenn sich die Seele nicht erhebt und das Auge nicht öffnet, und sich nicht die unermessliche Güte und Liebe Gottes seinem Geschöpf gegenüber zum

Vorbild nimmt, sie nicht zu solcher Weite und Vollkommenheit gelangen wird, sondern so eng bliebe, daß sie weder sich selbst noch den Nächsten begreifen könnte. Darum sage ich Euch und will ich, daß Ihr in ihm ertötet und entzündet seid, immer das süße Auge seiner Liebe im Blicke haltend. Dann werdet Ihr vollkommen lieben, was er liebt und hassen, was er haßt. Erhebet, erhebet das laue und ungeordnete Herz und das bedrängte Gewissen; gebt dem Teufel nicht Raum, der so viel Gutes verhindern möchte, und nicht aus seiner Stadt vertrieben werden will. Ich will jedoch, daß Ihr mit mannhaftem Herzen und vollkommenem Streben erkennt, daß das Gesetz des heiligen Geistes anders als das Gesetz der Menschen ist. Stimmt überein mit dem süßen und liebenden Paulus; seid ein Gefäß der Liebe, den Namen Jesu zu verbreiten und zu verkünden. Es scheint mir wohl, Paulus spiegle sich in jenem Auge und verliere sich darin und erhalte solche Weitherzigkeit, daß er weggeflucht und getrennt zu sein wünscht und sein möchte von Gott, um seiner Brüder willen. Paulus war von der selben Liebe erfüllt wie Gott; er erkannte, daß die Liebe nicht betrogen oder zuschanden werden kann. Moses hielt auf die Ehre Gottes und wollte doch aus dem Buch des Lebens gestrichen sein, eher als daß das Volk Gottes zugrunde ginge. Deshalb bitte ich und will ich in Christus Jesus, haltet fest am Ausreißen der Laster und Pflanzen der Tugend, der ersten Wahrheit folgend, wie gesagt, und den Heiligen, die in ihren Spuren gingen: setzt Eurem Verlangen, das maßlos sein will, nicht Gesetz oder Regel. Tragt dem Rechnung, daß Ihr unter einem untreuen und exkommunizierten Volk voller Unrecht lebt: notgedrungen müßt Ihr in Liebeskraft mit ihm verbunden sein, und ich lasse Euch wissen, daß Ihr auf diese Weise an der Liebe teilhabt und nicht an ihm, nämlich durch die Liebe, die Ihr zu seinem Heile habt. Nur wenn Euer Umgang mit ihm aus Eigenliebe, aus geistlichem oder weltlichem Vergnügen, das ihr daraus zöget und unabhängig von diesem Hunger statt hätte, wäre der Verkehr mit ihm zu fliehen und zu fürchten. Lasset also jede einengende Bitterkeit und vertrauet jemand anderem mehr als Euch selbst. Und wenn der Teufel Euch mit Eurem Gewissen auch aufreizen möchte, sagt ihm, er möge in diesem Belang mit mir abrechnen; die Mutter hat über den Sohn Rechenschaft abzulegen. Nun will ich, daß Ihr darum bemüht seid, daß keine Angelegenheit und kein Punkt so hart sei, daß die Liebe ihn nicht zu brechen vermöchte und Ihr Euch nicht stählen würdet.

Segnet mir meinen Sohn Frater Simone und sagt ihm, er möge am Stabe des heiligen Verlangens, nämlich mit dem heiligen Kreuze, vorwärts eilen. Berichtet mir, wie Ihr Euch befindet und wie es mit der Ehre Gottes steht. Alessa, die Dickliche, sagt, Ihr möget Gott für sie bitten und empfiehlt sich Euch sehr, daß Ihr für sie betet und auch für mich, Cecca, die Zeitverschwenderin. Bittet Gott für Lisa. Verbleibt in heiligem Frieden und der Liebe zu Gott.

VIII.

Tommaso della Fonte, an den dieser Brief sich richtet, ist Caterinas erster Seelenführer, als Verwandter mit ihr in ihrem Vaterhause aufgewachsen und dann Dominikaner geworden. Zu ihm behielt sie immer eine starke Zuneigung. Tommaso erhielt den Brief in San Quirico d'Orcia, wo die Dominikaner seit 1276 ein spitalähnliches Hospiz unterhielten, und wo er vermutlich aus Gesundheitsgründen vorübergehend weilte. Der Brief wurde sehr wahrscheinlich nach Caterinas Reise nach Montepulciano in der Zeit vor oder um 1374 von Siena aus geschrieben. Sankt Agnes von Montepulciano, eine Heilige Dominikanerin, deren Körper nach dem Tode unversehrt blieb, wurde auch von Caterina sehr verehrt. Dennoch scheint es ihr im Moment schwer gefallen zu sein, daß Frater Tommaso die Reise nach Montepulciano jetzt unternahm.

Die am Briefschluß erwähnte Caterina, Alessa und die aus Demut mit einem despektierlichen Zunamen versehene Giovanna gehörten zur famiglia *Caterinas.*

Der Brief beginnt mit einem schriftlichen Sündenbekenntnis und der Bitte um Absolution. Daraufhin handelt er gedrängt ein Lieblingsthema ab, die Selbst- und Gotteserkenntnis in der Zelle der Seele. Solche Betrachtungen führen bei Caterina niemals in die Enge, sondern, wie hier, zur Offenheit und in die Weite der Liebe.

An Frater Tommaso della Fonte aus dem Predigerorden, als er in San Quirico im Hospiz war.

Im Namen Jesu Christi des Gekreuzigten.

Euch, teuerster und liebster Vater unserer Seelen in Christus Jesus, empfehlen sich Caterina und Alessa samt allen Euren

Töchtern, mit dem Wunsche, Euch an Seele und Leib gesund zu wissen, so weit es Gott gefällt. Ich, Caterina, unnütze Magd Jesu Christi, ich bin die unwürdigste Tochter unter all Euren Töchtern, denn ich hatte wenig Hunger nach der Ehre Gottes und Eure Forderung wenig im Gedächtnis, wonach ich meinem eigenen verkehrten Willen hätte absterben sollen, welchen Willen ich aber nicht in der geschuldeten Ehrfurcht dem Joch des heiligen Gehorsams unterstellt hatte. Weh mir, ich unglückliche Seele, die ich nicht mit mannhaftem Herzen vorwärts geeilt bin, das Kreuz meines mildreichsten und liebsten Bräutigams, Christus des Gekreuzigten, zu umarmen, sondern mich aus Nachlässigkeit und Unwissenheit träg hingesetzt habe! Darüber beklage ich mich und bekenne ich mich schuldig vor Gott und Euch, teuerster Vater; und ich bitte Euch, mich loszusprechen und mich zu segnen, mich und alle anderen.

Nun bitte ich Euch, teuerster Vater, meinen Wunsch zu erfüllen, daß ich Euch mit Gott vereint und in ihn umgewandelt sehe; und dies kann nicht geschehen, wenn wir mit seinem Willen nicht eins sind. O süßester ewiger Wille, der du uns gelehrt hast, deinen heiligen Willen zu finden! Und wenn wir jenen liebsten und liebwerten jungen, überaus gütigen Vater fragten, antwortete er uns so und spräche: «Geliebteste Kinder, wollt ihr die Frucht meines Willens kosten und finden, bemüht Euch, immer Bewohner der Zelle Eurer Seele zu sein». Diese Zelle ist ein Brunnen, ein Brunnen, der in sich Wasser und Erde enthält; eine Erde, die wir als unser Elend verstehen können. Wir erkennen uns als nicht seiend: da wir aus uns nicht sind, sehen wir ein, daß das Sein von Gott kommt. O unaussprechliche, lodernde Liebe! Ich sehe also, daß die Erde herausgefunden ist; auch das lebendige, sprudelnde Wasser, nämlich das Wahre an der Erkenntnis seines liebreichen und wahren Willens: daß er nichts anderes will, als unsere Heiligkeit. Treten wir also ein in solche Tiefe dieses Brunnens; denn wohnen wir darin, werden wir notwendig mit ihm zusammenkommen: wir erkennen uns und erkennen die Güte Gottes. Indem wir uns als nichtseiend erkennen, demütigen wir uns; uns demütigend aber treten wir ein in das vollkommen verbrannte offene Herz – wie in ein Fenster ohne Laden –, das nie verschlossen wird. Richten wir das Auge des freien Willens, den Gott uns schenkte darauf, erkennen wir und sehen wir ein, daß sein Wille auf nichts anderes ging, als auf unsere Heiligung. Liebe, lieblichste Liebe, öffne uns, öffne unser Gedächtnis, soviel Güte Gottes zu empfangen, zu behalten und zu verstehen. Denn erkennend lieben wir, liebend befinden wir uns vereinigt und umgestaltet in die Liebe der Mutter der Liebe; hindurchgegangen und immer hindurchgehend durch die Tür des gekreuzigten Christus, wie er seinen Jüngern sagte: «Ich werde kommen und bei euch Wohnung nehmen». Dies ist mein Wunsch, euch in dieser Wohnung und Umwandlung zu sehen; meine Seele wünscht es für Euch besonders, aber auch für alle anderen. Ich bitte euch, bleibt am Kreuze befestigt und festgenagelt.

Ihr schicktet mir Botschaft, daß Ihr am Grabe der heiligen Agnes waret, wobei mich am meisten freute, daß Ihr uns ihr und ihren Töchtern empfahlt. Dafür, daß Ihr, wie Ihr sagt, keinen Wunsch verspürt, von dort zurückzukehren, kann es zwei Ursachen geben: die eine wäre gegeben, falls die Seele Gott sehr vereinigt und anverwandelt ist und sich und alle Kreaturen vergißt; die andere trifft zu, wenn jemand anders sich dort niedergelassen hätte, der Grund wäre, sich auf sich selbst zu besinnen. Habt Ihr diese beiden Gründe, ist mir dies großer Trost, denn anderes wünscht meine Seele für Euch nicht. Wenn ich auch manchmal glaubte und noch glaube, daß mein Elend und meine Unwissenheit Ursache waren, daß Zeit verschwendet wurde, so nehme ich an, daß jene unaussprechliche Liebe Gottes meine Sünden bestrafen und wiedergutmachen wolle, und daß sie dies aus besonderer Liebe tue, damit

ich mich selbst erkenne. Es scheint mir, daß Ihr die Absicht hattet, zu jemand anderem zu gehen, von welcher Reise mir schien, daß Ihr sie jetzt nicht tun solltet; trotzdem werde Gottes Wille und Eurer erfüllt. Gott lasse Euch daraus das beste machen und Euer Wirken zur Ehre Gottes und zum Heil Eurer Seele gereichen. Gelobt sei Jesus Christus der Gekreuzigte!
Ich empfehle Euch unsere Caterina; und Alessa läßt sich Euch sehr empfehlen, daß Ihr Gott für sie bittet und Ihr sie von seiten des gekreuzigten Christus segnen möget; und bittet Gott auch für Giovanna, die Törin.
Caterina, Dienerin und im Blute des Gottessohnes losgekaufte Sklavin.
Verzeiht mir, wenn ich vermessene Worte gesprochen haben sollte. Gott entzünde Euch mit Liebe. Liebster Jesus, liebster Jesus, Jesus, liebreichster Jesus.

IX.

Das Jahr 1374, in dessen Frühling dieser Brief geschrieben wurde, ist ein Pestjahr, zuerst für Pisa, dann aber auch für Siena. Frater Bartolomeo Dominici und ein anderer Caterina bekannter Dominikaner Tommaso befinden sich in Pisa, werden von Tommaso della Fonte nach Siena zurückgebeten – wohl damit sie einer Ansteckung entgingen –, können aber nicht kommen.
Die am Briefanfang genannten Absenderinnen gehören zu den Gefährtinnen Caterinas Benincasa. Die am Schluß des Schreibens erwähnte Monna Gemmina ist nicht genau zu identifizieren; doch gab es im Nekrolog von San Domenico in Siena 1386 eine Mantellata solchen Namens.
«Ich bin das Feuer und du bist der Funke», ist vermutlich das Zitat aus einer mystischen Ansprache Gottes an Caterina. Glühendes, loderndes, feuriges Verlangen und Sehnen bilden nicht nur ein beliebtes Briefthema für Caterina, Feuer ist ihr Lebenselement überhaupt. In ihm greift ihre Liebe mächtig auf den Nächsten über und so wünscht sie auch, daß es von allen Besitz ergreife.

An Frater Bartolomeo Dominici aus dem Orden der Predigerbrüder, als er Bakkalaureus in Pisa war.

Euch, liebstem und teuerstem Bruder und Vater, empfehlen wir uns in Verehrung des süßesten Sakraments, ich, Alessa, und Caterina die unnütze Magd Jesu Christi, mit dem Wunsche, Euch gesammelt und umgestaltet zu sehen in dem einzigen Verlangen nach Gott. O glühendstes Feuer, das immer brennt, du bist, gerade aufsteigend, ein einziges Feuer! So schien der Mund der Wahrheit es auszusprechen: «Ich bin das Feuer und ihr seid die Funken». Er sagt: Das Feuer will stets zu

seinem Ursprung zurückkehren, deshalb richtet es sich immer nach oben. O unaussprechlich geliebte Liebe, wie wahr hast du gesagt, daß wir die Funken sind. Doch willst du uns demütig: denn wie der Funke sein Dasein aus dem Feuer empfängt, so verdanken wir unser Dasein dem ersten Ursprung. Und darum sagt er: «Ich bin das Feuer und du bist der Funke.» Deshalb erhebe sich Deine Seele nicht in Hochmut! Macht es vielmehr wie der Funke, der zuerst aufsteigt und darnach niederfällt: die erste Regung unseres heiligen Verlangens richte sich auf die Erkenntnis Gottes und seine Ehre. Dann, nachdem wir aufgestiegen sind, kehren wir zurück zur Erkenntnis unseres Elends und unserer Nachlässigkeit. O wachet auf, Ihr Schläfer! Und so werden wir demütig werden, da wir im Abgrund seiner Liebe uns wiederfinden. O teure Mutter der Liebe! Könnte doch keiner so verhärtet und befangenen Sinnes sein, daß er nicht erwachte und zerschmölze vor solchem Liebesfeuer!
Weitet, o weitet Eure Seele, um Euren Nächsten aufzunehmen in Liebe und Verlangen. Doch sehe ich nicht, daß wir dies Verlangen haben könnten, wenn das Auge sich nicht, dem Adler gleich, dem Holze des Lebens zuwendete. O süßeste Liebe des Herrn Jesus, der du sagtest: «Willst du leben zu meiner Ehre und zum Heile der Menschen, und stark sein, alle Trübsal mit Geduld zu ertragen, dann blicke auf mich, das Lamm, für dich am Kreuze geschlachtet, blutüberströmt von Kopf bis Fuß und niemand vernahm eine Klage von mir. Auf deine Unwissenheit achte ich nicht, noch schreckt dein Undank mich ab, daß ich, zum Tor geworden aus Hunger nach Dir, Dein Heil Dir erwirkte!»
So lasset, lasset denn, teuerste und geliebteste Brüder, von all der Nachlässigkeit; eilet auf dem Weg der Wahrheit, und eilet, allem entsagend, mit Eifer: nicht hindere uns die Undankbarkeit der Menschen. Säet, säet das Wort Gottes: verwertet die Euch anvertrauten Talente. Und nicht ein Talent nur hat Gott Euch anvertraut, sondern zehn gab er Euch und Eurem Näch-

sten in den Zehn Geboten, welche das Leben unserer Seele sind. So seid bemüht, sie zu erfüllen.
Gedenket jener heiligen Wohnung der Zelle Eurer Seele und des Leibes, und sagt es Frater Tommaso und unseren anderen Brüdern. Ich bitte Euch, seid besorgt: die Zeit ist kurz, der Weg lang. Ach ich armselige Elende! Meine Sünden haben sich so sehr vervielfacht, daß ich, seitdem Ihr fortgingt, nie würdig war, das süßeste und ehrwürdigste Sakrament zu empfangen. Dies sage ich Euch, damit Ihr mit mir weinet und betet, daß es mir gewährt werde, die Gnadenfülle zu erlangen. Verzeiht, Vater, meiner Unwissenheit, und schließt mich in Eure heilige Messe ein, und ich werde den liebreichen Leib des Gottessohnes im Geiste von Euch empfangen.
Ich, Alessa, bitte Euch, zum innigstgeliebten Lamm zu beten, daß ich mit Euch zusammen in der Liebe zu Gott lebe, darin und in der Erkenntnis meiner selbst umgewandelt werde. Ich empfehle mich Euch tausend- und abertausendmal.
Es wundert mich, von Euch noch keine Nachricht erhalten zu haben, obschon ich Euch darum bat. Soviel ich hörte, ist die Sterblichkeit bei Euch groß. Empfehlt mich Frater Tommaso. Und wenn die Sterblichkeit bei Euch groß ist, so glaubt Frater Tommaso nicht, daß Ihr beide kommen werdet. Mehr sage ich nicht. Ich lege Euch Frater Tommaso ans Herz und Eure anderen Brüder, Schwestern und Töchter. Ich bitte Euch, an Monna Gemmina zu schreiben; denn es ist tadelnswert, daß Ihr abreistet, ohne ihr ein Wort zu sagen. Gelobt sei Jesus Christus, der Gekreuzigte. Liebet Euch, liebet Euch alle.

X.

Der Adressat ist diesmal ein Mönch aus dem Kartäuserorden, Don Guglielmo Rainaud, der fünfundzwanzigste Generalprior, den Caterina offensichtlich zu einer Reform von der Spitze her bewegen will. Nach einem wackeren Stück Lehre über die Würde des Seins, über Gottes Vorsehung und die mit dem Willen Gottes bekleidete Seele sowie über die Offenbarung und Wirkung des Blutes Christi – Blut macht Unsichtbares sichtbar – geht sie zu geistlichen und praktischen Ratschlägen über. Hier, wie immer, scheut sie sich nicht, ihre Meinung suggestiv und sendungsbewußt vorzubringen. Ihr ging es ja nicht nur um die Reform des Dominikanerordens, sondern um die Erneuerung aller und dadurch der ganzen Kirche.
Während dem langen Generalat Don Guglielmos kam es zu einer Spaltung auch des Kartäuserordens; die Anhänger Papst Clemens VII. wollten ihn als Befürworter Urbans VI. nicht anerkennen. Stefano Maconi, ein Jünger Caterinas, der auf ihr Geheiß nach ihrem Tod Kartäuser wurde, brachte 1410 die beiden Generale dazu, daß sie ihrem Amte entsagten und ein gemeinsamer Vorsteher gewählt werden konnte. So war wenigstens die Rückwirkung des Schismas auf den Kartäuserorden beseitigt. Aus Demut wies Don Guglielmo den Titel Generalabt und das vom Papst angebotene Kardinalat zurück.

DEM EHRWÜRDIGEN ORDENSMANN DON GUGLIELMO,
GENERALPRIOR VOM ORDEN DER KARTÄUSER.

Im Namen Jesu Christi des Gekreuzigten und der süßen Maria.

Teuerster und ehrwürdiger Vater in Christus, dem liebsten Jesus! Ich, Caterina, Dienerin und Magd der Diener Jesu Christi, schreibe Euch in seinem kostbaren Blut, mit dem

Wunsche, Euch untergetaucht und versunken zu sehen im Blute des Gottessohnes: in der Meinung, daß der Geist, sobald das Gedächtnis erfüllt ist vom Blute Christi des Gekreuzigten, sich anschickt, in dieses Gedächtnis zu blicken. Dort wo er das Blut findet, dort sieht er das Feuer der göttlichen Liebe, der unschätzbaren, mit dem Blute vermischten und durchtränkten Liebe, weil es aus Liebe zu uns vergossen und uns geschenkt wurde. Der Wille folgt da alsbald dem Geiste, liebend und verlangend, was das Auge des Geistes erblickte. Und deshalb erhebt er seine Neigung und Liebe auf die Liebe Christi des Gekreuzigten, welche Liebe er, wie gesagt wurde, im Blute findet. Darauf versenkt sich die Seele in jenem Blute; sie vernichtet und ertötet nämlich ihren ganzen verderbten, sinnlich ausgerichteten Willen, der sich oft gegen seinen Schöpfer erhebt. Und jede Eigenliebe wirft sie von sich und bekleidet sich mit Gottes ewigem Willen, welchen Willen die Seele geschmeckt und gefunden hatte im Blut. Denn das Blut zeigt ihr, daß Gott ihre Heiligung will: denn hätte er etwas anderes gewollt, Gott hätte uns nicht das Wort seines eingeborenen Sohnes gegeben.

Und darum sieht die Seele wohl ein, daß Gott alles, was er ihr in diesem Leben zustoßen läßt, nur zu diesem Ende erlaubt. Alles, was Sein hat, sieht, daß es von Gott ausgeht. Und deshalb geschieht nichts, weder Trübsal, noch Anfechtung, noch Schimpf und Qual und Schande, oder was ihr sonst noch zustossen könnte, das sie zu verwirren vermöchte oder es tun würde. Sie ist es zufrieden, ja hält all dies in Ehren, daran denkend, daß es von Gott kommt und uns zu unserem Wohl, aus Liebe und nicht aus Haß geschickt wurde. Also kann man sich und soll man sich nicht beklagen; man beklagte sich über das eigene Wohl. Es ist nicht Brauch der mit dem liebevollen Gotteswillen bekleideten Seele, daß sie sich über irgend etwas, das ihr geschieht, beklagte, außer über die Beleidigung Gottes. Dies schmerzt sie und muß sie schmerzen, denn sie erkennt, daß es seinem Willen entgegen steht. Und deshalb ist die Sünde hassenswert, weil sie nicht von Gott kommt und so nicht ist. Alles, was in sich Sein hat, stammt von Gott, und aus diesem Grunde liebt und hält die Seele, die von Christus entbrannt ist, es in Ehren. Eine solche Seele sieht sich nicht in sich, vielmehr sich in Gott und Gott in Gott, insofern er die höchste und ewige Güte, der Liebe würdig, ist; und den Nächsten liebt sie in Gott und nicht des eigenen Vorteils wegen. Eine solche Seele wählt weder Zeit noch Ort, weder Leiden noch Trost nach ihrem Belieben, sondern was Gottes Güte gefällt, empfängt sie mit Hingabe und Liebe. In allem findet sie ihr Vergnügen; denn wer liebt, kennt keine qualvolle Pein.

Im Kampfe frohlockt sie; von der Welt verfolgt, freut sie sich. Ist sie Untergebener, trägt sie das Joch des Gehorsams mit großer Freude und Geduld; ist sie Vorgesetzter, trägt und erträgt sie die Fehler der Unterstellten in Geduld, nämlich Verfolgung die sie erleidet oder Undank, den sie in ihnen gegen sich gerichtet findet. Sie ist zu sterben bereit, um die Dornen des Lasters auszurotten, wie ein guter Gärtner, und pflanzt in ihre Seelen die Tugenden, Gerechtigkeit übend in königlicher Weise, gewürzt mit Barmherzigkeit. Der eigenen Mühe achtet sie nicht und weicht der Beschwerde nicht aus, sondern trägt sie in großer Heiterkeit. Sie will die Zeit, die sie hat, nicht verlieren, um der willen, welche sie nicht hat, wenn auch manchmal solche Anwandlungen und Kämpfe in ihr Herz eindringen.

Hättest Du nicht die Sorge und Mühe der Vorsteherschaft, könntest Du Gott leichter in Ruhe und Frieden leben. Doch dies bewirkt der Dämon, der Dir die Friedenszeit vor Augen hält, um Dich in Kriegsunruhe zu halten. Wenn einer seinen Willen nicht zur Ruhe bringt, in dem Stand, der Gott ihm verliehen hat, verharrt er immer in der Qual und ist sich selbst unerträglich; und so verliert er das eine wie das andere: die Zeit der Vorsteherschaft füllt er nicht aus und diejenige der Ruhe hat er nicht, und so verliert er die Gegenwart und die Zukunft. Er darf also seiner Bosheit nicht Glauben schenken, sondern nehme das, was er hat, kräftig in die Hand. So handelt die mit dem Willen Gottes bekleidete Seele, von der oben gesprochen wurde: Sie weiß in jedem Wetter zu schiffen, zur Zeit der Mühe wie zu der des Trostes, denn sie hat sich der Eigenliebe entkleidet und aller Verzärtelung und aller sinnlicher Leidenschaft, aus der jedes Übel und alle Mühe hervorgeht. Denn zu besitzen, was man nicht im Besitz zu haben wünscht, ist ein Weg, der Mühe bereitet. Bekleidet aber mit dem Willen Gottes und nicht mit dem eigenen, ist man eins mit jenem. Durch Liebeshingabe hat die Seele Kenntnis vom ewigen Willen Gottes, einsehend, anerkennend und dafür haltend, daß Gott nichts anderes will als unsere Heiligung. Darum erschuf er uns nach seinem Bild und Gleichnis, damit wir geheiligt seien in ihm, wenn wir seine ewige Anschauung genießen und verkosten, nachdem wir ihn mit dem Auge des Geistes im Blute des gekreuzigten Christus erblickt und erkannt hatten, und er der Vermittler war, der uns die Wahrheit des ewigen Vaters offenbarte. O glorreiches Blut, das Leben spendet, das Unsichtbares sichtbar macht. Du hast uns die göttliche Barmherzigkeit gezeigt, indem du die Sünde des Ungehorsams im Gehorsam des Wortes, aus dem das Blut hervorging, abwuschest. Auf denn, um Christi Liebe willen, badet Euch, badet Euch und verharrt in immerwährendem Wachen und Beten, teuerster Vater, mit dem Auge des Geistes wachend im Blute. Dann wird es aus Begierde und Eifer um die Ehre Gottes und das Heil der Seelen über Eure Untergebenen wachen. Auf diese Weise steht ihr in immerwährendem Gebet, nämlich in fortwährendem heiligem Verlangen. Dies ist Euch notwendig, um Euer Heil zu bewahren in dem Stande, in dem Ihr seid. Da Gott Euch an den Platz des Vorgesetzten stellt, geziemt es Euch nicht, nachlässig oder furchtsam zu sein, noch unwissend mit geschlossenen Augen einherzugehen. Doch bitte ich Euch,

seid hungrig, lernet von dem für Euch dargebrachten und geopferten Lamm, das mit soviel Freude und Hunger nach der Ehre des Vaters und nach unserem Heil zum schmachvollen Tode am Kreuz hineilte. Ihr habt also ein Vorbild: Gott zeigte Euch und stellte vor Euch hin das Wort seines eingeborenen Sohnes und das Blut, um wegzunehmen alle Furcht, Lauheit und unwissende Blindheit. Und wenn Ihr einwendet: «Ich bin unwissend und kenne mich selbst nicht gut, noch weniger, was ich für meine Untergebenen zu tun habe», so antworte ich Euch darauf, daß wenn ihr Hunger habt nach der Ehre Gottes, Gott das, was ihr aus Euch nicht habt, in Euch bewirken wird, wenn es für das Heil Eurer Untergebenen notwendig ist.
Habt also Hunger und Durst. Ich sehe jedoch nicht, daß man diesen Hunger ohne Vermittlung des Blutes haben könnte, und deswegen sagte ich, daß ich Euch im Blute des gekreuzigten Christus gebadet und versenkt sehen möchte. Denn im Blut verliert sich die Liebe zum eigenen Leben, zu dieser verkehrten Anhänglichkeit, die der Mensch sich selbst gegenüber hat, jene Liebe, die verhindert, daß Gerechtigkeit geschieht aus Furcht, die Stellung zu verlieren, oder um den Menschen mehr entgegenzukommen und zu gefallen als Gott; sie verhindert die Vorgesetzten, nach dem Willen Gottes zu handeln. Zwar hat sie kein gutes Gewissen, doch nach Gutdünken und Belieben wird gehandelt, und dies ist es, was das Ordensleben verdarb und noch verdirbt, indem sie die Prälaten nicht tadelt oder tadeln läßt, sondern sie ungebessert und unbesonnen verbleiben macht. Deshalb verdirbt der schlechte Vorgesetzte die Untergebenen, wie der gute sie fördert. Und all dies geht aus der Eigenliebe hervor. Im Blute Christi verliert man diese Liebe und man erwirbt eine grenzenlose Liebe, da man erkennt, daß er aus Liebe uns sein Leben schenkte, um diesen Adoptivsohn des Menschengeschlechts loszukaufen. Sieht der Mensch so viel Liebe, weckt diese Liebe wiederum Liebe, welche die Neigung und das Verlangen dahin bringt, zu lieben

was Gott liebt und zu hassen, was er haßt. Und weil er sieht, daß Gott sein Geschöpf, in dem Vernunft wohnt, liebt, empfängt seine Seele eine Liebe zum Heil der Seelen, so sehr, daß es scheint, er könne sich nicht ersättigen. Er verabscheut die Laster und Sünden, weil sie nicht aus Gott sind, und liebt die Tugenden in ihnen zur Ehre Gottes. Davon verliert er die Lauheit und wird eifrig; er verliert die Liebe zu seinem Leib, und gäbe sich tausend Toden hin, wäre es notwendig. Er verliert die Blindheit und hat das Licht wiedererlangt, denn die Wolke der Eigenliebe hat sich weggehoben und die Sonne der göttlichen Liebe zur Liebe Gottes, die in sich alle Unwissenheit verzehrte, ist aufgegangen. Und all dies sog er aus dem Blut. O glorreiches und kostbares Blut des demütigen und unbefleckten Lammes! Nun, wer wäre so uneinsichtig und hart, daß er das Gefäß des Herzens nicht ergriffe und mit Liebesneigung zur Seite des gekreuzigten Christus hinginge, die eine Blutfülle enthält und sie ausgießt? Drinnen in ihm finden wir Gott, nämlich die mit der Menschennatur vereinte Natur Gottes; wir entdecken das Feuer der Liebe, welche uns durch die Öffnung der Seite das Geheimnis seines Herzens offenbart. Er zeigt, daß er mit dem endlichen Leiden nicht so viel Liebe erweisen konnte, um so mehr aber mit dem Verlangen und seinem Willen, die weit größer waren; denn zwischen dem endlichen Leiden und seiner unendlichen Liebe gibt es keinen Vergleich. Nun, zögern wir nicht länger, teuerster Vater! In diesem Zeitpunkt, der Gott Euch aufgespart hat und gerade jetzt, da die Zeit des Kapitels näher rückt, und man die Fehler am besten sieht, seid besorgt und mit großem Eifer darauf aus, sie zu strafen, damit das verderbte und schadhafte Glied das gesunde nicht anstecke, es immer mit Barmherzigkeit richtend. Laßt Euch nicht leicht zu etwas bewegen; suchet und erkundet vielmehr die Wahrheit durch kluge und gewissenhafte Leute. Und was immer Ihr zu unternehmen habt, führt es mit göttlichem Rat aus, das heißt in heiligem Gebet; dann aber auch mit

menschlichem Rat, der bei guten und teuren Dienern Gottes auch göttlich ist. Und haltet sie stets Euch zur Seite, damit sie Spiegel des Ordenslebens seien. Und unter allen Dingen, auf die ich Euch zu achten bitte, liegt mir daran, daß Ihr gute Priore ernennt, die tugendhaft seien und zur Leitung geeignet. Denn es gibt viele, die an sich gut sind, sich aber zur Verwaltung nicht eignen und dadurch die Ordensleute beeinträchtigen. Doch im anderen Fall werden diese wiederhergestellt. Dort wo Ihr gute vorfindet, lasset sie. Nur keine Furcht, bei der Liebe des Gekreuzigten! Ich bin gewiß, daß wenn Ihr Euch aus Liebeshingabe im Blute badet, Ihr darin jeden Eigenwillen im ewigen Willen Gottes, den Ihr im Blute findet, aufgehen lassen werdet. All dies und alles weitere, was notwendig ist für Euch und die Eurigen, werdet Ihr vollbringen.
Mehr sage ich nicht. Verzeiht mir meine Anmaßung. Verbleibet in der heiligen und süßen Liebe Gottes. Liebster Jesus, Jesus die Liebe.

XI.

Auch Frater Jeronimo, Augustinereremit von Lecceto bei Siena, war ein geistlicher Sohn Caterinas. Ihm soll sie später das angeblich eigenhändig mit roter Tinte geschriebene Gebet – nachdem sie, über dreißig Jahre alt, noch schreiben gelernt hatte – übersandt haben. In der Einsiedelei von Lecceto hatte sich auch der englische Augustinereremit William Fleete niedergelassen, der, wohl aus asketischen Gründen, 1359 seine Heimat England verließ. Caterina fand in dem gelehrten Theologen einen Lehrer, wie sie ihn sich wohl wünschte: er war Spirituale, gehörte also zu einer Erneuerungsbewegung, die das Leben der Kirche und der Orden neu entfachen wollte. Durch ihn lernte Caterina Ubertino von Casales Arbor vitae crucifixae Iesu, *entstanden 1305, kennen. Die darin enthaltene Gedankenwelt und Spiritualität kamen ihr sehr entgegen, ohne daß Caterina selbstverständlich auf andere Anregungen und auf eigenständiges Erfahren verzichtet hätte.*

Auffällig an diesem Brief ist die von Caterina auch anderwärts vorgenommene Aktualisierung des biblischen Geschehens: sie überträgt hier das letzte Abendmahl Christi mit seinen Jüngern geistigerweise in ihre historische Situation. Caterina, die stets zu einer weiten, umfassenden und frohen Liebe aufruft, gibt hier einige Anweisungen zu richtigem Verhalten, wie sie es in ihrer famiglia *praktiziert wissen wollte.*

An Frater Jeronimo von Siena von den Augustinereremiten.

Im Namen Jesu Christi des Gekreuzigten und der süßen Maria.

Euch, liebster und teuerster Vater und Sohn in Christus Jesus, schreibe ich, Caterina, Dienerin und Magd der Diener Gottes, in seinem kostbaren Blut, mich des Wortes unseres Erlösers erinnernd, das er zu seinen Jüngern sprach: «Mit großem Verlangen verlangt es mich, mit Euch das Osterlamm zu essen, bevor ich sterbe». So sage auch ich zu Euch, Frater Jeronimo, mein liebster Vater und Bruder! Und wenn Ihr mich fragtet, welche Ostern ich denn mit Euch begehen möchte, antworte ich Euch: Es gibt kein Ostermahl außer dem des unbefleckten Lammes, das heißt das selbe, welches er seinen lieben Jüngern aus sich zubereitete. O liebstes Lamm, gebraten am Feuer von Gottes Liebe und am Spieß des heiligsten Kreuzes! O ganz köstliche Speise, reich an Wonne, an Freude und Kräftigung! In Dir mangelt uns nichts: denn der Seele, die Dir in Wahrheit dient, bist Du Tisch, Speise und Diener geworden. Wir sehen in der Tat, daß der Vater dabei der Tisch ist – er ist auch Lager, auf dem die Seele sich ausruhen kann –, wir sehen das Wort seines eingeborenen Sohnes, das sich Dir mit gewaltigem Liebesfeuer zur Speise gab. Wer brachte es Dir? Der Diener heiliger Geist. Und in seiner maßlosen Liebe uns gegenüber ist er nicht zufrieden damit, daß wir durch andere bedient seien, er selbst will Diener sein.

Bei diesem Mahle nun verlangt meine Seele, zusammen mit Euch das Osterfest zu halten, bevor ich sterbe: denn ist das Leben vorbei, können wir es nicht mehr halten. Und wisset, mein Sohn, daß wir zu diesem Mahle zugleich entkleidet und gekleidet treten müssen. Entkleidet, meine ich, von aller Eigenliebe und weltlichem Vergnügen, von Nachlässigkeit, Niedergeschlagenheit und Verwirrung des Gemüts – denn ungeordnete Trauer trocknet die Seele aus –, und bekleiden müssen wir uns mit ganz glühender Liebe. Diese aber können wir nicht bekommen, wenn die Seele das Auge der Selbsterkenntnis nicht auftut, damit sie sich als Nichtsein erkenne und sehe, wie wir nur Vollbringer sind dessen, was nichts ist und wir darum in uns auch die unendliche Güte Gottes zu uns nicht erkennen. Denn sieht die Seele auf ihren Schöpfer und auf solch unendliche Güte, wie sie sie in ihm findet, kann sie nicht anders, als ihn lieben; und die Liebe bekleidet sie alsogleich mit dem Kleide der echten und königlichen Tugend, und eher wählte sie den Tod, als gegen den Willen dessen zu handeln, den sie liebt; vielmehr sucht sie mit Eifer zu tun, was ihm gefällt. So liebt sie alsbald, was er liebt und haßt sie, was er haßt: denn durch die Liebe wurde sie ein anderer Er. Dies ist jene Liebe, die alle Nachlässigkeit, Unwissenheit und Trübsal von uns nimmt. Denn das Gedächtnis erhebt sich zu einem Fest mit dem Vater, der Verstand mit dem Sohn, durch dessen Weisheit, Licht und Einsicht sie den Willen Gottes erkennt und liebt; es erhebt sich alsdann die Liebe und ihr Verlangen, und sie wird Liebhaberin der höchsten und ewigen Wahrheit so sehr, daß sie nichts anderes mehr lieben und wünschen kann noch will, als Christus den Gekreuzigten. Und nichts schafft ihr mehr Vergnügen, als seine Schmach und Pein zu tragen, und so sehr sagt ihr das zu und gefällt es ihr, daß sie alles andere unterläßt. Und sie erachtet es als Ehre, die Leiden, den Hohn und die Verfolgungen der Welt und des Teufels zu ertragen um Christi Willen.

Entzündet denn, entzündet das Feuer des heiligen Verlangens! Und betrachtet das geopferte Lamm am Holze des heiligsten Kreuzes, denn anders können wir nicht Mahl halten an dieser süßen und ehrwürdigen Tafel. Trachtet, daß in Eurer Zelle der Seele der Baum des heiligsten Kreuzes immer eingepflanzt und erhoben sei; denn an jenem Baume werdet ihr die Frucht des wahren Gehorsams, der Geduld und der tiefen Demut pflükken: aller Selbstgefallen und alle Eigenliebe wird in Euch ersterben und Ihr werdet den Hunger verspüren, Seelen zu essen und zu genießen, indem Ihr erkennt, daß das Lamm zu unserem Heil und zur Ehre Gottes sich erniedrigte und sich selbst zum überaus schmachvollen Tode am Kreuz hingegeben hat, wie ein Tor, liebestrunken und verliebt unsertwegen. Nun dies ist das Osterfest, das ich mit Euch zu halten wünsche.

Und darum sagten wir, wir müßten Esser und Verkoster der Seelen sein; dies wünscht meine Seele für Euch, denn Ihr seid Verkündiger des Gotteswortes. Ich will deshalb, daß Ihr ein Gefäß der Auserwählung seiet, voller Feuer einer glühenden Liebe, den süßen Namen Jesu auszutragen und das in Christus menschgewordene Wort auf das Feld der Seele zu säen. Allein, ich fordere Euch auf und will, daß Ihr den geernteten Samen, nämlich die aus den Menschen gewonnene Frucht, zur Ehre des ewigen Vaters aufhäufet, Ehre und Ruhm ihm gebt, Eigensucht und Selbstgefallen lasset. Anders werden wir zu Dieben, rauben, was Gottes ist und schreiben es uns zu. Doch ich hoffe, daß dies, durch Gottes Gnade, auf uns nicht zutreffe, da mir sicher scheint, erster Beweggrund und Anfang sei allein die Ehre Gottes und das Heil der Menschen.

Indes passiert es auch uns, daß wir einigen Gefallen nehmen an den Geschöpfen. Doch will ich, daß Ihr in dieser Hinsicht vollkommen seid und makellose Frucht liefert; ich will nicht, daß Ihr irgend ein Geschöpf, weder im allgemeinen noch im besonderen, anders, außer allein in Gott liebet. Doch versteht, wie ich das meine. Ich weiß genau, daß Ihr geistigerweise in Gott liebet; hie und da jedoch, aus Unachtsamkeit oder weil die Natur, wie in Eurem Falle, ihn dazu neigt, liebt er zwar geistig, empfindet aber doch Lust und Vergnügen, so daß manchmal die Sinnlichkeit auch ihren Teil abbekommt, wenn auch geistlich gefärbt. Und wenn Ihr mir entgegenhaltet: «Woran werde ich erkennen können, daß diese Unvollkommenheit unterläuft?», werde ich Euch erwidern: Wenn jener geliebte Mensch sich in irgend einer Sache gegen Euch verfehlte, daß sie Euch nämlich etwa nicht in gewohnter Weise anredete oder daß Euch schiene, sie ziehe Euch jemand anderen vor und Ihr dann eine gewisse Empfindlichkeit zeigt, ein besonders geartetes Gekränktsein Eure erste Liebe verändert, dann haltet für gewiß, daß Eure Liebe noch unvollkommen war. Wie kann man sie nun vervollkommnen? Nichts anderes vermag ich zu

Euch zu sprechen, liebster Sohn, als was die erste Wahrheit einmal zu einer ihrer Dienerinnen sagte: «Meine liebe Tochter, ich will nicht, daß Du es machest wie einer, der das mit Wasser gefüllte Gefäß von der Quelle wegzieht und daraus trinkt, kaum hat er es hingehalten; so bleibt es leer, ohne daß er es achtet. Ich will hingegen, daß Du, das Gefäß Deiner Seele füllend, in Liebe und Zuneigung mit dem zusammen, den Du liebst, eins wirst in der Liebe zu mir; ziehe es von mir, der Quelle lebendigen Wassers nicht weg, halte den Menschen, den Du aus Liebe zu mir liebst, wie ein Gefäß ins Wasser; so wird es nicht leer sein, weder Du noch derjenige, den Du liebst; sondern immer werdet ihr voll der Gnade Gottes und des Feuers der heißesten Liebe sein. Dann wird Euch weder Empfindlichkeit noch Gekränktsein ankommen; denn sähe er den geliebten Menschen auch in verschiedenen Umgangsweisen oder ihn von seinem Verkehr fernhalten, erlitte er keinerlei Kränkung, denn er sähe und fühlte ihn ja in süßer und königlicher Tugend leben; so liebte er ihn um Gottes und nicht seiner selbst willen. Deutlich fühlte er noch eine heilige kleine Zärtlichkeit, sähe er sich von dem, was er liebt, auch fern gehalten. Das also ist die Regel und die Weise, die ich von Euch eingehalten wissen will, auf daß Ihr vollkommen seid. Nichts weiter. Verbleibet in der heiligen und süßen Liebe Gottes. Liebster Jesus, Jesus die Liebe.

XII.

Dieser beinahe im Übermut endende Brief wurde um den Palmsonntag nach dem Tode der heiligen Birgitta von Schweden, also etwa am 26. März 1374, geschrieben. Caterina nimmt unter anderem auf den Einzug Christi in Jerusalem, auf einem Esel reitend, Bezug.
Die Adressaten sind Frater Bartolomeo Dominici und Frater Tommaso di Antonio Nacci, auch Caffarini genannt. Beide sind zurzeit zum Studium in Pisa. Der Grüße sendende Vater ist vielleicht Frater Tommaso della Fonte; Raimondo von Capua weilte sehrwahrscheinlich gerade nicht in Siena. Die Brüder sind wohl die Dominikaner des Sienesischen Konventes in Camporeggio, zu denen Caterina rege Beziehungen hatte und sich verbunden fühlte, Brüder sind gewiß auch schon ihre Gefährten.
Die am 25. Juli 1373 in Rom verstorbene Gräfin ist Birgitta von Schweden. Papst Gregor XI. schickte nach Caterina, um ihr Gebete aufzutragen und den Beichtvater Birgittas, Alfonso di Valdaterra, mit ihr bekannt zu machen. Der erwähnte Brief an den Papst, wahrscheinlich der erste von seiten Caterinas, ist nicht erhalten. Caterina bat darin um die Erlaubnis für sich und ihre Gefährten zum heiligen Grab zu ziehen. Eine Kritik an diesem Vorhaben blieb nicht aus. Caterinas Kreuzzugsbegeisterung erscheint in diesem Schreiben als Verlangen nach dem Martyrium, als ungestüme Sehnsucht, das Leben nicht nur geistig, sondern mit ihrer ganzen Existenz für Christus und die Kirche hinzugeben.
Alessa, vielleicht eine zweite Gefährtin dieses Namens oder eben die «Zeitverschwenderin», eine nicht mit Gewißheit näher bestimmbare Giovanna und eine Caterina mit Zunamen Marta schließen sich den Empfehlungen Caterinas, der unnützen Magd, an.
Der gegrüßte Frater Tommaso ist entweder Tommaso di Bernardo Aiutamicristo, der spätere Prior von San Domenico in Siena, oder Tommaso di Antonio, genannt Caffarini.

An Frater Bartolomeo Dominici und an Frater Tommaso d'Antonio aus dem Predigerorden, als sie in Pisa waren.

Im Namen Christi des Gekreuzigten.

An Euch, liebste und teuerste Väter – aus Ehrfurcht vor dem liebreichsten Sakrament – und teuerste Brüder im überfließenden und liebreichsten Blut! Euer liebwerter Vater und die Brüder senden Euch hunderttausend Grüße, sie ermuntern und segnen Euch in jener heißglühenden Liebe, welche Christus am Kreuz festnagelt und festhält. O Feuer, o Abgrund der Liebe! Du bist Feuer, das immerdar brennt und nicht verzehrt, du bist voll Freude, voll Wonne und Lieblichkeit! Ein Herz, das durch diesen Pfeil verwundet ist, empfindet jede Bitterkeit süß, jedes schwere Gewicht wird leicht. O angenehme Liebe; du machst fett und nährst unsere Seele! Warum nur sagten wir, daß es brenne und nicht verzehre; jetzt sage ich, daß es brennt und verzehrt, zerstört und auflöst alle Fehler und alle Unwissenheit und jede Nachlässigkeit, die in der Seele wäre, und dies darum, weil die Liebe nicht müßig ist, sondern große Dinge wirkt.
Ich, Caterina, unnütze Magd, ich stehe Qualen aus vor Verlangen, wälze mich im Innersten meiner Seele vor Schmerz und Tränen, wenn ich unsere Blödigkeit und Trägheit sehe und schmecke, und daß wir Gott die Liebe nicht schenken, obschon er uns unzählige Gnaden mit übergroßer Liebe gibt. Nun denn, teuerste Brüder, seid nicht undankbar noch unerkenntlich, denn leicht könnte der Brunnen des Erbarmens uns gegenüber versiegen. O Ihr Nachlässigen! Nachlässige, erhebet Euch aus diesem verruchten Schlummer; machen wir uns auf und empfangen wir unseren König, der uns demütig und sanft entgegen kommt. O wir Hochmütigen, hier ist der Meister der Demut, der einzieht auf einem Esel sitzend! Darum sagte unser Erlöser, ein Grund unter anderen, weswegen er auf ihm einziehe, sei,

uns darzutun, wohin unsere Menschheit durch die Sünde gekommen war, zu zeigen, wie wir es mit dem Esel unserer Menschlichkeit halten sollen. Wirklich, zwischen uns und dem Tier gibt es keinerlei Unterschied: die Vernunft wurde durch die Sünde tierisch. O alte Wahrheit, die du uns das Verhalten beigebracht hast! Ich will, daß Du diesem Esel aufspringst und dich selbst beherrschest demütig und mild. Mit was für Füßen springen wir auf, liebreichste Liebe? Mit dem Haß auf die Trägheit und der Liebe zur Tugendkraft.

Nun, wir sagen nicht mehr; denn zuviel hätten wir zu sagen, ich kann nicht mehr. Doch machen wir es so, meine Söhne und Brüder: der Kanal ist offen und gießt aus, was wir brauchen, um das Schifflein unserer Seele auszurüsten. Gehen wir, es auszustatten, zu jenem Kanal, nämlich zum Herzen und zur Seele und zum Leib Jesu Christi. Dort werden wir ihn mit solcher Liebe ausschütten sehen, daß wir leicht unsere Seelen füllen. Und deshalb sage ich: zögert nicht länger, das Auge auf das geöffnete Fenster zu richten, denn, ich sage es Euch, jene höchste Güte hat uns Zeit und Weise bereitet, für ihn Großes auszuführen. Und darum sagte ich Euch, Ihr möget bemüht sein, in heiligem Verlangen zuzunehmen und Euch nicht mit kleinen Dingen zufrieden zu geben, denn er will große.

Vorderhand sage ich folgendes: der Papst schickte uns seinen Stellvertreter her, und es war der geistliche Vater jener Gräfin, die in Rom starb und er ist derjenige, welcher aus Liebe zur Tugend auf das Bischofsamt verzichtete. Er kam zu mir im Auftrag des heiligen Vaters, um mir bestimmte Gebete für ihn und die heilige Kirche aufzutragen und als Zeichen überbrachte er mir den heiligen Ablaß. Freuet Euch und frohlocket, denn der heilige Vater beginnt, sein Auge auf die Ehre Gottes und der heiligen Kirche zu werfen.

Zu Euch kommt auch ein Jüngling, der Euch diesen Brief überbringt. Glaubt ihm, was er Euch sagen wird, denn er hat heiliges Verlangen zum heiligen Grab zu gehen und deshalb

reist er nun zum heiligen Vater, der Erlaubnis wegen, für sich und einige andere Leute, Ordensleute und Laien.
Ich schrieb dem heiligen Vater einen Brief und sandte ihn ab mit der Bitte, er möge uns die Erlaubnis um der Liebe jenes süßen Blutes willen erteilen, auf daß wir unsere Leiber jeglicher Qual übergeben. Bittet jene erste ewige Wahrheit, daß, wenn es das beste ist, sie uns und Euch jene Barmherzigkeit erweise: so geben wir alle, als schöne Brigade, das Leben für ihn. Ich bin gewiß, daß, wenn es das beste ist, er sie uns erweist. Mehr sage ich nicht.
Alessa empfiehlt sich Euch hunderttausendmal, mit dem Wunsche, Euch wiederzubegegnen und Euch in jener glühendsten Liebe wiederzusehen; sie wundert sich, daß Ihr uns nie geschrieben habt. Gott führe uns an den Ort, wo wir uns wiedersehen Auge in Auge mit unserem Gott. Alessa, die Träge, möchte sich gerne in diesen Brief einwickeln, um zu Euch gelangen zu können. Monna Giovanna übermittelt Euch tausendfachen Segen, damit Ihr ihrer gedenkt vor Gott. Jesus, Jesus, Jesus, Jesus. Ich, Caterina, unnütze Magd Jesu Christi, ich ermutige Euch und segne Euch hunderttausendmal. Caterina, die Marta, empfiehlt sich Euch, daß Ihr für sie zu Gott betet. Empfehlt uns Frater Tommaso und Eurem Prior und allen anderen.

XIII.

Caterina Benincasa war oft schwerer Kritik und zahlreichen Verdächtigungen ausgesetzt. Besonders ihre außergewöhnliche Abstinenz brachte sie ins Gerede. Der hier angeschriebene Spirituale, es kann ein geistlich lebender Laie, Priester oder Ordensmann sein, einfach ein «Frommer», bleibt anonym. Er könnte aus dem Kreis um Giovanni dalle Celle stammen, der Caterina gegenüber lange mißtrauisch blieb. Vermutlich wurde diese Anfrage an Caterina gerichtet, bevor sie in Florenz ihrer Lebensweise wegen zur Rechenschaft gezogen worden war, also aus der Zeit vor Mai 1374. Nachdem das Generalkapitel der Dominikaner in Florenz Caterinas Lebensform nach einer Prüfung gutgeheißen hatte, wagte man solche Einwände kaum mehr schriftlich.
Caterina erwidert dem verunsicherten Spiritualen übrigens mit großer Überlegenheit und geistreichem Witz, obschon ihr das Fasten selbst zu einem ernsten Problem geworden war, wie wir der Vita (Kap. III) ihres Jüngers Stefano Maconi und den Berichten anderer Begleiter Caterinas entnehmen müssen.

An einen Spiritualen in Florenz, der sehr an ihrer Lebensführung zweifelte, besonders was das Essen betraf, das sie nicht einhielt, und ihr schien, er beurteile sie mit Überheblichkeit.

Im Namen Jesu Christi des Gekreuzigten und der süßen Maria.

Liebster und teuerster Vater in Christus dem liebsten Jesus! Ich, Caterina, Dienerin und unnütze Magd der Diener Jesu Christi, empfehle mich Euch, mit dem Wunsche, Euch umgestaltet und vereint zu sehen mit jener liebsten ewigen und reinen

Wahrheit, die jede Falschheit und Lüge von uns nahm. Teuerster Vater, ich danke Euch herzlich für den heiligen Eifer und die Besorgnis, die Ihr meiner Seele angedeihen lasset, über die Ihr, wie mir scheint, sehr im Zweifel bleibt, nachdem Ihr von meiner Lebensführung hörtet. Ich bin überzeugt, daß Euch nichts anderes als der Eifer für die Ehre Gottes und das Heil meiner Seele bewegt, da Ihr ja die Belagerung und das Blendwerk des bösen Feindes fürchtet.

Über Eure Beunruhigung, die Ihr besonders hinsichtlich meiner Eßgewohnheit empfindet, verwundere ich mich nicht. Ich versichere Euch, daß ich, wenn auch nicht so sehr wie Ihr, bebe aus Furcht vor der Hinterlist des Teufels. Jedoch vertraue ich auf die Güte Gottes und mißtraue mir selbst, im Wissen, daß ich nicht auf mich selbst abstellen darf. Betreffs Eurer Anfrage, die Ihr mir zukommen ließet, ob ich mich getäuscht glaube oder nicht – behauptend, wenn ich es nicht glaube, sei eben dies Täuschung des Teufels –, antworte ich Euch, daß ich annehme, nicht nur in natürlichen Belangen des Körpers, sondern in jenen und in allen meinen anderen Handlungen getäuscht werden zu können durch meine Schwäche und durch die List des Teufels, die ich immer fürchte. Denn ich weiß und sehe, daß der Teufel zwar die Seligkeit, aber nicht seine Intelligenz verloren hat, mit welcher Intelligenz oder eher Schlauheit er, wie ich weiß und Ihr sagtet, er mich zu täuschen vermöchte. Aber ich wende mich dann ab und lehne mich an den heiligsten Kreuzesbaum Christi des Gekreuzigten; dort will ich mich annageln. Und ich zweifle nicht, daß wenn ich aus Liebe und in tiefer Demut mit ihm angeheftet und angenagelt sein werde, die Dämonen nichts gegen mich ausrichten können, nicht wegen meiner Tugend, sondern durch die Tugendkraft Christi des Gekreuzigten.

Ihr ließet mich wissen, ich möge Gott besonders darum bitten, daß ich esse. Ich sage Euch, mein Vater, und wiederhole es im Angesicht Gottes, daß ich alle und jede mögliche Weise versuchte und mich stets zwang einmal oder zweimal im Tag Nahrung zu mir zu nehmen. Und ich bat inständig und bitte Gott und werde ihn weiterhin bitten, er möge mir die Gnade verleihen, daß ich hinsichtlich der Essensgewohnheit wie alle anderen Menschen lebe, wenn es sein Wille sei, denn der meine ist es. Und ich versichere Euch, daß oftmals, wenn ich tat, was ich konnte – und ich kehre mich in mich selbst, um meine Schwachheit und Gott zu erkennen –, und er durch außerordentliche Gnade mich das Laster Gefräßigkeit bessèrn ließ, ich es in meiner Armseligkeit, darüber beklage ich mich, nicht aus Liebe tat. Ich, meinerseits, weiß kein anderes Mittel entgegenzusetzen, als Euch zu bitten, daß Ihr zur ersten ewigen Wahrheit betet, sie möge mir die Gnade verleihen – wenn es zu ihrer Ehre und meinem Heile gereicht –, Nahrung aufzunehmen, wie es ihr gefällt. Und ich bin gewiß, daß die Güte Gottes Eure Bitten nicht mißachten wird. Ich bitte Euch, daß Ihr mir das Heilmittel, das Ihr seht, schreibt, und ist es zur Ehre Gottes, werde ich es gerne befolgen. Zudem bitte ich Euch, nicht leichtfertig im Urteilen zu sein, wenn Ihr im Angesichte Gottes nicht wohl darüber erleuchtet wurdet. Weiter sage ich nichts. Verharret in der heiligen und süßen Liebe Gottes. Liebster Jesus, Jesus die Liebe.

XIV.

Monna Agnesa war die Gattin des Francesco di Pipino Sarto in Florenz, der dort wahrscheinlich, wie sein Vater, das Schneiderhandwerk ausübte. Vermutlich gingen die Beziehungen der beiden zu Caterina auf die Zeit des Generalkapitels von 1374 zurück, als Caterina zu ihrer Rechtfertigung in Florenz erscheinen mußte.
Vielleicht ist dieser Brief an Monna Agnesa – es sind noch weitere Briefe an sie und ihren Gatten überliefert – einer der ersten, da sie offenbar von Caterina eine Fastenregel, eventuell auch anderen geistlichen Rat erfragt hatte. Caterina empfiehlt eindringlich die Tugendkraft der Demut und versucht, ebenso strikt, Monna Agnesa von einem allzu strengen und schwächenden Fasten abzuhalten, das heißt, sie vor Leistungsfrömmigkeit und -askese zu bewahren.
Das Fasten am Marientag, das Caterina als Maß angibt, ist ein alter Brauch; es wurde am Samstag, eben dem Marientag, oder am Wochentag des Festes Maria Verkündigung das ganze Jahr hindurch geübt.

An Monna Agnesa di Francesco Sarto da Firenze.

Im Namen Jesu Christi des Gekreuzigten und der süßen Maria.

Geliebteste Tochter in Christus, dem liebsten Jesus! Ich, Caterina, Dienerin und Magd der Diener Jesu Christi, schreibe Dir in seinem kostbaren Blut, mit dem Wunsche, Dich gekleidet zu sehen in wahrer und vollkommener Demut; denn sie ist jene unscheinbare Tugend, die uns groß macht in Gottes gütigem Angesicht. Sie ist jene Tugend, die Gott nötigte und bewog, seinen liebsten Sohn im Schoße Marias Mensch werden zu lassen. Sie wird erhöht, gleich wie die Stolzen gedemütigt werden; sie leuchtet im Angesicht Gottes und der Menschen, sie bindet dem Übeltäter die Hände; sie verbindet die Seele mit Gott: sie reinigt und wäscht ab die Flecken unserer Sünden und ruft zu Gott, uns Barmherzigkeit widerfahren zu lassen. Deshalb will ich, teuerste Tochter, daß Du Dich bemühst, diese glorwürdige Tugend zu umfassen, damit Du ohne Sturm und Gefahr das unruhige Meer dieser Welt befährst.

Stärke Dich denn in dieser milden und königlichen Tugend und bade im Blute des gekreuzigten Christus. Und kannst Du Dir Zeit zum Gebet erübrigen, so bitte ich Dich, es zu tun. Liebe in Nächstenliebe jede vernunftbegabte Kreatur. Weiter bitte ich Dich und trage ich Dir auf, nicht zu fasten, außer an den von der heiligen Kirche vorgeschriebenen Tagen, wenn Du kannst. Fühlst Du Dich aber nicht imstande zu fasten, laß es. Die übrige Zeit faste nur am Samstag, wenn Du es ertragen kannst. Ist die Hitze vorbei, faste denn also an den Marientagen, wenn Du es vermagst, öfter nicht. An keinem dieser Tage aber trinke nur Wasser. Doch bemühe Dich, das heilige Verlangen in Dir zu mehren; die anderen Übungen aber laß bleiben. Mache Dir keine Gedanken und sei nicht bekümmert unsertwegen: uns allen geht es gut. Wenn es Gottes Güte gefällt, werden wir uns wieder zusammenfinden. Ich sage Dir nichts weiter. Bleibe in Gottes heiliger und süßer Liebe. Ermutige mir meine lieben Töchter Orsola und Ginevra. Liebster Jesus, Jesus die Liebe.

XV.

Giovanni dei Sabbatini war Kartäuser im Kloster Belriguardo im Norden der Stadt Siena. Über ihn ist weiter nichts bekannt. Der Brief wurde wahrscheinlich in Pisa, nach dem Erscheinen der Bulle vom 1. Juli 1375, in der zum Kreuzzug aufgerufen wird, geschrieben. Caterina entwickelt anfangs ihre Lehre vom Haus der Selbsterkenntnis, in dem zu wohnen Glück ist, macht daraus aber im Handumdrehen eine Waffe, um auf die Kreuzzugsidee zu kommen. Ist der Kreuzzugsgedanke heute auch fast nicht mehr nachzuvollziehen, so beeindruckt doch Caterinas Hingabebereitschaft.
Der am Schluß genannte Gherardo Buonconti ist der Schreiber des Briefes. Caterina wohnte in Pisa zeitweilig im Hause Buonconti und benutzte ihren Gastgeber offensichtlich auch als Sekretär.

An Don Giovanni de' Sabbatini von Bologna aus dem Kartäuserorden, im Kloster von Belriguardo bei Siena, als sie in Pisa weilte.

Im Namen Jesu Christi des Gekreuzigten und der süßen Maria.

An Euch, liebster und teuerster Vater – in Ehrfurcht vor dem heiligsten Sakrament des süßen Leibes von Gottes Sohn: und Sohn! Und so sage ich und rede ich Euch an, insofern ich durch stetes Gebet und in Verlangen im Angesicht Gottes Euch gebäre, wie eine Mutter ihren Sohn gebärt. Wie eine Mutter tröste ich Euch auch im kostbaren Blut des Gottessohnes und wünsche, Euch verzehrt und erglüht zu sehen im Feuer seiner hochlodernden Liebe, in welcher Liebe das unbefleckte Lamm sich hingab und dem Menschengeschlecht ein Bad bereitete aus seinem Blut.

So erhebe sich der glühende Wunsch in unserer Seele, Blut um Blut zu geben, denn unsere Zeit naht, in der die kühnen Ritter erprobt werden. O, wie wird meine Seele glücklich sein, wenn ich Euch und die anderen laufen sehe, wie Verliebte ihr Leben hinzugeben und das Haupt nicht mehr zurückzuwenden! Ich bitte Euch also, um der Liebe Christi des Gekreuzigten willen, daß Ihr, um zur rechten Zeit gestählt zu sein, jetzt das Auge der Erkenntnis öffnet. Denn ich sehe nicht, wie die Seele jene Kraft, die sie von der milden Mutter Liebe erhält, in sich behalten könnte, wenn sie nicht ständig jenes Auge der Selbsterkenntnis offen hielte. Diese ist ein Haus, in dem sich die eigene Niedrigkeit entdecken läßt, weswegen die Seele dort demütig wird und Ihr Euch dort in der Erkenntnis der Güte Gottes befindet. Durch dieses Licht und diese Erkenntnis entsteht in ihr eine Hitze und ein Liebesfeuer von solcher Süße, daß darin jede Bitterkeit süß wird, jede Schwäche erstarkt und alles Eis der Eigenliebe sich auflöst. Daher liebt sie nicht mehr sich selbst um ihrer selbst willen, sondern sich um Gottes willen; und es entspringt auch ein Strom von Tränen und sie breitet ihre lieberfüllten Wünsche über ihre Brüder aus. Und sie liebt mit reiner Liebe und nicht mit käuflicher, und sie liebt Gott um Gottes willen, insofern er höchste und ewige Güte ist und würdig, geliebt zu werden. So laßt uns nicht länger zögern, liebster Sohn und Vater in Christus Jesus, einzuziehen und zu wohnen in dieser heiligen Wohnstatt der Selbsterkenntnis, die von solcher Notwendigkeit und Wohltat ist, daß, wie gesagt wurde, sich in ihr die unendliche und unschätzbare Güte Gottes findet. Nun, dies ist die Waffe, von der ich will, daß man sie ergreife, damit wir nicht entwaffnet angetroffen werden zur Zeit des Kampfes, da wir Leben um Leben und Blut um Blut einsetzen werden. Mehr sage ich nicht. Verbleibet in der heiligen und süßen Liebe Gottes. Liebster Jesus, Jesus.

Der elende Gherardo und Frater Raimondo, sein Vater, empfehlen sich Euch.

XVI.

Es scheint, Monna Paola, an die der folgende Brief gerichtet ist, sei Vorsteherin einer Gemeinschaft gewesen, vielleicht im Kloster Santa Maria di Fiesole. Caterina schickte einen selben Brief auch an Robert von Neapel. Er sollte eindeutig der Kreuzzugspropaganda dienen. Die erwähnte Bulle kam am 1. Juli 1375 nach Pisa, worauf dies Schreiben erfolgte.

Caterina wirkt wie vom Kreuzzugsfieber ergriffen. Um zur Tat anzufeuern, treibt sie großen Aufwand an eindrücklichen Bildern von hohem theologischem Gehalt. Gottes Menschwerdung aus dem Willen zur Errettung der Seelen, das der Menschheit eingepfropfte Wort, Gottes Sohn, ist der Grund zum Aufbruch. In ihm soll Gottes Aufbruch in der Inkarnation nachgeahmt werden.

An Monna Paola in Fiesole.

Im Namen Christi und der süßen Maria.

An Euch, meine teuerste und liebste Schwester in Christus Jesus! Ich, Caterina, Dienerin und Magd der Diener Gottes, schreibe und stärke Euch im kostbaren Blut des Gottessohnes, mit dem Wunsche, Euch vereinigt und umgewandelt zu sehen im Feuer seiner göttlichen Liebe: dieses Feuer eint Gott mit dem Menschen und hält ihn ans Kreuz geheftet und genagelt. O unermessliche und mildreiche Liebe, wie wonnig ist die Vereinigung, die Du mit dem Menschen eingegangen bist! Deutlich hast du deine grenzenlose Liebe gezeigt durch zahlreiche Gnaden und Wohltaten, die du den Geschöpfen erweisest, und besonders durch die Wohltat der Menschwerdung des Gottessohnes, in der wir die höchste Hoheit zu solcher Niedrigkeit, wie unsere Menschheit eine ist, herabkommen sahen. Wahrhaftig, der menschliche Hochmut sollte sich schämen, Gott so verdemütigt im Schoße der liebsten Maria zu sehen, die jener sanfte Acker war, in den der Same des fleischgewordenen Wortes, des Gottessohnes, eingesenkt wurde. Tatsächlich, geliebteste Schwester, dieser gesegnete und liebwürdige Acker Maria senkte jenes Wort in ihr Fleisch ein, wie der Same, der sich ins Erdreich senkte, der durch die Wärme der Sonne keimt und Blüte und Frucht hervorbringt und deren Hülse in der Erde verbleibt. Wirklich so: durch die Hitze und das Feuer der göttlichen Liebe, die Gott zum Menschengeschlecht hatte, warf er den Samen seines Wortes in den Acker Maria aus.

O glückselige und mildreiche Maria, du schenktest uns die Blume des süßen Jesus! Und wann brachte jene gepriesene Blume die Frucht hervor? Als sie ins Holz des heiligsten Kreuzes eingepfropft wurde: da erhielten wir das unvergängliche Leben. Und warum sagten wir, daß die Schale in der Erde verbleibe; was war jene Hülse? Es war der Wille des eingeborenen Gottessohnes, in den er, als Mensch, eingekleidet war, in seinem Verlangen nach der Ehre des Vaters und nach unserem Heil. Und so stark war dies maßlose Verlangen, daß er wie ein Verliebter dahinlief, Mühe, Schande und Schmach ertragend, bis zum schmachvollen Kreuzestod. Beachten wir, liebste Schwester, daß Maria dasselbe tut – sie konnte ja nichts anderes wünschen, als die Ehre Gottes und das Heil des Menschen –, weshalb die Gelehrten, wenn sie die unermessliche Liebe Marias darlegen, sagen, sie selbst habe sich zu einer Leiter gemacht (denn sonst hätte sie keine gehabt), um ihren Sohn ans Kreuz zu bringen; und all dies geschah, weil der Wille des Sohnes in ihr geblieben war.

Denkt immer daran, meine liebste Schwester, und nie entfalle Eurem Herzen, Eurem Gedächtnis noch Eurer Seele, daß Ihr Maria geweiht und übergeben wurdet, Ihr und alle Eure Töchter; und bittet sie, daß sie Euch ihrem Sohn, dem liebsten Jesus, vorstelle und darbringe, und sie wird Euch als liebreiche Mutter, als gütige Mutter der Barmherzigkeit, ihm vorstellen. Seid nicht undankbar und unerkenntlich, denn sie hat Eure Bitte nicht verachtet, nimmt sie vielmehr huldvoll an. Bleibt alle treu; blickt weder durch teuflische Vorspiegelung noch Gerede eines Menschen je zurück, sondern laufet tapfer vorwärts, indem Ihr Euch die holde Gesinnung Marias aneignet, so daß Ihr immer die Ehre Gottes und das Heil der Seele suchet. Und so bitte ich Euch, die Zelle der Seele und des Körpers, so gut es Euch möglich ist, zu bewahren: dort seid darauf bedacht, durch Liebe und heilige Begierde Seelen zu essen und Seelen im Angesicht Gottes zu gebären. Und wenn Ihr von irgend jemand in Notlage um Hilfe angegangen werdet, bemüht Euch mit größtem Eifer, ihn aus den Händen des Teufels zu reißen. Und dies sei das Wahrzeichen, daß wir echte Kinder sind, wenn wir auf diese Weise den Spuren des Vaters folgen.

Wisset aber, daß wir zu jener Gesinnung des großen und maßlosen Verlangens ohne die Vermittlung des heiligsten Kreuzes nicht gelangen können – durch die hingebende gekreuzigte Liebe des Gottessohnes nämlich: denn er ist jenes ruhige Meer, welches allen zu trinken reicht, die Durst, Hunger und Verlangen nach Gott haben; und er verschafft allen Frieden, die im Kampf standen und in ihm Frieden finden wollen. Dieses Meer sprüht Feuer, das jedes erkaltete Herz erwärmt; und so stark erwärmt es, daß jedwede knechtische Furcht sich verliert. Man bleibt einzig in vollkommener Liebe und wahrer Furcht, sich damit abmühend, den Schöpfer nicht zu beleidigen. Fürchtet Euch nicht! Ich will, daß Ihr auch die Nachstellungen und Angriffe der Teufel, die auszogen, die Stadt Eurer Seele zu plündern und einzunehmen, nicht fürchtet. Habt keine Furcht, sondern kämpft, wie Ritter auf dem Schlachtfeld, mit der Waffe und mit dem Schwert der göttlichen Liebe, denn dies ist der Stock, der den Teufel schlägt.

Wisset, daß wenn wir die Waffe, mit der wir uns verteidigen müssen, nicht verlieren wollen, wir sie im Hause unserer Seele versteckt halten müssen durch echte Erkenntnis unserer selbst. Denn wenn sich die Seele selbst als nichtseiend erkennt, da sie ständig nur bewirkt, was kein Sein hat, wird sie alsogleich demütig vor Gott und vor jeder Kreatur um Gottes willen. Sie schreibt jede Gnade und Wohltat ihm zu. Sie sieht so viel Güte von Gott in sie überfließen, daß sie aus Liebe in der Selbstverurteilung dermaßen zunimmt, daß sie sich nicht nur gerne bestraft sähe, sondern wünschte, alle Geschöpfe möchten sich an ihr rächen. Sie hält jedes Geschöpf für besser als sich selbst; daraus erwächst ein Wohlgeruch von Geduld, in dem sie keine Belastung, sei sie noch so schwer oder noch so bitter, nicht ertrüge aus Liebe zu jenem von Liebe ergriffenen aufgepfropften Wort.
Nun vorwärts, liebste Tochter! Laßt uns als geschlossene Brigade voranstürmen, und pfropfen wir uns diesem Worte auf. Ich lade Euch ein zur Hochzeit dieses Pfropfreises, das heißt dazu, Euer Blut für ihn zu vergießen, wie er das seinige für uns vergoß: zum heiligen Grab nämlich laßt uns aufbrechen, um dort das Leben herzugeben für ihn. Der heilige Vater sandte einen Brief mit seinem Siegel an unseren Provinzial, an denjenigen der Minderbrüder und an Frater Raimondo, damit sie alle sich einschreiben ließen, die Wunsch und Willen haben, zur Eroberung des heiligen Grabes auszuziehen und für den heiligen Glauben zu sterben. Er wünscht, daß alle es ihm schriftlich zukommen lassen. Und darum lade ich Euch ein, Euch zu bereiten. Verharrt in Gottes heiliger Liebe.
Seid ermutigt vonseiten Ceccas, der Einfältigen, und Alessas, sowie Giovannas, der Törichten, und ermutigt Euch alle im Namen Christi des Gekreuzigten. Jesus, Jesus.

XVII.

Die Bemühungen Caterinas, überall dort, wo sie einzugreifen vermochte, Frieden zu vermitteln, waren ungewöhnlich groß. So versuchte sie die frei herumziehenden Söldnerscharen des Condottiere John Hawkwood, zu italienisch Giovanni Aguto, aus der Toscana und Italien abzulenken. Die Teilnahme an einem Kreuzzug gegen die Türken, welche eben wieder Italien bedrohten, schien ihr ein guter Ausweg: die Söldner und Abenteurer wären in ihren Augen sinnvoll beschäftigt und die besiegten Ungläubigen gelangten ebenfalls zu ihrem Heil. Mit dem für unsere Ohren abscheulichen Ausdruck «ungläubige Hunde» nimmt Caterina eine im ganzen Mittelalter – mit ganz seltenen Ausnahmen – geläufige Redeweise und die selbstsichere Sicht der mächtigen Christenheit auf. Gewiß durchschaute sie das Ungerechtfertigte und Prekäre einer solchen Auffassung, da sie sich ja eben stets anschickte, alle Geschöpfe, besonders alle Menschen ausnahmslos mit ihrer Liebe und ihrem Erbarmen zu überschütten. Doch mußte ihr der im Brief umschriebene Vorschlag als realistisch erscheinen und als das kleinere Übel. In geradezu einschmeichelnder Rede – dazu gehört auch die auf den Condottiere abgestimmte soldateske Formulierung «ungläubige Hunde» – versucht sie, die Freischärler zu verpflichten. Ob Aguto bereits ein Kreuzzugsversprechen abgelegt hatte, ist nicht nachweisbar. Er stand jedoch mit Papst Gregor XI. in Verbindung und erkaufte sich eventuell durch ein Versprechen, das er, wie öfter, nicht hielt, Vorteile und Geld.

An Giovanni Aguto.

An Messer Giovanni Aut, den Anführer der Schar, die zur Zeit der Hungersnot einbrach. Dieser Brief dient zur Beglaubigung, das heißt, er bestätigt, daß Frater Raimondo von Capua voller Glaube geschenkt werden soll in allem, was er abmacht. Damit ging der besagte Frater Raimondo zum besagten Misser Giovanni und den anderen Anführern, um sie dazu zu bringen gegen die Ungläubigen zu ziehen, wenn es zustande komme, daß auch andere gingen. So hatte er vor seiner Abreise von allen Anführern und besagtem Misser Giovanni volle Zusicherung mit Eid, daß er sich dahin aufmache und zudem gaben es ihm alle eigenhändig geschrieben und mit ihren Siegeln versehen.

Im Namen Jesu Christi des Gekreuzigten und der süßen Maria.

An Euch, meine liebsten und teuersten Brüder in Christus Jesus! Ich, Caterina, Dienerin und Magd der Diener Jesu Christi, schreibe in seinem kostbaren Blut, mit dem Wunsche, Euch als wahren Sohn und Ritter Christi zu sehen; in solcher Weise, daß Ihr verlangt, wenn es nötig wäre, tausendmal das Leben hinzugeben im Dienst des liebsten und gütigen Jesus. Damit wäre all das gegen unseren Erlöser verübte Unrecht abgegolten. O teuerster und liebster Bruder in Christus Jesus! Nun, wäre es eine so große Tat, wenn Ihr Euch ein wenig Eurer selbst annähmet und betrachtetet, wie groß die Beklemmung und Angst war, die Ihr im Dienst und im Sold des Teufels ausstandet? Jetzt wünscht meine Seele, daß Ihr die Weise ändert und auf Euch nehmet den Sold und das Kreuz Christi des Gekreuzigten, Ihr und all Eure Gefolgsleute und Gefährten. So seid Ihr eine Mannschaft Christi, auszuziehen bereit gegen die ungläubigen Hunde, die unsere heilige Stätte besitzen, da die erste süße Wahrheit weilte, Tod und Pein um unsertwillen litt. So bitte ich Euch innigst in Christus Jesus, da Gott es befohlen hat und auch unser heiliger Vater, man solle gegen die Ungläubigen vorgehen, und Ihr Euch damit abgebt, Krieg zu führen und zu kämpfen, daß Ihr nicht mehr gegen die

Christen streitet, sondern gegen jene zieht. Welch große Grausamkeit, daß wir Christen, die wir mit dem Leib der heiligen Kirche verbundene Glieder sind, einen den anderen verfolgen. Dies ist kein Verfahren, davon soll man in höchster Bekümmertheit ablassen und jeden Gedanken daran aufgeben.
Es erstaunt mich sehr, daß Ihr, die Ihr doch – soviel ich verstanden habe – versprochen habt, für Christus bei dieser heiligen Überfahrt sterben zu wollen, nun hier Krieg führen wollt. Dies entspricht nicht jener heiligen Gesinnung, die Gott von Euch verlangt, um an jenen heiligen und verehrungswürdigen Ort zu ziehen. Es scheint mir, Ihr solltet Euch in dieser Zeit zur Tugend bereiten, bis der Augenblick für Euch und die anderen kommt, da Ihr das Leben einsetzt und hingebt für Christus. Dadurch könnt Ihr beweisen, daß Ihr mutig und echte Ritter seid.
Mein Vater und Sohn, Frater Raimondo wird zu Euch kommen und Euch diesen Brief bringen. Schenkt dem Glauben, was er Euch sagt, denn er ist ein aufrichtiger, treuer Diener Gottes und er wird Euch nichts raten oder mitteilen, als was zur Ehre Gottes und zur Herrlichkeit Eurer Seele gereicht. Mehr sage ich nicht. Ich bitte Euch, teuerster Bruder, haltet Euch die Kürze Eurer Zeit im Gedächtnis.
Caterina, unnütze Magd &c. Verbleibet in der heiligen und süßen Liebe Gottes. Liebster Jesus, Jesus die Liebe.

XVIII.

Caterina suchte mit ihrer Kreuzzugspredigt die verschiedensten hochgestellten, politisch einflußreichen Persönlichkeiten zu erreichen. Waren ihre Gefährten und Gefährtinnen bereit, ihr Leben aus spirituellen, religiös-asketischen Gründen hinzugeben, so sollten es Abenteurer und Mächtige eben aus anderen Gründen tun: es mußte etwas geschehen, denn nach Caterinas Überzeugung drängte die Zeit, war Endzeit.
Die Königin von Neapel (1343–1382) wurde von Caterina mehrmals brieflich bearbeitet und auch vor einem Übertritt auf die Seite des Gegenpapstes, Clemens VII., gewarnt. Johanna von Anjou nahm trotzdem 1378 dessen Partei, wodurch sich politische Verwicklungen ergaben, die den gewaltsamen Tod Johannas nach sich zogen.
Der hier präsentierte Brief wurde wahrscheinlich August/September 1375, also nach der Erhebung von Florenz gegen den Papst, geschrieben. Caterina mag mit den faulen, widerspenstigen Gliedern die Acht Heiligen, die Regierenden von Florenz, gemeint haben.

An Giovanna d'Angiò, Königin von Neapel.

Im Namen Jesu Christi des Gekreuzigten und der süßen Maria.

An Euch, geliebteste und ehrwürdigste Mutter und Schwester in Christus Jesus, Frau Königin! Ich, Caterina, Dienerin und Magd der Diener Jesu Christi, schreibe Euch in seinem heiligen Blut, mit dem Wunsche, Euch voll von der Gnadenfülle des heiligen Geistes zu sehen, wie fruchtbares Erdreich, das gute und köstliche Früchte trägt und nicht Dornen und Disteln hervorbringt. Ihr wisset, beste Mutter, daß wir wie ein Ackerfeld sind, in das Gott durch seine Barmherzigkeit seinen Samen auswarf, nämlich die Liebe und Zuneigung mit der er uns erschuf, da er uns aus sich heraus stellte allein aus Liebe und nicht aus Schuldigkeit. Wir haben ihn nicht gebeten, daß er uns schaffe; doch vom Feuer seiner Liebe bewegt, erschuf er uns, damit wir seine höchste ewige Schönheit kosteten und in ihr uns erfreuten. Und damit dieser Same Frucht bringe und die Pflanzen gedeihen, gab er uns das Wasser der heiligen Taufe. Überaus süß und köstlich ist jene Frucht. Doch braucht sie einen Gärtner, der sie betreue und bewahre. O süßeste Liebe Jesu, du gabst uns den stärksten und liebenswürdigsten Gärtner, den wir haben könnten, nämlich die Vernunft und den freien Willen. Dieser ist so stark, daß weder Teufel noch irgend ein Geschöpf ihn zu einer Todsünde bewegen oder zwingen kann, wenn er nicht will. Dies scheint jener von Liebe ergriffene Paulus sagen zu wollen, wenn er spricht: «Wer wird mich scheiden von der Liebe Christi? Nicht Hunger noch Durst noch Verfolgungen, weder Engel noch Teufel.» Als ob er sagen wollte: wie es unmöglich ist, daß Engel mich von Christus trennen, so ist es unmöglich, daß ich mich je von der göttlichen Liebe scheide, wenn ich nicht will. Er ist also sehr stark. Er gab uns auch die Zeit, denn ohne die Zeit könnte jener Arbeiter nichts ausrichten; aber in der Zeit, das heißt, solange wir leben, kann jener Arbeiter die Erde umwenden und Frucht gewinnen. Dann nehmen die Hände der Liebe und des heiligen und wahren Verlangens die Ernte und bringen sie in ihre Scheune ein, nämlich in Gott, dadurch daß sie all ihre Handlungen zu Lob und Ehre Gottes tun und auf ihn ausrichten.

Und wenn Ihr mir sagt: Dieser Gärtner hat einen Gefährten, das ist der sinnliche Teil, der oftmals ihn bestiehlt und ihm hinderlich ist, indem er dort häufig Samen des Teufels sät und einheimst in ungeordneten Vergnügungen und Annehmlichkeiten der Welt, in Stand, Reichtum, Ehre und Eigenliebe gegenüber uns selbst, welche ein gefährlicher Wurm ist, der all unsere Handlungen verseucht und verdirbt. Denn wer sich liebt ohne Gott und wer nur auf die eigene Ehre bedacht ist, kann nie etwas Gutes vollbringen. Ist er Herr, wird er nie gerade und gute Gerechtigkeit üben; er wird sie anders dem Gefallen der Menschen angleichen, den Gefallen aber hat er sich durch Selbstsucht erworben. Ich will nicht, daß dies auf Euch zutreffe: achtet Ihr einzig auf die Ehre Gottes und das Heil des Menschen, werden Euer Gericht und alle Eure Handlungen mit Vernunft und Richtigkeit getan sein. Alsbald wird die Kraft der besagten Freiheit die Sinnlichkeit ruhig halten. Ermutigt Euch, beste Mutter, denn durch das Pfropfreis, das Gott in uns unfruchtbare Bäume eingesetzt hat, nämlich durch die Vereinigung der göttlichen Natur mit der menschlichen, hat er die Vernunft und unsere Liebe zu ihm so gestärkt, daß sie durch Liebeskraft zur Liebe gezogen ist. Die Sinnlichkeit ist so geschwächt, daß, wollte sie die Vernunft gebrauchen, sie es überhaupt nicht könnte. Deutlich sehen wir, daß unser Fleisch, nämlich die Menschheit Christi, von der Masse Adams genommen, so geschlagen, durch Mißhandlung zerfleischt, mit Hohn und Spott und Schmähung gequält ist bis hin zum schmachvollen Kreuzestod, wodurch sich unsere Natur unterwerfen sollte, damit sie sich nie auflehne und das Haupt erhebe gegen Gott und die Vernunft.

O unermeßliche Liebe, allerliebster Jesus; wie kann sich dein Geschöpf fassen, daß es sich nicht auflöse und vergehe deinetwegen? O liebliches Pfropfreis, fleischgewordenes Wort des Gottessohnes, der du herauszogst den Wurm der alten Sünde Adams, und zum Verschwinden brachtest die wilde Frucht; denn durch die begangene Schuld war unser Garten so verwildert, daß keine Tugendfrucht mehr gedieh, die ihm Leben hätte zu spenden vermögen. O süßes Feuer der Liebe! Du hast eingepfropft und verbunden Gott in den Menschen und den Menschen in Gott, auf solche Weise, daß der unfruchtbare Obstbaum, der uns den Tod gab, edel und fruchttragend wurde; so sehr, daß er uns stets Leben spendet, wenn wir nur immer von der Kraft der Vernunft Gebrauch machen wollen. Betrachtet, schauet die unaussprechliche Liebe, die Gott zu uns trägt und die Süße der köstlichen Frucht des unbefleckten Lammes, das jener in den lieblichen Acker Marias gesenkte Same war! So verharre denn jener unser Arbeiter nicht länger im Schlaf und in Nachlässigkeit, denn ihm gehört die Zeit und er ist stark durch sein Wesen und ist gestärkt durch die Vereinigung, die Gott mit dem Menschen eingegangen ist. Ich bitte Euch in Christus, dem liebsten Jesus, daß Eure LiEbe, Eure Zuneigung und das Verlangen sich erheben, um den Baum des heiligsten Kreuzes zu ergreifen und im Garten Eurer Seele einzupflanzen, denn er ist ein Baum voller Früchte der echten und königlichen Tugenden. Ihr erkennt wohl, daß Gott, außer der Einheit, die er mit seinem Geschöpf einging, sich ihm noch am heiligen Kreuz verband und er will und verlangt, daß wir uns an jenem süßen Baum in Liebe und Verlangen mit ihm vereinigen. Dann wird unser Garten nichts anderes als süße und schmackhafte Früchte hervorbringen. Und deshalb sagte ich, ich wünschte, daß Ihr fruchtbares Erdreich seiet.

Wir haben gesehen, auf welche Art es den Samen empfängt und wodurch er ihm genommen wird: macht Gebrauch von der Kraft und Macht des guten Arbeiters der Vernunft und des freien Willens, im Gedenken an das hingeschlachtete Lamm, um Euren sinnlichen Teil niederzuschlagen. Nun auf denn, mutig, liebste Schwester! Es ist nicht mehr Zeit zu schlafen, denn die Zeit schläft nicht, sie geht vorbei wie der Wind. Hißt in Euch durch Liebe und Verlangen die Fahne des heiligen Kreuzes. Und bald müßt Ihr sie aufrichten, denn wie mir scheint, läßt der Heilige Vater gegen die Türken ausrufen. Darum bitte ich Euch, Euch zu bereiten, so daß wir in schöner geschlossener Reihe für Christus in den Tod gehen. Nun bitte und beschwöre ich Euch im Namen Christi des Gekreuzigten, daß Ihr der Braut Christi in ihrer Not gedenkt mit Eurer Habe,

Eurer Person und Eurem Beistand und erzeiget, wie Ihr nur könnt, daß Ihr eine getreue Tochter der liebreichen heiligen Kirche seid. Ihr wisset ja, sie ist jene Mutter, die ihre Kinder an ihrer Brust aufzieht, ihnen die süße Milch reichend, die Leben gibt. Jener Sohn ist wohl töricht und irrsinnig, der seiner Mutter nicht beisteht, wenn sich ein faules Glied ihr im Aufstand widersetzt. Ich will, daß Ihr jene wahre Tochter seid, die ihrer Mutter stets gedenkt. Mehr sage ich nicht; verzeiht meiner Anmaßung. Verbleibet in der heiligen und süßen Liebe Gottes.

XIX.

Der nach November 1375 zu datierende Brief legt den Kreuzzug mit Inbrunst den Mantellaten, Caterinas geistlichen Töchtern, nahe. Die geplante «Überfahrt» gestaltet sich in Caterinas Denken zusehends zu einem den Frieden anzeigenden Inbegriff. Ehre Gottes, Erneuerung der Kirche, Friede in der ganzen Christenheit, immer mehr an utopischem Reichtum und Hoffen heftet sich an die Kreuzzugsvorstellung. Nun wird in diesem Kontext auch die Seele ihrer Anvertrauten und Jünger ein Schifflein, das wohlgerüstet ausfährt. Ihrer Gewohnheit gemäß richtet Caterina auch kollektive Briefe an eine einzelne Person, hier an Cecca di Clemente (Chimento) oder Giovanna di Capo oder Giovanna di Francesco; die einzelnen Codices differieren in ihrer Zuschreibung. Die im Brief erwähnte Reise der Abgesandten fand ziemlich sicher im November 1375 statt.

AN MONNA GIOVANNA DI CAPO, MONNA GIOVANNA DI FRANCESCO, MONNA CECCA DI CHIMENTO, MONNA CATERINA DELLO SPEDALUCCIO, MANTELLATEN DES HEILIGEN DOMINIKUS, IN SIENA.

Im Namen Jesu Christi des Gekreuzigten und der süßen Maria.

Liebste und teuerste Töchter in Christus, dem milden Jesus! Ich, Caterina, Dienerin und Magd der Diener Jesu Christi und Eure Mutter in Christus, schreibe Euch und ermutige Euch im kostbaren Blut des Sohnes Gottes, der das sanfte und unbefleckte und hingeschlachtete Lamm war, nicht Kraft der Nägel oder der Lanze, sondern aus Liebeskraft und übermäßiger Liebe, die er zum Menschen hatte und noch hat. O unaussprechliche Liebe unseres Gottes! Du, innigste Liebe, du hast mich belehrt und hast mich nicht nur durch Worte unterrichtet

– da du sagtest, daß viele Worte dir nicht gefallen –, sondern durch Werke, von denen du sagtest, daß sie dir gefallen, die du auch von deinen Dienern forderst. Und was hast du mich gelehrt, ungeschaffene Liebe? Du hast mich, als Lamm, unterwiesen, daß ich nicht nur harte Worte, sondern auch schwere Schläge und Schmähungen und Verluste geduldig ertrage. Und du willst, daß ich dadurch unschuldig und unbefleckt sei, nämlich ohne einem der Nächsten Schaden zuzufügen; nicht nur denen nicht, die uns verfolgen, auch denjenigen, die uns schmähen nicht. Du willst, daß ich für sie bete wie für besondere Freunde, die uns Gutes und großen Vorteil bringen. Und so nicht nur bei Schmähungen und zeitlichen Schäden, sondern ganz allgemein bei allem, das gegen meinen Willen verstößt: wie du nicht wolltest, daß sich dein Wille erfülle, sondern derjenige deines Vaters. Wie denn könnten wir unser Haupt erheben gegen die Güte Gottes, darauf beharren, daß sich unsere verkehrten Wünsche erfüllen, und wie könnten wir nicht wollen, daß Gottes Wille sich erfülle?

O innigste Liebe Jesu, mach, daß sich in uns immer dein Wille erfülle, wie er im Himmel immerdar von deinen Engeln und Heiligen erfüllt wird! Dies, meine geliebten Töchter in Christus, ist jene Sanftmut, die unser liebreicher Erlöser in uns finden will, daß wir uns nämlich mit ganz friedlichem und ruhigem Herzen in alles schicken, was er uns bereitet und an uns wirkt, und weder Zeit noch Ort nach unserer Weise wollen, sondern nur nach seiner. Dann ist die Seele, all ihrer Wünsche entblößt und bekleidet mit dem Willen Gottes, Gott ganz gefällig. So rennt sie wie ein vom Zügel gelassenes Pferd rasend schnell von Gnade zu Gnade und von Tugend zu Tugend; denn nun hat sie keinen Zügel, der sie zurückhielte und machte, daß sie nicht laufen könnte, da sie alle ungeordnete Begierde und jeden eigenwilligen Wunsch von sich abgeschnitten hat, welches die Zügel und Bande sind, die die Seelen der geistlichen Menschen am Laufen hindern.

Um die Vorkehrungen für die Überfahrt steht es immer besser, und die Ehre Gottes wächst mit jedem Tag mehr. Laßt in Euch fortwährend die Tugendkraft zunehmen und rüstet das Schifflein Eurer Seele, denn unsere Zeit naht. Ermuntert und segnet Francesca im Namen Jesu Christi und in meinem: sagt ihr, sie möge besorgt sein, daß ich sie an Tugendkraft erstarkt finde, wenn ich zurück bin. Segnet und tröstet alle meine Töchter in Christus. In diesen Tagen nun kam der Gesandte der Königin von Cypern und sprach mich. Er geht zum heiligen Vater Christus auf Erden, um ihn zur Überfahrt anzutreiben. Und zudem hat der heilige Vater nach Genua geschickt, um sie diesbezüglich aufzustacheln.

Unser liebster Erlöser gebe Euch seinen ewigen Segen. Verharret in Gottes heiliger und süßer Liebe. Liebster Jesus, Jesus die Liebe.

XX.

Dieser Brief bezieht sich vermutlich auf die Hinrichtung des jungen Perugianers Niccolò Toldo, der in Siena wegen Hochverrats geköpft wurde. Er hatte sich um die Wiederherstellung der Adelsherrschaft in Siena gegen den demokratischen «Berg der Reformatoren» bemüht (1375). Der Bericht wurde wahrscheinlich an den geistlichen Vater Caterinas, Raimondo von Capua, und zwei seiner Begleiter geschrieben, als er bereits in Campo dell'Aguto oder in Pisa weilte.
Es wird hier die Version angenommen, wie Caffarini, Frater Tommaso di Antonio – er begegnete bereits in Caterinas Briefen –, sie überlieferte: demnach hätte die Güte Gottes vor allem darin bestanden, daß der Ritter Toldo über die große plötzliche Zuneigung zu Caterina zur Gottesliebe und damit zur Standhaftigkeit bis zum Tod gelangt wäre. Sicher war dieses Blutvergießen besonderer Art: es war eine Bluthochzeit in mehrfachem Sinn, wie es bei aufmerksamer Lektüre des Briefes offensichtlich wird. Jedenfalls setzte Caterina ihre ganze Gebetskraft für den Verurteilten ein, der auf ihre Fürbitte hin auch im letzten Augenblick, fast wider eigenen Willen, das «Ich will» zu sprechen vermochte. Caterina hatte um ein Zeichen der Erhörung ihres Gebetes gefleht: eine visionäre Schau zeigt ihr denn auch den im Blute Christi aufgenommenen Toten und wie dieser ihr dankt. Caterinas Gebetsarbeit war also nicht umsonst, und sie fühlte sich verpflichtet, ihren Seelenführer darüber zu orientieren. Er sollte wissen, wie weit ihre Kraft zur Stellvertretung geht und wie sehr sie selbst im Extrem, das heißt hier, nahe beim Blutvergießen, beim Tode, lebte. Blut und Blutvergießen, das sie durch alle Schichten ihrer Existenz so real erlebte, wurden ihr darüber hinaus zur Chiffre für die reichverzweigten Heilszusammenhänge. In diesen Sinnbereich gehört, als nicht unbedeutendes Detail, die geöffnete Seite Christi, die in diesem Brief als Ladenraum, vielleicht als Weinschenke oder Drogerie, als ein einer heutigen Apotheke ähnliches Geschäft, erscheint. Eine bottéga *labt und stärkt jedenfalls auch die Wanderer auf der Brücke, die von dieser irdischen Welt in die ewige reicht.*

Die mit Caterina auf dem Richtplatz wartenden Heiligen sind Maria, die Mutter Jesu Christi, und die heilige Caterina von Alexandrien, die als Märtyrerin ihr Blut vergoß und Caterina von Sienas Namenspatronin war.

AN FRATER RAIMONDO VON CAPUA.

Diesen Brief schickte Caterina ihrem Seelenführer, Frater Raimondo, um ihm mitzuteilen, daß sie eine besondere Gnade erwirkt hatte für einen jungen Perugianer, der in Siena enthauptet wurde und dessen Haupt sie in ihre Hände empfing.

Im Namen Jesu Christi des Gekreuzigten und der süßen Maria.

An Euch, liebster und teuerster Vater, mein lieber Sohn in Christus Jesus! Ich, Caterina, Dienerin und Magd der Diener Gottes, schreibe an Euch, und empfehle mich Euch im kostbaren Blute des Gottessohnes, mit dem Wunsche, Euch in diesem überaus süßen Blut des Gottessohnes, das mit dem Feuer seiner glühendsten Liebe vermengt ist, entbrannt und versenkt zu sehen. Darnach verlangt meine Seele, nämlich Euch in diesem Blute zu gewahren; Euch und Nanni und Giacomo Sohn. Ich sehe kein anderes Mittel, durch welches wir zu jenen Haupttugenden gelangen können, die uns notwendig sind. Eure Seele, liebster Vater, die sich mir zur Speise gemacht hat – und fortwährend nehme ich diese Speise vom Tische des holden Lammes, das mit so stark glühender Liebe sich opferte –, Eure Seele, sage ich, könnte nicht zur stillen Tugend der wahren Demut gelangen, wenn Ihr nicht versenkt wäret im Blute; und diese Tugend entspringt aus dem Hasse und der Haß aus der

Liebe. Und wie das Eisen geläutert aus dem Schmelzofen hervorgeht, ersteht so die Seele in vollkommener Reinheit. Ich will also, daß Ihr Euch einschließt in die geöffnete Seite des Sohnes Gottes, die ein offener Ladenraum ist, von Duft so erfüllt, daß selbst die Sünde darin wohlriechend wird. Dort ruht die Braut auf dem Bette des Feuers und des Blutes; dort wird sichtbar und eröffnet sich ihr das Geheimnis des Herzens des Gottessohnes. O angezapftes Faß, aus dem du zu trinken reichst und berauschest jedes lieberfüllte Verlangen! Und Licht und Freude gibst jedem Geiste, jedes Gedächtnis erfüllst, das sich um dich bemüht, bis daß es nichts anderes behalten, noch anderes begreifen, noch anderes lieben kann, als diesen liebsten und guten Jesus! Blut und Feuer, unfaßbare Liebe! Und da meine Seele beglückt sein wird, Euch so versenkt zu sehen, so will ich, daß Ihr es machet wie der, welcher das Wasser mit dem Eimer schöpft und es über alles ausgießt; und so gießt aus das Wasser des heiligen Verlangens über das Haupt Eurer Brüder, die unsere Glieder sind, eins in dem Körper der holden Braut. Und sehet zu, daß Ihr durch keine Vorspiegelungen Satans – von dem ich weiß, daß er Euch Hindernisse bereitet hat und bereiten wird –, noch durch das Gerede irgend eines Menschen Euch nach rückwärts ziehen lasset, sondern harret um so standhafter aus, je schwieriger es um die Sache steht, auf daß wir das Blut sich vergießen sehen mit süßem und liebendem Verlangen.

Auf denn, mein geliebtester Vater! Und schlafen wir nicht länger. Denn ich höre Dinge, daß ich keine Ruhe mehr finden will. Schon habe ich den Anfang gemacht, indem ich ein Haupt in meine Hände empfing, das mir so süßen Trost bereitete, daß es das Herz nicht zu begreifen, die Zunge nicht zu sagen, das Ohr nicht zu hören vermag. Dem allen ging das Verlangen Gottes unter mancherlei geheimnisvollen Geschehnissen voraus, wovon ich nicht berichte, da es zu lang würde. Ich habe den besucht, von dem Ihr wißt: und es stärkte und tröstete ihn

so sehr, daß er beichtete und in guter Verfassung war. Er bat mich um Gottes Willen zu versprechen, daß ich, wenn die Zeit des Gerichtes gekommen wäre, bei ihm sei; ich versprach und hielt es. Am Morgen, vor dem Zeichen der Glocke, begab ich mich zu ihm; und es verschaffte ihm starken Trost. Ich führte ihn zur Messe, und er empfing die heilige Kommunion, die er nie mehr empfangen hatte. Sein Wille war ergeben und unterworfen dem Willen Gottes, und es war ihm nur die Furcht geblieben, nicht stark zu sein im letzten Augenblick. Aber die unendliche und glühende Güte Gottes überlistete ihn, indem sie durch mich ein so großes Verlangen nach Gott in ihm erweckte, daß er ohne ihn nicht mehr sein konnte. Er sagte: «Bleibe bei mir und verlasse mich nicht, so geht es mir nur gut, so sterbe ich zufrieden.» Und er legte sein Haupt an meine Brust. Da fühlte ich ein Frohlocken und einen Geruch seines Blutes, und es war nicht ohne den Geruch des meinen, das ich vergießen möchte für den liebsten Bräutigam Jesus. Während das Verlangen in mir wuchs und ich die Furcht fühlte, die ihn bewegte, sagte ich: «Mut, mein lieber Bruder! Denn bald wird Hochzeit sein. Du wirst hinkommen, getaucht in das Blut des göttlichen Sohnes, mit dem süßen Namen Jesus, von dem ich nicht will, daß er je deinem Gedächtnis entfalle. Und ich werde dich am Richtplatz erwarten.»
Nun denkt, mein Vater und Sohn, daß sein Herz jede Furcht verlor, die Trauer auf seinem Angesicht sich in Freude wandelte, er sich freute und frohlockte und sagte: «Woher kommt mir so große Gnade, daß die Wonne meiner Seele an der heiligen Stätte des Gerichtes mich erwarten will?» Seht, zu solchem Lichte war er gelangt, daß er die Stätte des Gerichtes heilig nannte. Und er sagte: «Voll Kraft und Freude will ich hingehen; und es scheinen mir tausend Jahre bis dahin, wenn ich denke, daß ihr mich dort erwartet.» Und so liebreiche Worte sprach er, daß es zum Bersten war, wie Gottes Güte in ihm wirkte.

Ich erwartete ihn also am Richtplatz; und wartete dort in stetem Gebet und der Gegenwart von Maria und Caterina, der Jungfrau und Märtyrerin. Bevor er ankam, kniete ich mich selbst hin und legte den Hals auf den Block; aber es gelang mir nicht zur vollen Wirkung zu kommen dort drauf. Ich bat und bedrängte Maria, daß ich die Gnade wolle, die ihm im letzten Augenblick Licht und Herzensfriede gebe, und er sich am Ziele anlangen sähe. Meine Seele war da so erfüllt von der holden Verheißung, die mir geschah, daß ich von dem vielen Volk ringsum niemanden gewahrte.
Dann kam er wie ein sanftes Lamm; und als er mich sah, lächelte er und wollte, daß ich das Zeichen des Kreuzes über ihn mache. Und nachdem ich es getan hatte, sagte ich: «Wohlan! Zur Hochzeit mein liebster Bruder, denn bald wirst du zum ewigen Leben gelangt sein!» Er kniete nieder mit großer Sanftmut; ich entblößte ihm den Hals und beugte mich zu ihm nieder und erinnerte ihn an das Blut des Lammes. Nichts anderes brachte sein Mund hervor als «Jesus» und «Caterina». Und so empfing ich sein Haupt in meine Hände und sein Auge schloß sich in der göttlichen Güte mit den Worten: «Ich will.»
Darauf erschien der Gottmensch wie die hellichte Sonne. Er öffnete seine Seite und nahm dies Blut zu seinem Blut: den Funken, den er aus Gnade in seine Seele gegeben und dort verborgen hatte, nahm er in das Feuer der Gottesliebe auf. Und wie er dessen Blut und Verlangen aufnahm, so nahm er auch seine Seele und schloß sie in die offene Kammer seiner Seite, voll von Barmherzigkeit. So offenbarte er die Grundwahrheit: daß er ihn allein aus Gnade und Barmherzigkeit empfing und nicht ob irgendeines anderen Werkes. O, wie süß und unaussprechlich war es, die Güte Gottes wahrzunehmen, die mit so großer Zuneigung und Liebe der aus dem Leibe geschiedenen Seele harrte und das Auge der Barmherzigkeit ihr zuwandte, da sie, überströmt von Blut, in die Seite einging, vom Blut,

welches erkauft war mit dem Blute des göttlichen Sohnes. So wurde er von Gott aufgenommen – durch seine Allmacht war er mächtig, es zu tun –, und der Sohn, das menschgewordene Wort der Weisheit, beschenkte ihn und ließ ihn teilhaben an der gekreuzigten Liebe, in der er den schweren und schimpflichen Tod ertrug, im Gehorsam, den er dem Vater erzeigte, um die Natur und das Geschlecht der Menschen zu befreien. Und die Hände des heiligen Geistes schlossen ihn dort ein.

Er aber machte eine liebliche Bewegung, tausend Herzen mitfortzuziehen – es erstaunt mich nicht, kostete er doch schon Gottes Süße: er wandte sich, gleich einer Braut, die angekommen ist an der Schwelle ihres Bräutigams; und den Blick und das Haupt zuzurückgewendet, grüßt er die, die ihn begleitet hatte und gibt ihr ein Zeichen des Dankes.

Und wie er dahingeschieden war, ruhte meine Seele in so großem Frieden und in solchem Dufte des Blutes, daß ich es nicht ertragen mochte, das Blut wegzuwaschen, das von ihm auf mich gekommen war. O weh mir armen Elenden! Mehr will ich nicht sagen: ich blieb auf Erden mit peinvoller Sehnsucht zurück.

Nachdem nun der erste Stein gelegt ist, wundert Euch nicht, wenn ich um nichts anderes Euch bestürme, als daß Ihr in das Blut und das Feuer aus der Seite des Gottessohnes Euch versenkt. Wohlan denn, keine Nachlässigkeit mehr, meine teuersten Söhne, da das Blut anfing vergossen zu werden und Leben zu empfangen.

XXI.

Der folgende Brief ist ein Zeugnis von Caterinas heiliger Ungeduld. Vollkommen in seiner Kürze, gibt er im Bild des Hungers das Drängende und Unaufschiebbare wieder, das Caterina im Hinblick auf ihre Aufgabe packte. Das Werk der Reform, darunter versteht sie zur Zeit der Abfassung dieses Schreibens sicher vor allem den Kreuzzug, muß endlich beginnen. Ihre Diktion imitiert die neutestamentliche Aussendungsformel: Gehet hin ... Denn dem Christus auf Erden, dem Heiligen Vater als Stellvertreter Christi auf Erden muß beigestanden, das Reich Gottes muß ausgebreitet werden.

An Raimondo von Capua aus dem Predigerorden.

Im Namen Jesu Christi des Gekreuzigten und der süßen Maria.

Teuerster Vater in Christus, dem liebsten Jesus! Ich, Caterina, Dienerin und Magd der Diener Jesu Christi, schreibe Euch in seinem kostbaren Blut, mit dem Wunsche, Euch als Gefäß der Liebe zu wissen und Euch mit Feuer und Flamme die Wahrheit verkünden und den Samen des Wortes Gottes jedem Geschöpf säen zu sehen, und nun, in der gegenwärtigen Zeit, besonders unserem lieben Christus auf Erden. Auf, teuerster Vater und Sohn, gehet somit hin als armseliger Ausschreier, mit Euch führend den Reichtum des Glaubens und der Hoffnung und das Band der Liebe. Erinnert Euch des Wortes, welches die erste und liebreiche Wahrheit sprach: «Du wirst Deine Söhne aussenden wie Lämmer unter die Wölfe. Sie werden sicher gehen, denn ich werde mit ihnen sein. Und wenn menschliche Hilfe auch ausbliebe, Gottes Hilfe wird immer mit ihnen sein.» O mein Vater und Sohn, wer suchte andere Liebe und anderen

Trost? Wer könnte noch in Furcht verfallen? Derjenige, der kein Vertrauen hätte; aber nicht, wer vor Hunger nach der Ehre Gottes und dem Heil der Seelen fast stirbt und sich verzehrt im Feuer der göttlichen Liebe, genetzt und untergetaucht und aufgezehrt im Blute des geopferten Lammes.

Weh mir, weh mir unglücklicher Seele! Daß ich sterbend bin und nicht sterben kann. Das Herz bricht, die Knochen dehnen sich auseinander, da die gewünschte Zeit nicht kommt. Schickt sich die erste Wahrheit auch an, Blumen hervorzubringen und zu zeitigen, genügt mir dies nicht; denn man lebt nicht von der Blüte, sondern von den Früchten. Mein Vater und Sohn, ich bitte, helft mir Armen, ich komme vor Hunger um. Bittet die höchste liebreiche Wahrheit, daß sie uns ohne Verzug Früchte verschaffe. Mehr sage ich nicht. Verbleibet in Gottes heiliger und süßer Liebe. Liebster Jesus, Jesus die Liebe.

XXII.

Frater Tommaso della Fonte war mit Caterina und ihrer Begleitung in Pisa, kehrte aber vor ihr nach Siena zurück. Dorthin richtet sich dieser Brief im Dezember 1375; Caterina diktierte ihn wohl kurz nach dem Luzientag, dem 13. Dezember. Die am Briefschluß namentlich erwähnten Gefährtinnen Caterinas sind eventuell Agnesa di Orso Malavolti – aus hochangesehener Sieneser Familie – und Caterina di Scetto oder dello Spedaluccio.
Der Brief berichtet diskret von einer Entrückung zu den seligen Heiligen, den wahren Verkostern und Genießern. Caterina erkannte vor allem die Besonderheit ihrer Art und Berufung und, dementsprechend, ihrer Tugend. Doch tragen alle das Kleid der Wahrheit, die eben selbst vielförmig ist. Durch diese Schau wird Caterina wiederum zum Martyrium – am Tag der Martyrin Luzia – angefeuert. Auf dem Kampfplatz, an heiliger Stätte, möchte sie das Leben lassen.

An Frater Tommaso della Fonte aus dem Predigerorden.

Gelobt sei unser gütiger Erlöser.

An Euch, liebster und teuerster Vater in Christus Jesus! Ich, Caterina, Dienerin und Magd der Diener Jesu Christi, Eure unwürdige Tochter im kostbaren Blut des Gottessohnes, wünsche, Euch in seinem überströmenden Blute umgestaltet und erglüht zu sehen. Jenes Blut macht uns von Liebe ergriffen und läßt uns auf den Kampfplatz eilen, wie jene verliebte holde Lucia es tat, die so sehr von Liebe erfüllt und in ständigem Andenken an das Blut des Gottessohnes war, daß sie in kühnem Geist hinlief, ihren Leib aufzuopfern. So bitte ich unseren liebreichsten Erlöser, er führe uns zur Abschlachtung und

Hinschlachtung unserer Leiber. Wundert Euch nicht, teuerster Vater, wenn ich mich mit diesem Opfer nicht begnügen kann, da sie mich am Tage ihres Festes von neuem von der Frucht ihres Martyriums kosten ließ, als ich mich aus Verlangen am Tische des Lammes einfand, welches zu mir armen Elenden sprach: «Ich bin Tisch und bin Speise.» Und die Hand des heiligen Geistes selbst reichte sie dar und bediente damit mildreich die wahren Verkoster. Dort sah man das süße Wort erfüllt, welches der süße Mund der Wahrheit gesprochen hatte: «Im Hause meines Vaters sind viele Wohnungen.»
O liebster Vater, wie verschieden waren doch die Früchte der Tugend, welche sie in diesem Leben erworben hatten! Jeder kostete in engelgleichem Wesen die höchste Seligkeit. Dort sah man so viel Wahrheit, daß meine Seele bekennt, sie bis jetzt nie geliebt zu haben. Doch bat ich im Angesicht Gottes, daß er uns, durch ihre Vermittlung, das Kleid der Wahrheit anziehe. Ich erfuhr in meiner Seele so große Kräftigung, daß meine Zunge unfähig ist, es auszudrücken. O weh, o weh mir! Mehr will ich nicht sagen; außer daß ich jenes milde Licht bitte, daß es uns bald dorthin führe, wo uns die Adern geöffnet werden um der Wahrheit willen.
Ihr ließet mir ausrichten, ich möge an Caterina schreiben, und daß ich bald käme, da Monna Agnesa ihr Testament machen wolle. Ich habe an Caterina nicht geschrieben, noch an meine anderen geliebtesten Töchter, da ich keine Zeit hatte. So verzeiht mir und segnet sie alle vonseiten Jesu Christi und meinerseits, gemeinsam mit diesen Dreien, tausend und abertausend Mal. Wisset, daß die Ehre Gottes in den Prälaten aufscheint, wie ich es noch nie gewahrte; es dünkt mich, Gott wolle uns große fette Bissen zu essen geben! Zudem will ich Euch melden, daß das Kloster von Ripoli aus den Krallen des Teufels befreit ist. Alessa, Caterina und Cecha lassen sich Euch herzlich empfehlen.
Caterina, Eure Sklavin, Dienerin der Diener Gottes, empfiehlt sich Euch.

XXIII.

Der Brief wurde in Pisa gegen Ende 1375 geschrieben, bevor sich Caterina nach Siena oder Lucca aufmachte. Aus dem Inhalt ist abzuleiten, daß man in Siena über die lange Abwesenheit Caterinas vielleicht etwas murrte, und Tommaso ihr deshalb auferlegte, sofort zurückzukehren. Der Erzbischof von Pisa, Francesco Moricotti di Vico hielt Caterina noch etwas zurück, sanktionierte aber zugleich den kleinen Gehorsamsbruch.

Der Magister, welcher das Gerede entkräften mußte, war Frater Giovanni Terzo Tantucci, ein Augustinereremit, ein Magister der Theologie aus Caterinas Umkreis, offenbar mit entsprechender Autorität eingreifend.

Caterina war auch nach ihrer Meinung über die Opportunität einer Ordenseinkleidung bei den Dominikanern gefragt worden. Um wen es sich bei dem Novizen handelt, ist ungewiß.

Der ehrwürdige Spanier, den sie speziell um Beistand bittet, ist der heilige Dominikus Guzmán, zu dessen Orden sie gehört und den sie daher vertraulich anspricht.

Monna Lapa und Monna Lisa, die gegrüßt werden, sind ihre Mutter und ihre Schwägerin Lisa, eine Nichte des Gesuato Giovanni Colombini, der ähnlich Caterina, eine größere Gefolgschaft hatte und in seiner Weise auf eine Erneuerung der Kirche hinarbeitete. Auch von ihm ist ein umfangreicher, interessanter Briefwechsel erhalten.

Neri di Landoccio dei Pagliaresi, welcher den Zusatz zum Brief notierte, verehrte Caterina sehr, schrieb viel über sie und förderte nach ihrem Tod eifrig ihren Kult.

An Frater Tommaso della Fonte aus dem Predigerorden, in Siena.

Gelobt sei unser gütiger Erlöser.

An Euch, teuerster und liebster Vater in Christus Jesus! Ich, Caterina, unnütze Magd und Eure unwürdige Tochter, empfehle mich Euch im kostbaren Blut des Gottessohnes. Mit sehnlichem Verlangen wünsche ich, Euch, nicht ohne mich, auf dem süßen und geliebten Baum des Kreuzes hingeschlachtet zu sehen: eine andere Erleichterung kann ich mir für uns nicht vorstellen, teuerster Vater, als daß Ihr dort oben in glühendster Liebe verschmachtet. Dort wird es weder sichtbare noch unsichtbare Teufel geben, die Euch das Gnadenleben zu rauben vermöchten, denn erhoben in die Höhe, wird uns die Erde nichts anhaben können, wie der Mund der Wahrheit spricht: «Wenn ich in die Höhe erhoben sein werde, werde ich alles an mich ziehen.» So zieht er das Herz, die Seele und den Willen mit seiner ganzen Kraft an sich.

Also, liebster Vater, macht man uns auf diese Weise froh; denn ich freue mich und frohlocke über das, was Ihr mir ausrichten ließet, wenn ich denke, daß die Welt gegen uns ist. Ich bin nicht würdig, daß sie mir solche Barmherzigkeit erweisen, daß sie mir das Kleid geben, das unser lieber ewiger Vater trug, obschon dies, teuerster Vater, eine kleine Sache ist; ja so klein, daß sie fast ein Nichts ist.

O liebreichste ewige Wahrheit, gib uns große Bissen zu essen! Ich kann nicht mehr, höchstens daß ich Euch auffordere, vonseiten Christi des Gekreuzigten, das Schifflein Eurer Seele mit Glauben und Hunger auszurüsten.

Als der Magister Eure Botschaft vernahm, ließ er durch seinen Gefährten solche Antwort geben – ich weiß nicht, ob Ihr sie erhieltet –, daß sie sich bestens beruhigen können. Aus Lucca

melde ich Euch, daß es mir besser scheint, man nehme ihn als Frater auf, damit er stärker gebunden sei; trotzdem bin ich ganz zufrieden mit dem, was Ihr und der Prior für richtig haltet. Richtet ihm aus, er möge die Einkleidung nicht weiter hinauszögern. Ich bitte unseren lieben Erlöser, daß er Euch das tun lasse, was zu seiner größeren Ehre gereicht.
Wisset, daß ich befürchte, ich müsse den Gehorsam überschreiten, da der Erzbischof den General flehentlich gebeten hat, daß ich noch einige Tage bleibe. Bittet jenen ehrwürdigen Spanier, daß er für uns Gnade ergattere, damit wir nicht leer zurückkehren; durch die Gnade Gottes, glaube ich, kehren wir nicht leer zurück.
Segnet uns alle Eurerseits und wir alle lassen uns Euch empfehlen. Stärket und segnet vonseiten Jesu Christi und von uns allen Monna Lapa und Monna Lisa und all unsere Söhne und Töchter.
Caterina, unnütze Dienerin.

In Handschrift Mo, Nationalbibliothek Wien, findet sich ein Zusatz, von Neri di Landoccio geschrieben:
Jesus Liebe, ich kann nicht mehr; Jesus Liebe, ich kann nicht mehr; Jesus Liebe, ich kann nicht mehr; Jesus die Liebe, ich kann nicht mehr; Jesus die Liebe, ich kann nicht mehr: Du Leben, Liebe!

XXIV.

Da Caterina ihren Söhnen und Töchtern in Siena ihre baldige Ankunft in Aussicht stellt, muß der Brief aus der Zeit um November/Dezember 1375 stammen. Wahrscheinlich befindet sich Caterina beim Diktat noch in Pisa und macht sich auf den Weg nach Siena, nachdem sie durch päpstliche politische Aufträge für die Städte Pisa und Lucca aufgehalten worden war.
Caterina fordert ihre famiglia *auf, sich geistig vorzubereiten auf «unsere Zeiten»: damit spielt sie auf den nach ihrer Meinung nahe bevorstehenden Kreuzzug wie auf das umfassende Werk der Kirchenreform an. Die spirituelle Vorbereitung auf jegliches Wirken besteht nach ihr vor allem im Ablegen des Eigenwillens und Anziehens des Gotteswillens – Caterina spricht einmal mehr in der von ihr geliebten Kleid-Metapher. Aber auch die Hingabebereitschaft ihrer geistlichen Söhne und Töchter soll maximal gesteigert werden, damit sie vor nichts zurückschrecken.*

An Monna Giovanna di Capo und an Francesca in Siena.

Im Namen Jesu Christi des Gekreuzigten und der süßen Maria.

Meine geliebtesten und teuersten Töchter! Ich, Caterina, Dienerin und Magd der Diener Jesu Christi, schreibe Euch in seinem kostbaren Blut, mit dem Wunsche, Euch ganz entflammt und verzehrt zu sehen im Feuer der göttlichen Liebe; so sehr, daß alle Selbstsucht, Kälte des Herzens und Verfinsterung des Gemütes ausgetrieben ist. Welche Eigenheit hat die göttliche Liebe? Immer zu wirken und nie zu erlahmen, so wie der Wucherer die Zeit für sich wirken läßt: schläft er, gewinnt er, ißt er, gewinnt er, und was er auch tut, immer gewinnt er und verliert keine Zeit. Eigentlich bewirkt dies nicht der Wucherer, sondern der Schatz der Zeit. Ebenso tut die in Christus verliebte Braut; sie brennt in der göttlichen Liebe: sie macht fortwährenden Gewinn und bleibt nie müßig. Schläft sie, so arbeitet die Liebe doch; ißt sie, schläft sie, wacht sie, was sie auch tut, aus allem gewinnt sie die Frucht. O Liebe voller Freude, du bist jene Mutter, welche die Tugendkinder an ihrer Brust nährt! Du bist reich über allen Reichtum, denn die Seele, die sich mit dir bekleidet, kann niemals arm sein. Du verleihst ihr deine Schönheit, denn du machst sie eins mit dir; und wie der heilige Johannes sagt, Gott ist die Liebe, und wer in der Liebe bleibt, bleibt in Gott und Gott in ihm.

O teuerste Töchter, Vergnügen und Freude meiner Seele, betrachtet Eure Erhabenheit und Würde, die Ihr durch diese Mutter Liebe von Gott erhieltet! Denn so stark war die Liebe Gottes zur Kreatur, daß sie ihn dazu bewog, uns aus ihm selbst hervorzubringen und uns sein Bild und Gleichnis einzuprägen, allein dazu, daß wir in ihm uns freuten und ihn kosteten und an seiner ewigen Schönheit teilhätten. Er erschuf uns nicht als Tiere ohne Einsicht und Gedächtnis; er gab uns das Gedächtnis, um seine Wohltaten im Andenken zu bewahren, und die Einsicht, um seinen höchsten und ewigen Willen zu verstehen, der nichts anderes verlangt, denn unsere Heiligung und unseren Willen, diese zu lieben.

Sobald das Auge der Erkenntnis den Willen des Wortes verstanden hat, welcher wünscht, daß wir ihm auf dem Weg des heiligsten Kreuzes folgen, jegliche Mühsal, Qual, Hohn und Vorwürfe ertragend durch Christus den Gekreuzigten, der in uns ist und uns stärkt: da alsbald erhebt sich der Wille und, angefacht durch das Feuer jener Mutter der Liebe, beeilt er sich zu lieben, was Gott liebt und zu hassen, was Gott haßt, dermaßen, daß er nichts anderes suchen noch wünschen noch anziehen möchte als den ewigen Willen Gottes. Da er verstanden und eingesehen hat, daß Gott einzig unser Wohl will, sieht er, daß jener wünscht und will, auf dem Wege des Kreuzes gefolgt zu sein. Er ist zufrieden mit dem, was Gott zuläßt, sei es Krankheit, Armut, Schmähung, Beschimpfung oder unerträglicher und übermäßiger Gehorsam: über all dies freut er sich und frohlockt er und er erkennt, daß Gott es zuläßt zu seinem Nutzen und zu seiner Vervollkommnung. Es erstaunt mich nicht, daß er aller Mühsal enthoben ist, hat er doch von sich geworfen, was Mühe verursacht, nämlich den in der Selbstsucht verankerten Eigenwillen, da er den in der Liebe gegründeten Willen Gottes anzog.

Und wenn Ihr einwendet: Meine Mutter, wie aber bekleiden wir uns damit? So antworte ich: mit dem Haß und mit der Liebe. Denn die Liebe bekleidet mit der Liebe, wie einer, der sich ganz frisch einkleidet, denn im Haß auf seine alten Kleider, hat er sie eilig ausgezogen und mit der Liebe zieht er neue an. O meine Töchter, ist das, was kleidet, das Kleid? Nein, auch die Liebe; denn das Kleid vermöchte sich selbst nicht zu wandeln, hätte der Mensch es nicht aus Liebe genommen. Wo können wir diesen Haß hernehmen? Einzig aus der Erkenntnis unser selbst, wenn wir sehen, daß wir nichts sind: dies allein bringt den Hochmut zum Verschwinden und gießt die wahre Demut ein. Jene Erkenntnis läßt das Licht und die freigebige Güte Gottes und seine unermeßliche Liebe finden, die uns nicht verborgen ist; wohl war sie unserer Grobschlächtigkeit verborgen, bevor das Wort, eingeborener Sohn Gottes, Fleisch angenommen hatte. Doch da er unser Bruder werden wollte und sich mit der Grobstofflichkeit unserer Menschheit bekleidete, wurde sie uns offenbar. Als er nachher in die Höhe erhoben ward, damit das Feuer seiner Liebe jedem Menschen sichtbar würde, zog er unser Herz mit Liebesmacht an sich. Es ist also wirklich wahr, daß die Liebe umgestaltet und den Liebenden eins macht mit dem Geliebten.

So seid denn eifrig darauf aus, meine Töchter, den Arm der Liebe nach dem auszustrecken, was der Verstand begriffen hat,

um es in Eurem Gedächtnis aufzubewahren. Auf diese Weise wird Gottes Wunsch und meiner für Euch erfüllt, daß ich Euch nämlich entflammt und verzehrt und bekleidet mit der göttlichen Liebe sehe. Macht Euch daran, beeilt Euch, Euch mit Blut zu ernähren, denn bald kommen unsere Zeiten.
Verwundert Euch nicht, daß wir noch nicht zurück sind; bald werden wir kommen, wenn es der göttlichen Güte gefällt. Um der Kirche ein wenig nützlich zu sein und auf Wunsch des heiligen Vaters, habe ich meine Rückkehr etwas aufgeschoben. Ich bitte und befehle Euch, Töchter und Söhne, daß Ihr alle betet und heilige Bitten und inniges Verlangen vor Gott bringt für die heilige Kirche, denn sie ist hart verfolgt. Mehr sage ich nicht. Verbleibet in der heiligen und süßen Liebe Gottes. Liebster Jesus, Jesus die Liebe.

XXV.

Dieser erste erhaltene Brief Caterinas an Papst Gregor XI. wurde in Siena geschrieben, wahrscheinlich nach Caterinas Aufenthalt in Pisa und einem kurzen Besuch in Lucca, also zwischen dem 20. Dezember 1375 und dem 12. März 1376, am ehesten im Januar 1376. Mit geradezu zärtlicher Eindringlichkeit – sie beschwört Gregor: O babbo mio, dolce Cristo in terra –, *aber in gleichem Atemzug härteste Kritik übend, fordert Caterina den Papst zur Rückkehr aus Avignon nach Rom auf. Die letzte Revolte in Florenz ist ja gerade durch den Aufschub von Gregors Reise nach Rom ausgelöst worden. Caterina ist des antipäpstlichen Ligakrieges wegen äußerst bekümmert und hofft, wenigstens Pisa und Lucca von einer Verbündung gegen Gregor XI. abzuhalten. Sie gibt praktische Winke: Gregor soll sich mit Misser Piero, Piero Gambacorta, deswegen in Verbindung setzen. Weiter ist Caterina mit den am vergangenen 20. Dezember 1375 erfolgten Kardinalsernennungen nicht zufrieden, denn – das geht allerdings nicht aus dem Brief hervor – von den neun kreierten Kardinälen sind sieben Franzosen, davon drei Verwandte des Papstes. Die Mutation innerhalb des Dominikanerordens, von der sie gerüchtweise hörte, betraf vermutlich den Ordensgeneral Elias von Toulouse, der zum Kardinal hätte erhoben werden können. Sie ist um eine ebenbürtige Generalsnachfolge bemüht, Gregor soll darüber mit Nicola da Osimo, Sekretär an der päpstlichen Kurie, und Iacopo da Itri, Erzbischof von Otranto, konferieren.*
Zwar versucht Caterina angestrengt, kirchenpolitischen Einfluß zu gewinnen, sie hält jedoch gleichzeitig daran fest, daß eine wirkliche Erneuerung und Reform im innersten der einzelnen kirchlichen Würdenträger und überhaupt jedes Einzelnen stattfinden muß. Daher die eindrückliche Baummetapher, der Aufruf zur Selbsterkenntnis (im caterinianischen Sinn!) und zur Reinigung und richtigen Ausrichtung der innersten Absicht.
Der Gregor XI. als Vorbild hingehaltene Vorgänger ist Papst Gregor I. (6. Jahrhundert), der Große genannt, welcher der päpstlichen

Unterschrift die ernst gemeinte Formel «Diener der Diener Gottes», von Caterina abgewandelt für sich verwendet, anfügte.

An den Heiligen Vater Gregor XI.

Im Namen Jesu Christi des Gekreuzigten und der süßen Maria, Mutter des Gottessohnes.

An Euch, geliebtester und verehrter Vater in Christus Jesus! Eure unwürdige, erbärmliche und erbarmenswürdige Tochter Caterina, Dienerin und Magd der Diener Jesu Christi, schreibt Euch in seinem kostbaren Blut, mit dem Wunsche, Euch als fruchtbaren Baum, voll süßer und schmackhafter Früchte, in fruchtbares Erdreich eingepflanzt zu sehen; denn befände er sich außerhalb des Erdreichs, müßte er verdorren und brächte er keine Frucht, nämlich in der Erde der wahren Erkenntnis seiner selbst. Die Seele, die sich selbst erkennt, demütigt sich, denn sie sähe keinen Grund, sich zu überheben. Sie nährt in sich die süße Frucht der glühendheißen Liebe, wenn sie die maßlose Güte Gottes ihr gegenüber erkennt und sich selbst als nicht seiend anerkennt und alles Sein, das sie hat, dem zuschreibt, der ist. So scheint es, die Seele sei gezwungen, das zu lieben, was Gott liebt, und das zu hassen, was er haßt. O süße und wahre Erkenntnis, die das Schwert des Hasses bei sich führt! Und mit diesem Hass streckt sie die Hand des heiligen Verlangens aus, um es zu ziehen und damit das Ungeziefer der Eigenliebe zu töten; diese ist ein Wurm, der die Wurzel unseres Baumes zerstört und zernagt, so daß er keinerlei Frucht des Lebens hervorbringen kann. Und seine Früchte trocknen aus und das Laub fällt ab, denn in dem, der sich selbst liebt, lebt der verderbte Hochmut, der Anführer und Anfang allen Übels ist, in welchem Stand auch immer, Vorsteher oder Untergebener. Denn wäre er auch allein, liebte er nur sich selbst, das heißt, liebte er sich selbst nur um seiner und nicht um Gottes willen. So könnte er nichts anderes als Schlechtes vollbringen, und alle Tugendkraft wäre in ihm erstorben. Einem solchen ergeht es wie der Frau, die ihre Kinder tot zur Welt bringt; und so ist es wirklich, denn er hat das Leben der Liebe, das nur auf das Lob und die Ehre Gottes bedacht ist, nicht in sich gehabt.

Ich behaupte, daß wenn ein solcher Vorsteher ist, er Schlechtes verübt aus Eigenliebe, und weil er nicht in Ungunst der Menschen, denen er durch Lust und Selbstsucht verbunden ist, verfallen will; und daher stirbt in ihm die heilige Gerechtigkeit: Denn wenn er seine Untergebenen auch Unrecht und Sünden begehen sieht, tut er, als sähe er nicht und tadelt sie nicht. Und wenn er sie tadelt, tadelt er mit solcher Gleichgültigkeit und Lauheit des Herzens, daß er nichts ausrichtet und das Laster nur noch stärker befestigt, denn er fürchtet ständig, Mißfallen zu erregen oder Widerstand heraufzubeschwören, und all dies aus Selbstsucht. Manchmal möchte er alles im Frieden beilegen; doch meine ich, dies sei die größte Grausamkeit, die er anwenden kann. Denn wenn man die Wunde, wenn sie da ist, nicht mit dem Feuer brennt oder dem Eisen schneidet, sondern nur Salbe darauf streicht, gereicht ihr das nicht zur Heilung, sondern sie fault immer ärger und oftmals führt dies zum Tod. O weh mir, weh mir, mein liebster Vater, dies ist der Grund, warum alle Untergebenen korrupt, voller Schmutz und Unrecht sind; o weh, weinend sage ich es, wie gefährlich ist der besagte Schädling! Er bringt nicht nur dem Hirten den Tod, sondern führt auch alle anderen zum Tod oder in Gebrechlichkeit. Warum verwendet jener soviel Salbe? Damit keine Pein an ihn komme, damit ihn durch die Salbe, die man den Kranken auflegt, keinerlei Ungemach belaste, noch Mißmut, denn er hat nichts gegen ihren Willen getan, da sie Salbe wollten und er sie ihnen verabreichte. O menschliches Elend,

der Kranke ist blind und kennt die eigenen Bedürfnisse nicht, blind ist auch der Hirte, welcher Arztdienst ausübt und nichts sieht und nur auf die Bequemlichkeit und den eigenen Vorteil achtet, und um ihn nicht zu verlieren, weder das Messer der Gerechtigkeit noch das Feuer der brennenden Liebe anwendet. Doch solche tun, wie Christus sagt: führt ein Blinder den anderen, so fallen beide in die Grube, und der Kranke fährt samt dem Arzt zur Hölle.
Ein solcher ist ein ausgemachter Mietling, der eben daher die Schafe nicht aus den Tatzen des Wolfes reißt, sie vielmehr selbst verzehrt. Der einzige Grund dafür ist, daß er ohne Gott liebt; er folgt nicht dem guten Hirten Jesus, der das Leben für seine Schafe hingibt. Diese verkehrte Liebe ist also sich und den anderen gegenüber gefährlich. Sie ist wohl zu fliehen, da sie allen Geschlechtern der Menschheit soviel Übel zufügte. Ich hoffe, mein verehrter Vater, daß Ihr, durch die Güte Gottes, solches in Euch verachtet und Ihr Euch nicht Euretwegen liebet, noch den Nächsten um Euretwillen, noch Gott: liebet ihn vielmehr, weil er die höchste ewige Güte ist und würdig, geliebt zu werden; Euch und den Nächsten liebt zur Ehre und zur Verherrlichung des süßen Namens Jesu. Ich will, daß Ihr ein wahrer und guter Hirte seid, der, hätte er hunderttausend Leben, bereit wäre, sie alle zur Ehre Gottes und dem Heil der Menschen hinzugeben. O mein Vater, liebster Christus auf Erden! Folgt Gregorius, so wird es Euch möglich sein, wie ihm, er war nicht von anderem Fleische als Ihr, und Gott ist jetzt der gleiche wie damals: uns fehlt nur Tugendkraft und Hunger nach dem Heil der Seelen. Doch gibt es ein Heilmittel, Vater: erheben wir unsere Liebe, von uns und jeder Kreatur weg, nur nicht von Gott, und verlassen wir uns nicht mehr auf Freunde und Verwandte, noch auf zeitliche Belange, sondern allein auf Tugendkraft und Erhöhung der geistlichen Dinge, denn nicht anders, als durch Vernachlässigung der Pflege des Geistlichen, vermindert sich das Zeitliche.

Nun wollen wir jenen herrlichen Hunger haben, den die Heiligen und einstmaligen wahren Hirten hatten und wollen in uns das Feuer auslöschen, nämlich die Eigensucht. Tun wir wie sie, die Feuer mit Feuer löschten; so mächtig war das Feuer der grenzenlosen und hochlodernden Liebe, das in ihren Herzen und Seelen brannte, daß sie, ganz ausgehungert, zu Verkostern und Verzehrern der Seelen wurden. O süßes und herrliches Feuer, das von solcher Kraft ist, daß es das Feuer aller ungeordneten Liebe, der Lust und der Selbstsucht auslöscht: es geht wie dem Wassertropfen im Ofen, der schnell verzehrt wird. Fragt man mich, wie sie zu diesem süßen Feuer und Hunger kamen, so weiß ich nur, daß wir aus uns selbst unfruchtbare Bäume sind. Aber ich sehe, welche Weise sie einhielten, daß sie den fruchttragenden Baum des heiligsten und süßesten Kreuzes hatten und sich nie von ihm trennten. Dort fanden sie das in solchem Liebesfeuer nach unserem Heil hingeschlachtete Lamm, daß es schien, es könne nicht gesättigt werden, da es schrie, es dürste; als sage es: Ich habe größere Sehnsucht, größeren Durst und heftigeres Verlangen nach Eurem Heil, als ich es mit diesem endlichen Leiden euch erzeigen kann. O liebster und guter Jesus! Papst und Hirten und jeder Mensch mögen sich schämen unserer Blindheit, unseres Hochmuts und unserer Selbstgefälligkeit wegen, und sich schämen, unseren Schöpfer in solcher Freigebigkeit und Güte und unermeßlicher Liebe zu sehen, ihn, der sich uns als Fruchtbaum in unserer Menschheit zeigt, voll süßer und duftender Früchte, damit wir Wildbäume uns sich ihm einpfropfen könnten. Nun, dies war die Weise, welche der von Liebe erfüllte Gregorius und andere gute Hirten einhielten, daß sie sich in sich selbst ohne Tugend als Nichtseiende erkannten, auf unseren Baum, das Wort blickten, und sich in ihn einpfropften, gebunden und vereinigt mit dem Band der Liebe, so daß man sich an dem, was das Auge sieht, nur vergnügt, wenn es schön und gut ist. So also sahen sie, derart banden sie sich; daß sie nicht sich selbst sahen und kosteten. Es gab weder Wind, noch Hagel, noch Teufel, noch irgend eine Kreatur, die sie hätte hindern können, edle Frucht hervorzubringen, denn sie waren ins Mark unseres Baumes Jesus eingepfropft. Und ihre Frucht brachten sie durch das Mark der süßen Liebe hervor, in dem sie ihm vereint waren. Es gibt keine andere Weise und sie ist jene, die ich an Euch sehen will.

Wäret Ihr etwa bis heute nicht sehr fest in der Wahrheit gestanden, will ich nun und bitte, dass Ihr es in diesem Rest von Zeit, der noch bleibt, mannhaft und als mutiger Mensch tut, in der Nachfolge Christi, dessen Stellvertreter Ihr seid. Und fürchtet Euch, Vater, vor nichts, was auch geschehen möge; nicht vor den stürmischen Winden, die über Euch gekommen sind, das sind jene faulen Glieder, die sich gegen Euch erhoben haben. Fürchtet Euch nicht, denn die göttliche Hilfe ist nahe. Sorget einzig für die geistlichen Belange, für gute Hirten und gute Vertreter in Ihren Städten, denn durch die schlechten Hirten und Vertreter kam es zur Rebellion. Schaffet da Abhilfe und stärkt Euch in Christus Jesus, und fürchtet nichts. Bringet vor und zur Vollendung, in wahrer und heiliger Sorge, was Ihr in heiligem Vorsatz begonnen habt bezüglich Eurer Rückkehr und der heiligen und süßen Überfahrt und zögert nicht länger. Denn durch Versäumnis sind zahlreiche Unannehmlichkeiten entstanden, und der Teufel hat sich erhoben und erhebt sich noch, daß dies nicht geschehe; denn er erkennt darin seinen Schaden. Auf denn, Vater, keine Nachlässigkeit mehr! Hißt die Fahne des heiligsten Kreuzes, denn mit dem Duft des Kreuzes werdet Ihr den Frieden herstellen. Ich bitte Euch, daß Ihr zu heiligem Frieden auffordert, wer Euch gegenüber rebellisch ist, so daß der ganze Krieg über die Ungläubigen falle. Ich hoffe durch die unendliche Güte Gottes, daß er Euch bald seine Hilfe schicke. Mut, habt Mut und kommt! Kommt die ärmsten Diener Gottes und Eure Söhne zu trösten. Sie erwarten Euch mit herzlichem und liebevollem

Verlangen. Verzeiht, daß ich so viele Worte machte. Wisset, daß die Zunge aus der Überfülle des Herzens redet. Ich bin sicher, daß, seid Ihr jener Baum, den zu sehen ich verlange, nichts Euch hindern wird.
Ich bitte Euch, daß Ihr als Vater sprechend nach Lucca und nach Pisa antwortet; in der Weise, die Gott Euch lehrt. Helfen Sie ihnen so viel Sie können und fordern Sie sie auf, treu und beharrlich zu bleiben. Bis jetzt weilte ich in Pisa und in Lucca, um sie aufzurufen, wie ich vermochte, damit sie sich nicht mit den faulen Gliedern, die sich wider Euch erheben, verbündeten. Sie schwanken noch stark, denn von Euch erfahren sie keine Hilfe und von der Gegenpartei werden sie ständig aufgehetzt und bedroht, es zu tun: bis jetzt haben sie nicht nachgegeben. Ich bitte Euch, schreibt auch dringlich an Misser Piero und tut es geflissentlich und ohne zu säumen. Mehr sage ich jetzt nicht.
Ich habe vernommen, Sie hätten Kardinäle ernannt. Ich glaube, es gereichte zur Ehre Gottes und wäre besser für Euch, wenn Ihr Euch bemühtet, nur tugendhafte Männer auszuwählen. Tut man das Gegenteil, wird es eine Schmach für Gott und eine Verderbnis für die heilige Kirche sein. Wir wundern uns dann nicht, wenn Gott seine Strafen und Züchtigungen schickt, was nur gerecht ist. Ich bitte Euch, tapfer zu tun, was Euch zu tun obliegt, und in der Furcht Gottes.
Ich hörte, daß Ihr den Generaloberen unseres Ordens zu anderer Würde erheben wollt. Trifft dies zu, bitte ich Euch bei der Liebe Christi des Gekreuzigten, daß Ihr uns einen guten und tugendhaften Stellvertreter besorgen wollt. Ihr könntet darüber mit Misser Nicola da Osimo und mit dem Erzbischof von Otranto sprechen; ich werde ihnen darüber schreiben. Verbleibet in der heiligen und süßen Liebe Gottes.
Ich bitte Euch demütig um Euren Segen und verzeiht meine Vermessenheit, mit der ich Euch zu schreiben wage. Liebster Jesus, Jesus.

XXVI.

Stefano di Curado Maconi entstammte einer vornehmen Familie aus Siena. Er ging – wahrscheinlich Anfang 1376 – Caterina um Vermittlung in einem unerbittlichen Familienstreit an und lernte sie so kennen. Er begleitete sie von da an fast ständig und war einer ihrer treuesten und besten Sekretäre. Dies ist wahrscheinlich der erste von Caterina an Stefano gerichtete Brief nach dessen Koversion. Caterina greift zur Stärkung und Ermutigung Maconis zu ihrer so geliebten, in kaum einem ihrer Briefe vernachlässigten Bluttheologie und -mystik. Am Schlusse des Briefes sind ganz persönlich an Stefano Maconi gerichtete Ratschläge und Ermahnungen und etwaige andere Mitteilungen weggelassen. Die Sammelhandschriften, in denen Caterinas Briefe redigiert überliefert sind, wollten nur die geistliche Lehre und – leider – nicht die alltäglichen, umstände- und zeitbedingten Inhalte aufbewahren.

An Stefano di Curado Maconi.

Im Namen Jesu Christi des Gekreuzigten und der süßen Maria.

Teuerster Sohn in Christus, dem liebsten Jesus! Ich, Caterina, Dienerin und Magd der Diener Jesu Christi, schreibe Dir in seinem kostbaren Blut, mit dem Wunsche, Dich stark und standhaft zu sehen im Kampf, auf daß Du die Krone der Herrlichkeit erlangest. Und Du weißt wohl, daß nur dem Beharrlichen die Krone und die Frucht seiner Mühen zukommt. Aber Du wirst mir sagen: Wie kann ich zu solcher Festigkeit gelangen, auf welche Weise, da ich so schwach und hinfällig bin, daß mich der kleinste Anstoß zu Boden wirft? Ich antworte Dir und gestehe Dir zu, daß Du schwach und ge-

brechlich bist im Bereiche des Sinnenlebens, aber in bezug auf Vernunft und Geisteskraft trifft dies nicht zu; denn im Blute Christi sind wir gestärkt: die Schwäche besteht nur in der Sinnlichkeit. Wir können also erkennen, auf welche Weise sich diese Kraft erwerben läßt, da die Schwäche nur in unserem sinnlichen Teil besteht. Ich meine, daß wir auf folgende Weise die glorreiche Tugend der Stärke und der Standhaftigkeit erlangen können: da unsere Vernunft im Blute Christi gestärkt ist, müssen wir uns in diesen köstlichen und wunderbaren Schatz versenken, ihn mit dem Auge des Geistes und dem Lichte des allerheiligsten Glaubens im Gefäß unserer Seele betrachten, unser Sein als von Gott herstammend erkennen, und ebenso die Wiedergeburt, die Gott uns aus Gnade zuteil werden ließ, im Blute seines eingeborenen Sohnes, in dem die Schwäche von uns genommen wurde. O geliebtester Sohn, sieh hin und freue Dich, daß Du zur Schale gemacht wurdest, das Blut des gekreuzigten Christus zu fassen, wenn Du es nur mit Liebeshingabe verkosten willst.
O erbarmungsvolles Blut, durch dich träufelte die mitleidvolle Barmherzigkeit! Du bist jenes glorreiche Blut, in dem der unwissende Mensch die Wahrheit des ewigen Vaters sehen und erkennen kann; jene Wahrheit und unaussprechliche Liebe, durch die wir nach Gottes Bild und Gleichnis erschaffen wurden. Dies war seine Wahrheit: daß wir teilhaben und uns erfreuen sollten an diesem seinem höchsten Gut, das er selbst in sich genießt. Im Blute hast du uns diese Wahrheit kundgetan, und zu keinem anderen Zwecke erschufst du den Menschen! O Blut, du verscheuchtest die Finsternis und gabst dem Menschen das Licht, daß er die Wahrheit erkenne und den heiligen Willen des ewigen Vaters. Du hast die Seele mit Gnade genährt, aus der sie das Leben bezog und dem ewigen Tode entging. Du hast die Seele mit der Speise der Ehre Gottes und dem Heile der Seelen fett gemacht; du sättigst sie mit Schmach, die sie erwünschte, um sie aus Liebe zum gekreuzigten Christus zu

ertragen. Du entbrennst und verzehrst die Seele im Feuer der göttlichen Liebe, damit sich auflöse, was sich in der Seele ausserhalb des Willens Gottes findet; doch schädigst du sie nicht, damit sie nicht durch die Schuld der Todsünde verdorre. O süßes Blut, du entblößest sie der sinnenhaften Eigenliebe, einer Liebe, welche die Seele schwächt, die sich mit ihr bekleidet. Und du hast sie mit dem Feuer der göttlichen Liebe bekleidet, denn dich, Blut, kann niemand kosten, ohne dass du ihn mit Feuer umhüllst – versprühtest du dich doch selbst im Liebesfeuer –, dich um die Seele legend. Liebe aber ist nicht ohne Kraft, noch Kraft ohne Ausdauer; deshalb kräftigst und stärkst du sie durch jede Trübsal. Du siehst nun, teuerster Sohn, daß dies die Weise ist, zu vollkommener Standhaftigkeit zu gelangen: daß Du dich dem Feuer der göttlichen Liebe vereinst, welches Du im Blute finden wirst, und daß Du im Blute jeden Eigenwillen ertränkest und ertötest. Dann wirst Du mit der größten Standhaftigkeit umhüllt sein, wirst stark und ausdauernd, wirst die Schwäche der eigenen Sinnlichkeit ertöten; und in der Bitternis kostest Du die Süße und im Krieg den Frieden.
Ermanne Dich, mein Sohn! Laß nicht nach in der von Gott auferlegten Zucht, bis Deine Stunde gekommen ist. Bedenke, daß das ständige Aufreißen des Fundaments die Mühe nur verlängert: ist das Fundament einmal gelegt, läßt sich das Gebäude leicht aufrichten. Du machst jetzt Deinen Anfang; ist er dann vollendet, wirst Du alles andere leicht verrichten. Ich will nicht, daß es Dir hart erscheine, löst sich doch die Härte im Andenken an das Blut auf. Trage, ertrage, sei ein Ertragender! So viel aber sage ich Dir &c. Handle hierin, wie Dir der heilige Geist zu tun eingibt. Aber kaum halte ich mich zurück, jenes Wort zu sagen, das Christus sprach &c. Ich hoffe, Ort und Zeit dazu lasse sich finden. Und Du mühe Dich ab, das Schifflein Deiner Seele auszurüsten und das Gefäß Deines Herzens mit dem Blute aufzufüllen. Mehr sage ich nicht. Verbleibe in Gottes heiliger und süßer Liebe. Liebster Jesus, Jesus die Liebe.

XXVII.

Der Brief an einige von Caterinas Gefährtinnen, Mantellaten wie sie, wurde am 25. Januar, am Fest Pauli Bekehrung, im Jahre 1376 geschrieben, wenn die erwähnte Beleidigung der Kirche auf den antipäpstlichen Aufstand bezogen werden darf. Ob sich Caterina damals in Pisa oder Lucca aufgehalten hat, ist ungewiß.
Wie gewöhnlich wurden beim Abschreiben des Briefes die persönlichen Mitteilungen, hier an Alessa, weggelassen.

AN MONNA ALESSA UND AN GEWISSE ANDERE, IHRE TÖCHTER AUS SIENA, AM TAGE PAULI BEKEHRUNG.

Im Namen Jesu Christi des Gekreuzigten und der süßen Maria.

Teuerste Tochter in Christus, dem Liebreichen! Ich, Caterina, Dienerin und Magd der Diener Jesu Christi, schreibe Euch in seinem kostbaren Blut, mit dem Wunsche, Euch als Befolgerinnen und Liebhaberinnen der Wahrheit zu sehen; so sehr, daß ich Euch gerne erblindet wüßte und im Verlust des Auges der sinnlichen Liebe, aber erleuchtet durch das Auge des Geistes im Lichte des heiligsten Glaubens, so daß Ihr in Wahrheit und mit erstorbenem Willen zusammen mit dem ruhmreichen Paulus ausrufen könntet: «Mein Herr, was willst Du, daß ich tue? Sage mir, was du willst, daß ich es tue, und ich will es tun.» O geliebteste Töchter, ich verspreche Euch, daß wenn Ihr so handelt und Ihr in königlicher Gesinnung Eurem Schöpfer entsprecht, Ihr Euch zusammen mit Paulus in den dritten Himmel erhoben, inmitten der Trinität befinden werdet. Euer Gedächtnis nämlich füllt sich an mit den Wohltaten Gottes, und dadurch werdet Ihr teilhaben an der Macht des ewigen

Vaters, in dem Euch Gott erstarken und mächtig werden läßt gegen den Teufel und gegen Eure eigene Gebrechlichkeit und gegen die Verfolgungen der Welt. Und durchhaltend in wahrer Geduld werdet Ihr sie beherrschen. Der Geist wird im Anblick seines Gegenstandes wohlschmecken, nämlich die Weisheit des Gottessohnes, und von dieser Weisheit werdet Ihr übernatürliches Licht empfangen. Der Wille wird gebunden sein mit dem Band des heiligen Geistes, dem Abgrund an Liebe; in dieser Liebe werdet Ihr das süße, zärtliche und schmerzliche Verlangen empfangen, zur Ehre Gottes und zum Heil der Seelen. Und wenn Ihr derart sanft in die Mitte der Trinität erhoben seid, an der Macht des Vaters, der Weisheit des Sohnes und der Güte des heiligen Geistes teilhabet, wie gesagt wurde, werdet Ihr mit angefachter Liebe und maßlosem Schmerz über den toten Sohn der Menschheit und den mystischen Leib der heiligen Kirche mit mir, Eurer über alles elenden und unwissenden Mutter weinen.

Habt Erbarmen mit meinen Sünden, teuerste Töchter, denn sie verursachen die Übeltaten, die man in der ganzen Welt verübt, und besonders die Beleidigung, die der liebreichen Braut Christi zugefügt wurde. Gott möge so großem Übel abhelfen. Ich bin gewiß, und damit tröste ich mich, daß seine Vorsehung nicht ausbleiben wird. Und schon scheint es mir, jene Vorsehung beginne offenbar zu werden. Und deshalb bitte und befehle ich, geliebteste Töchter, daß ihr badet und untertaucht im Blute des unbefleckten Lammes und vor ihm demütige und immerwährende Gebete darbringt. Weiter sage ich nichts, nur dass Gott Euch seinen mildreichen und ewigen Segen erteile, und ich gebe Euch an seiner statt den meinen. Liebet Euch, liebet Euch alle.

Dir Alessa, meine geliebteste Tochter, sage ich, Du sollest Dich mit dem Blut berauschen, Du und die anderen, und Dich mit nichts anderem als dem Blute ernähren &c. Ich bitte die höchste und ewige Wahrheit und die milde Güte Gottes, sie möge Dich und die anderen mit seiner Gnade im Überfluß ausstatten, daß ich Dich in allem und durch alles dem eigenen Willen gestorben und abgetötet sehe, damit ich mich Deiner und der anderen vor Gott rühmen kann, seinem Namen Ruhm und Lob spendend. Verbleibet in der heiligen und süßen Liebe Gottes. Liebster Jesus, Jesus die Liebe.

XXVIII.

Caterina hat diesen Brief an die Herren von Florenz, den ersten Brief an die Florentiner Regierung als Gesamtheit, kurz vor Ostern, den 13. April 1376 in Siena, wahrscheinlicher bereits in Florenz geschrieben. Sie wollte mit den Herren persönlich reden und bringt diesen Wunsch im Briefe auch vor. Bald darnach wurde sie auch vorgelassen und angehört. Das Interdikt, welches der Papst im Konsistorium vom 31. März 1376 über die Stadt, ihrer Widersätzlichkeit wegen, ausgesprochen hatte, war noch nicht in kraft. So hoffte sie, noch zwischen der Stadt und der Kirche vermitteln zu können, so daß auch die Sanktion, das mit schlimmen wirtschaftlichen und geistigen Folgen verbundene Interdikt, hätte rückgängig gemacht werden können. Caterina anerkennt nach dem Wortlaut des Briefes die Möglichkei eines rein verinnerlichten religiösen Lebens, auf das sich die Florentiner später ausdrücklich zurückzuziehen gedachten, nicht. Macht sich Caterina in den Briefen an Gregor XI. auch immer wieder zum Anwalt der papstfeindlichen Städte, so hält sie doch stets an der Rechtmäßigkeit und Notwendigkeit einer sichtbaren Kirche und eines sichtbaren Oberhauptes als Stellvertreter Christi auf Erden fest. Bemerkenswert ist Caterinas Bibelexegese am Anfang ihres Briefes. Caterina lebt in ihren Darlegungen meist ganz aus der von ihr geübten Bibelbetrachtung. Raimondo von Capua und Stefano Maconi, die beide Caterina sehr gut aus nächstem Umgang kannten, berichten jeder in seiner Vita, *daß Caterina ihnen durch eine neuartige Auslegung von Christi Angstschweiß am Ölberg Eindruck gemacht habe und sie tradieren Caterinas Betrachtungspunkte für die Nachwelt.*

An die Herren von Florenz.

Im Namen Jesu Christi des Gekreuzigten und Marias, der Mutter des Gottessohnes.

An Euch, liebste und teuerste Brüder in Christus Jesus! Ich, Caterina, Dienerin und Magd der Diener Jesu Christi, schreibe Euch in seinem kostbaren Blut, eingedenk des Wortes, das unser Erlöser zu seinen Jüngern sprach, indem er sagte: «Mit großem Verlangen habe ich verlangt, mit Euch das Osterfest zu halten, bevor ich sterbe». Seit langem schon hatte er mit ihnen Ostern gefeiert; von welcher Ostern spricht er denn jetzt? Er meinte die letzte Ostern, die er hielt, bei der er sich selbst ihnen darbot. Deutlich erweist es sich da, daß er handelt wie verliebt in unser Heil. Er sagt nicht: Ich wünsche, sondern: Mit Verlangen wünschte ich; als wollte er sagen: Seit langem verlangte mich, eure Erlösung zu vollbringen und mich euch zur Speise hinzugeben und mich dem Tode zu überliefern, um euch das Leben zurückzugeben. Dies war das von ihm erwünschte Osterfest und darum freut er sich, frohlockt er und feiert er in seinem Innern; denn er sieht seinen Wunsch in Erfüllung gehen, den er so sehr gehegt, und zum Zeichen dafür, daß er sich innerlich freut, sagt er Ostern. Und dann hinterließ er ihnen den Frieden und die Einheit, und daß sie sich alle lieben sollten; dies hinterließ er als Vermächtnis und als Zeichen. Und an diesem Zeichen sind die Söhne und wahren Jünger Christi zu erkennen.
Jener wahre Vater gab uns dies als Vermächtnis: wir Söhne dürfen das Vermächtnis des Vaters nicht ausschlagen, denn wer es ausschlägt, wird das Erbe nicht in Empfang nehmen. Deshalb verlange ich mit sehnlichstem Verlangen Euch Eurem Vater gegenüber als wahre Söhne und nicht als rebellische zu sehen, nicht als Verleugner des Friedenstestaments, sondern als

Vollzieher dieses Friedens, verbunden und vereinigt mit dem Band einer überaus glühenden Liebe. Verbleibt Ihr in dieser Liebe, wird sie sich selbst Euch zur Speise geben und Ihr werdet die Frucht des Blutes des Gottessohnes empfangen, durch dessen Vermittlung wir das Erbe des ewigen Lebens erhalten. Denn bevor das Blut vergossen war, blieb das ewige Leben versperrt und keiner konnte zu seinem Ziele gelangen, welches Ziel Gott war, und auf das hin der Mensch geschaffen wurde. Denn weil der Mensch nicht unter dem Joche des Gehorsams verblieb, sondern ihm ungehorsam und seinem Gebot gegenüber rebellisch war, kam der Tod in den Menschen. Durch das Feuer seiner göttlichen Liebe bewegt, schenkte er uns das Wort seines eingeborenen Sohnes, der im Gehorsam seinem Vater gegenüber uns sein Blut in so starker Liebeshitze gab, daß sich darüber jegliches stolze und uneinsichtige Herz schämen sollte, da es eine solche unendliche Wohltat nicht zu schätzen vermag. Das Blut wurde uns zum Bad, das unsere Krankheiten abwäscht; die Nägel sind für uns Schlüssel, welche die Himmelstüre auftaten. Und deshalb will ich, meine Söhne und Brüder, daß Ihr nicht undankbar seid noch unerkenntlich so großer, unschätzbarer Liebe gegenüber, wie Gott sie Euch erzeigte, denn Ihr wisset wohl, daß Undankbarkeit den Quell des Mitleids versiegen läßt.

Dies ist das Osterfest, das meine Seele mit Euch zu begehen wünscht: daß Ihr friedfertige Söhne seid und nicht aufrührerisch Eurem Oberhaupt gegenüber, vielmehr untergeben und gehorsam bis zum Tod. Ihr wißt wohl, daß Christus seinen Stellvertreter zurückließ, und er ließ diesen zum Heil unserer Seelen. Anderswo können wir das Heil nicht finden, nur im mystischen Leib der heiligen Kirche, deren Haupt Christus ist, und wir sind seine Glieder. Und wer Christus auf Erden, der anstelle des Christus im Himmel steht, ungehorsam erweist, wird am Blut des Gottessohnes nicht teilhaben. Denn Gott hat angeordnet, daß jenes Blut durch seine Hände uns mitgeteilt und gereicht werde, wie alle anderen Sakramente der heiligen Kirche, die ihr Leben aus jenem Blute empfangen. Wir können keinen anderen Weg gehen, noch durch eine andere Tür eintreten, da die erste Wahrheit sagte: «Ich bin der Weg, die Wahrheit und das Leben». Wer diesen Weg einschlägt, geht in der Wahrheit und nicht in der Lüge. Es ist ein Weg des Hasses auf die Sünde der Selbstsucht, die die Ursache allen Übels ist. Dieser Weg verleiht uns Liebe zu den Tugenden, die der Seele Leben verleihen, wodurch sie zur Einheit und Liebe mit ihren Nächsten kommt, so daß sie eher den Tod erwählte, als daß sie den Nächsten beleidigen wollte. Es ist ihr klar, daß wenn sie ein Geschöpf beleidigt, sie damit den Schöpfer beleidigt. So ist dieser Weg wohl Weg der Wahrheit. Es scheint mir, es sei auch die Tür, durch die wir am Ende des Weges eingehen müssen. So sprach er ja: «Niemand kommt zum Vater, denn durch mich».

Ihr seht also, meine liebsten Söhne, daß wer sich als faules Glied der heiligen Kirche und unserem Vater Christus auf Erden widersetzt, dem Banne des Todes verfallen ist, da, was wir ihm zufügen, Christus im Himmel angetan ist, ob wir ihm Verehrung oder Schimpf erzeigen. Achtet wohl, daß Ihr durch den Ungehorsam und die Verfolgung, die Ihr ihm antatet – glaubt mir, meine Brüder, daß ich dies mit Schmerz und herzlichem Weinen sage –, in den Tod, in den Haß und in die Verachtung durch Gott gefallen seid; und etwas Schlimmeres, als seiner Gnade beraubt zu sein, kann Euch nicht widerfahren: menschliche Macht nützte uns wenig, hätten wir nicht die göttliche. O weh mir, denn umsonst müht sich einer ab, die Stadt zu bewachen, wenn Gott sie nicht bewacht! Wenn Gott gegen Euch im Kriege steht, der Schmach wegen, die Ihr Eurem Vater, seinem Stellvertreter, zufügtet, seid Ihr geschwächt, da Ihr seinen Beistand verliert, auch wenn wir annehmen, daß viele nicht glauben, Gott dadurch zu beleidigen, sondern ihm zu dienen meinen. Wenn sie die Kirche und

ihre Hirten verfolgen, verteidigen sie sich, einwendend: sie sind böse und vollbringen jede Schlechtigkeit. Und ich sage Euch darauf, daß Gott will und es so befohlen hat, daß wenn jene Hirten und der Christus auf Erden, statt ein guter und wohlwollender Vater, auch eingefleischte Teufel wären, wir ihm untergeben und gehorsam sein müßten, als dem Stellvertreter von Christus, der es so will. Wisset, daß der Sohn nie im Recht steht wider den Vater, wäre dieser auch böse und überhäufte er ihn mit Beschimpfungen wie immer, denn das Sein, welches er vom Vater erhielt, ist ein so großes Gut, daß er ihm auf keinerlei Weise so große Schuldigkeit je abbezahlen könnte. So bedenket nun, daß es so sehr das Sein und die Wohltat der Gnade ist, die wir aus dem mystischen Leib der heiligen Kirche ziehen, daß keine Ehrerbietung noch Taten, die wir verrichtet, hinreichend wären, jene Schuld zurückzuerstatten.
O weh mir, weh, Ihr meine Söhne! Weinend sage ich es Euch und ich bitte und beschwöre Euch im Namen Christi des Gekreuzigten, versöhnet Euch und schließet Frieden mit ihm und verbleibt nicht länger im Krieg. Wartet nicht ab, bis der Zorn Gottes über Euch kommt, denn ich sage Euch, daß er dies Unrecht als ihm angetan erachtet, und so ist es. Wollet Euch unter den Flügeln der Liebe und der Furcht Gottes bergen, indem Ihr Euch demütigt und den Frieden und die Einigkeit mit Eurem Vater suchen wollet. Öffnet, o öffnet die Augen der Einsicht, und geht nicht in solcher Blindheit einher! Sind wir doch nicht Juden oder Sarazenen, sondern getaufte Christen und losgekauft im Blute Christi. Wir sollen also nicht gegen unser Oberhaupt ausziehen, um keines Unrechts willen, noch ein Christ gegen den anderen; wir sollen dies gegen die Ungläubigen tun, die uns Schande zufügen, da sie besitzen, was nicht ihnen, vielmehr uns zusteht.
Nun denn, so schlafet nicht länger, um der Liebe Gottes willen, in solcher Verstocktheit und Widersätzlichkeit. Stehet

auf und werft Euch in die Arme Eures Vaters, und er wird Euch mit Wohlwollen aufnehmen, wenn Ihr dies tut, und Ihr werdet geistlich und zeitlich Frieden und Ruhe haben, Ihr und die ganze Toscana. Der gesamte Krieg, der dort herrscht, wird sich gegen die Ungläubigen richten, hißt Ihr das Banner des heiligsten Kreuzes. Wenn Ihr Euch nicht zu gutem Frieden entschließt, stehen Euch und der ganzen Toscana schlimmere Zeiten bevor, als unsere Vorfahren sie je kannten. Glaubet nicht, Gott schlafe über dem Unrecht, das seiner Braut angetan wird, er wacht. Und scheint es nicht so, weil wir den Wohlstand zunehmen sehen, verbirgt sich doch unter dem Wohlergehen die Strafe der mächtigen Hand Gottes. Da Gott bereit ist, Barmherzigkeit zu üben, verhärtet Euch nicht, meine Brüder, sondern demütigt Euch, so lange es Zeit ist, denn die Seele, die sich erniedrigt, wird immer erhöht werden – so sprach Christus –, und wer sich selbst erhöht, wird gedemütigt werden durch die Strafe und Geißeln und Schläge Gottes.
Habt Frieden und Eintracht: dies ist die Ostern, die ich mit Euch zu halten wünsche; können wir doch diese Ostern an keinem anderen Hof feiern, als im Leib der heiligen Kirche, da dort das Bad des Blutes des Gottessohnes sich befindet, wo die Fäulnis unserer Sünden abgewaschen wird; dort findet sich die Speise, an der die Seele sich sättigt und ernährt und dort finden wir das hochzeitliche Kleid, das wir haben müssen, wollen wir zur Hochzeit des ewigen Lebens eintreten, zu der wir durch das unsertwegen am Kreuz hingeschlachtete und verlassene Lamm eingeladen sind. Dies ist das Kleid des Friedens, das das Herz beschwichtigt und die Schande unserer Nacktheit bedeckt, nämlich die große Elendigkeit, die Vergehen und die Fehden, die wir führen einer gegen den anderen, welche die Ursache und das Werkzeug abgeben, daß uns das Gnadenkleid weggerissen wird. Da die liebreiche Güte Gottes uns das Kleid wieder reicht, säumet nicht länger, seinetwegen mit tapferer Bemühung zu Eurem Oberhaupt zu gehen, damit Euch der Tod

nicht nackt antreffe, denn alle müssen wir sterben, wir wissen nur nicht wann. Wartet nicht auf die Zeit, denn die Zeit wartet nicht auf Euch. Große Torheit wäre es, zu warten und mich auf das zu verlassen, was ich nicht habe, noch sicher bin, es je zu haben.

Mehr sage ich nicht. Verzeiht meiner Anmaßung und schiebt die Schuld der Liebe zu, die ich zum Heil Eurer Seele und Eures Leibes habe, und dem Schmerz, den ich über den geistlichen und zeitlichen Schaden empfinde, der Euch trifft. Bedenket, daß ich es Euch lieber mündlich denn durch einen Brief sagen möchte. Wenn sich durch mich irgend etwas zur Ehre Gottes und zu Eurer Einheit mit der heiligen Kirche wirken läßt, bin ich bereit, wenn nötig, das Leben zu geben. Verbleibet in der heiligen und süßen Liebe Gottes. Liebster Jesus, Jesus die Liebe.

XXIX.

Dieser kurze, drängende Brief wurde im April oder Mai 1376 geschrieben, als Caterina beschlossen hatte, selbst nach Avignon zu reisen. Er wird Papst Gregor XI. ihre Ankunft melden.
Die am 31. März 1376 erfolgte Interdiktserklärung soll am 14. Mai in inkraft treten; der Papst rüstet gleichzeitig zum Krieg. Schon im April hatte er bretonische Söldner angeworben und marschbereit gehalten. Das Heer hätte am 15. Mai aufbrechen sollen, Caterina will es durch ihre Beschwörung des Papstes aufhalten. Da Raimondo von Capua im Mai aus Avignon zurückgekehrt war, war Caterina gut informiert. Doch kam der Brief erst nach dem Abmarsch der 1500 Lanzen und 8000 Fußsoldaten an der päpstlichen Kurie in Avignon an. Das Heer zog Ende Mai unter dem Oberbefehl des Kardinals Robert von Genf nach Italien. Der Papst erhielt in diesem Schreiben zugleich Antwort auf eine Anfrage, die er Caterina mündlich oder schriftlich überbracht hatte. Er benutzte die sienesische Mantellata, von der er schon viel gehört haben mußte, als heiliges Orakel. Auch in bezug auf das abgesprochene Einzugsdatum in Rom war Gregor offensichtlich unsicher geworden. Caterina hält an ihm fest, und tatsächlich erfolgte Gregors Rückkehr am 13. September 1376.
Wie öfter in ihren Briefen möchte Caterina die Wirren in Italien möglichst bald beigelegt wissen, daß mit dem Kreuzzug begonnen werden könnte. Doch tritt diese Sorge nun immer mehr zurück.

An Papst Gregor XI.

Im Namen Christi des Gekreuzigten und der süßen Maria.

Ehrwürdiger Vater in Christus, dem süßen Jesus! Ich, Caterina, Eure unwürdige Tochter, Dienerin und Magd der Diener

Jesu Christi, schreibe Euch in seinem kostbaren Blut, mit dem Wunsche, Euch als tapferen Mann ohne jede knechtische Furcht zu wissen, der vom liebsten und guten Jesus, dessen Stellvertreter er ist, lernt. Denn dessen Liebe zu uns war so unermeßlich, daß er zum schmachvollen Tod des Kreuzes hineilte, auf Mißhandlungen, Schmähungen, Schimpf und Schande nicht achtete, sie alle ertrug und keineswegs scheute. So heftig war sein begieriges Verlangen nach der Ehre des Vaters und unserem Heil; denn die Liebe ließ ihn sich, als Menschen, ganz und gar verlieren. Nun, so will ich, daß auch Ihr tut, Vater. Seid verloren jeder Eigenliebe: liebet Euch nicht um Euretwillen, noch einen Menschen um Euretwillen, sondern liebt Euch und den Nächsten um Gottes willen, und Gott um Gottes willen, insofern er der Liebe würdig, da höchstes und ewiges Gut ist. Nehmt zum Vorbild jenes hingeschlachtete Lamm; denn das Blut dieses Lammes wird Euch zu jedem Kampf begeistern. Im Blute werdet Ihr alle Furcht verlieren, werdet Ihr ein guter Hirte sein und bleiben und das Leben für Eure Schafe einsetzen.

Auf denn, Vater, verweilet nicht länger! Entflammt Euch mit mächtigem Verlangen in der Erwartung der göttlichen Hilfe und Vorsehung: denn mir scheint, die göttliche Güte stimme die großen Wölfe um und wandle sie in Schafe. Und deshalb komme ich jetzt schnellstens dorthin, sie Euch gedemütigt in den Schoß zu legen. Ihr werdet sie sicher als Vater aufnehmen, trotz der Beleidigungen und Verfolgungen, die sie Euch antaten, der süßen und ersten Wahrheit folgend, die sagt, daß der gute Hirte das verirrte Schaf, sobald er es gefunden hat, sich auf die Schultern hebt und es in den Schafstall zurückträgt. So werdet auch Ihr tun, Vater, denn Ihr werdet Euer verirrtes Schaf, habt Ihr es aufgefunden, auf die Schulter der Liebe nehmen und es in den Schafstall der heiligen Kirche zurückbringen. Alsdann will unser liebster Erlöser, und er befiehlt es Euch, daß Ihr das Banner des heiligsten Kreuzes gegen die

Ungläubigen erhebt, und der ganze Krieg erhebe sich und falle über sie her. Die Leute, die Ihr besoldet habt hierher zu kommen, haltet auf und veranlaßt, daß sie nicht kommen, denn es würde eher verderben als in Ordnung bringen.

Mein liebster Vater, Ihr fragt mich, wegen Eures Herkommens. Ich antworte Euch und sage im Namen Christi des Gekreuzigten, Ihr sollet kommen, sobald Ihr könnt. Könnt Ihr kommen, kommt vor September, und könnt Ihr vor September nicht, zögert nicht länger als bis Ende September. Und stellt auf keinen Widerspruch ab, der Euch gemacht wird, sondern kommt als mutiger Mann ohne jede Furcht. Und hütet Euch, wenn Euch das Leben lieb ist, mit Kriegstruppen zurückzukehren, sondern das Kreuz in der Hand wie ein sanftes Lamm: tut Ihr so, erfüllt Ihr den Willen Gottes, kommt Ihr anders, übertretet Ihr ihn, statt ihn zu erfüllen. Freuet Euch, Vater, und frohlocket. Kommet, kommt. Mehr sage ich nicht. Verbleibet in Gottes heiligster und süßer Liebe. Liebster Jesus, Jesus die Liebe. Verzeiht mir, Vater. Demütig erbitte ich Euren milden Segen.

XXX.

Kurz nach dem 31. März 1376 kam Raimondo von Capua in Avignon an, Caterina und ihre Begleiter treffen erst am 18. Juni ein. Der Brief muß in dieser Zwischenzeit geschrieben sein. Der mit Raimondo zusammen angekommene Magister Giovanni ist Giovanni Terzo Tantucci, der dritte Prior dieses Namens in der Einsiedelei der Augustiner-Eremiten zu Lecceto bei Siena. Zuerst war er ein Gegner Caterinas, dann Glied ihrer famiglia. *Der ebenfalls als Begleiter Raimondos erwähnte Frater Felice ist der Dominikaner Felice da Massa.*

Nach der bei Caterina beinahe üblichen Aufforderung zu einer intensiven Selbst- und Gotteserkenntnis, aus der die starke, eine Gottes- und Nächstenliebe resultiert, beruft sie sich in ihren weiteren Ausführungen auf eine visionäre Schau, die ihr zuteil wurde. Sie steht noch ganz im Banne dessen, was sie sah und was ihr erklärt wurde: das christliche und das ungläubige Volk gehen durch die Seite Christi in die Seligkeit ein. Sie hat sich, begleitet von ihrem Vorbild, dem heiligen Dominikus und dem Evangelisten Johannes unter die Menge gemischt. Kreuz und Ölzweig erhält sie gleicherweise für Gläubige und Ungläubige. Damit erfährt ihre Kreuzzugsidee eine Wende; nicht mehr der politische Nutzen eines Krieges gegen die ungläubigen Türken steht im Vordergrund, sondern die Heimholung aller ins Reich der wahren Genießer und Verkoster, wie sie, charakterisch für sie, die Heiligen und Seligen bei Gott nennt. Nach dieser sie vehement mitreißenden Vision, in der sie auch Einblick in die Möglichkeit einer «glücklichen Schuld» bekommt, ist Caterina mehr denn je entschlossen, ihr ganzes Leben, ihr Aushalten bis zum Tod, dem Heil der Seelen und der Reform der Kirche zu widmen.

Die «glückliche Schuld», welche ihr zu Anfang ihrer Schau nur als Ärgernis vorgekommen war, bezieht sich gewiß auf den eben erfolgten Aufstand der Florentiner gegen den Papst, meint aber alle Schuld, wie Caterina durch das Zitat der vermeintlichen Gregoriusstelle zu verstehen gibt. Die felix culpa *war Caterina ein österlicher Begriff, dem*

Exultet *der Karsamstagsliturgie entnommen. Vermutlich geht dort der glückliche und erstaunte Ausruf* O felix culpa *auf den Kirchenvater Ambrosius von Mailand zurück, mit dem Augustinus bekannt war, der die glückliche Schuld zentral in seine Theologie aufnahm.*

An Frater Raimondo von Capua und an seine Gefährten.

An Magister Raimondo, bevor Papst Gregor nach Rom zurückkehrte, und an Magister Giovanni und Frater Felice und an einige andere unter seinen Brüdern in Christus, die sie nach Avignon geschickt hatte.

Im Namen Jesu Christi des Gekreuzigten und der süßen Maria.

Meine geliebtesten Söhne in Christus Jesus! Ich, armselige Mutter, habe mit sehnlichstem Wunsche verlangt und verlange es noch, Euch mit Herz und Sinn ans Kreuz geheftet zu sehen; mit dem Band vereint und gebunden, das verknüpfte und aufpfropfte Gott dem Menschen und den Menschen Gott. Desgleichen wünscht meine Seele Euer Herz und Gemüt ins fleischgewordene Wort, den liebsten Jesus eingepfropft zu sehen, so daß weder Mensch noch Teufel Euch je von ihm trennen kann; obschon ich nicht zweifle, daß wenn Ihr im liebsten Jesus entflammt und verbunden sein werdet, alle Teufel der Hölle mit all Ihren Ränken Euch aus solch süßer Vereinigung nicht zu reißen vermöchten. So will ich denn, da es von so großer Kraft und so großer Wichtigkeit für Euch ist, daß Ihr nie aufhöret Holz auf das heilige Feuer des Verlangens zu legen, das Holz nämlich der Erkenntnis Eurer selbst; dies ist das Holz, welches das Feuer der Liebe zu Gott unterhält, und diese Liebe erlangt man in der Erkenntnis der unauslotbaren Liebe Gottes. Dabei vereinigt sich die Seele mit ihrem Nächsten, und je mehr Materie sie dem Feuer gibt, nämlich Holz der Selbsterkenntnis, um so mehr wächst die Liebesglut zu Christus und zum Nächsten. Haltet Euch darum in der Erkenntnis Eurer selbst verborgen und stellt Euch nicht außerhalb, auf daß Euch der Teufel nicht zusammen mit vielen Einbildungen und Hintergedanken einstecke; dies täte er, um Euch die Vereinigung mit der Liebe Gottes zu rauben. So will und befehle ich, daß einer dem anderen sich unterstelle, einer des anderen Fehler trage, von der liebsten ersten Wahrheit lernend, die sich zum Geringsten machte und demütig all unsere Sünden und Fehler auf sich nahm. So will ich, daß auch Ihr tuet, meine Söhne.

Liebet Euch, liebet Euch, liebet Euch alle. Freut Euch und frohlocket, denn die Sommerszeit ist nahe. Denn am ersten April enthüllte mir Gott in der Nacht in besonderer Weise seine Geheimnisse, mir seine wunderbaren Werke zeigend, so daß meine Seele nicht mehr im Körper zu sein schien und solcher Freude und Fülle teilhaftig wurde, wie keine Zunge es beschreiben könnte. Stück für Stück wurde ihr da auseinandergesetzt und erklärt das Geheimnis der gegenwärtigen Verfolgung der heiligen Kirche sowie ihrer Erneuerung und Erhöhung, die sie in der Zukunft erfahren sollte; und daß das Gegenwärtige zugelassen sei, um sie ihrem wahren Zustand zuzuführen. Die erste Wahrheit führte folgende zwei Stellen aus dem heiligen Evangelium an: «Es ist notwendig, daß Ärgernis in die Welt kommt», «aber wehe dem, durch den es kommt». Als ob sie sagen wollte: «Ich lasse diese Verfolgungszeit zu, daß die Dornen, von denen sie ganz überwachsen ist, meiner Braut ausgerissen werden. Aber das böse Trachten der Menschen lasse ich nicht zu. Weißt du, was ich tue? Ich mache es, wie damals, als ich in der Welt war, als ich mir aus Stricken Geißeln fertigte, mit denen ich vertrieb, wer kaufte und verkaufte, damit das Haus meines Vaters nicht zu einer Räuberhöhle würde. So sage ich dir, daß ich aus Menschen eine Geißel gemacht habe; und mit dieser Geißel verjage ich die schmutzigen habgierigen und habsüchtigen, von Hochmut aufgeblähten Händler, welche die Gnadengaben des heiligen Geistes kaufen und verkaufen». Mit der Geißel der Verfolgungen vonseiten der Menschen trieb er sie also hinaus, nämlich durch die Macht der Not, und durch Verfolgung nahm er ihnen das zucht- und ehrlose Leben.

Während das Feuer des heiligen Verlangens in mir zunahm, gewahrte ich schauend das christliche Volk und das ungläubige in die Seite des gekreuzigten Christus eingehen und ich trat aus Sehnsucht und Liebeswunsch mitten unter ihnen mit ihnen in Christus den liebsten Jesus ein, begleitet von meinem Vater, dem heiligen Dominikus, und dem besonders geliebten Johannes, zusammen mit sämtlichen meinen Söhnen und Töchtern. Dann gab er mir das Kreuz auf die Schultern und den Ölzweig in die Hand, wie wenn er wollte – und so sagte er auch –, daß ich sie dem einen und dem anderen Volk reiche. Er sprach zu mir: «Sag zu ihnen: Ich verkündige Euch eine große Freude». Daraufhin erfüllte sich meine Seele noch mehr; sie war mit den wahren Genießern durch Hingabe und Vereinigung in die göttliche Wesenheit versunken. Und so groß war die Wonne, welche meine Seele empfand, daß der vorherige Verdruß beim Anblick der Beleidigung Gottes entschwand, und ich sogar ausrief: O selige und glückbringende Schuld! Da lächelte der liebe Jesus und meinte: «Nun soll glücklich sein die Sünde, die ein Nichts ist? Weißt du, was Gregorius meinte, als er sagte: glückliche und heilbringende Schuld? Was, glaubst du, sei an ihr heilbringend und selig, und was sagt Gregorius?» Ich antwortete, wie er es mir eingab: Mein lieber Herr, ich sehe und weiß wohl, daß die Sünde keines Glückes würdig, in diesem Sinne nicht selig und glücklich ist, aber die Frucht, welche sie zeitigt. Dies scheint mir, wollte Gregorius sagen: Um Adams Sünde willen gab uns Gott das Wort seines eingeborenen Sohnes, und das Wort schenkte uns das Blut; sein Leben dahingebend stattete er uns die Gnade mit übergroßem Liebesfeuer zurück. So daß die Sünde nicht als solche glücklich ist, aber wegen der Frucht und der Gabe, die daraus hervorgeht und die wir durch diese Sünde haben. Nun so ist es. So entstand aus der Beleidigung der schlechten Christen, die sie in der Verfolgung der Braut Christi antun, Erhöhung, Erleuchtung, Wohlgeruch der Tugend für eben diese Braut. Und das war so trostreich, daß kein Vergleich möglich war zwischen der Beleidigung und der unermeßlichen Güte Gottes und der Barmherzigkeit der Braut gegenüber. Da freute ich mich und frohlockte, und ich war so sehr mit Zuversicht in die künftige Zeit bekleidet, daß ich sie schon zu besitzen und zu genießen schien. Darauf sagte ich wie Simeon: «Nun entlässest du deinen Diener, Herr, in Frieden &c.» Und so viele Geheimnisse enthüllten sich da, daß keine Zunge es zu sagen, kein Herz es auszusinnen, noch das Auge es zu schauen vermöchte. Doch welche Zunge könnte von den Wundertaten Gottes berichten? Gewiß nicht die meine, ich arme Elende. So will ich schweigen und nur noch die Ehre Gottes, das Heil der Seelen und die Erneuerung und Erhöhung der heiligen Kirche suchen und durch die Gnade und Kraft des heiligen Geistes darin aushalten bis zum Tode. Und von diesem Verlangen erfüllt rief ich und werde ich immerzu in großer Liebe und in Mitleid unserem Christus auf Erden zurufen, und Euch, Vater samt allen lieben Söhnen. Ich brachte Euer Gesuch vor, und es wurde mir gewährt.

Freuet Euch, freuet Euch und frohlocket! O süßer Gott, der du bist die Liebe, erfülle bald die Wünsche deiner Diener! Mehr will ich nicht sagen, und nichts habe ich gesagt. Ich ersterbe vor Verlangen. Habt Mitleid mit mir. Bittet die göttliche Güte und den Christus auf Erden, man möge bald handanlegen. Verbleibet in der heiligen süßen Liebe Gottes.

Versenkt Euch im Blute Christi des Gekreuzigten und durch

nichts lasset den Mut sinken; vielmehr fasset Mut. Freut Euch, freut Euch der seligen Mühen. Liebet Euch, liebet Euch, liebet Euch alle. Liebster Jesus, guter Jesus, Jesus die Liebe, Jesus, Jesus.

XXXI.

Der vom 28. Juni 1376 datierte Brief wendet sich an den außerordentlichen Kriegsausschuß der Acht in Florenz. Nachdem sich der Konflikt zwischen dem Papst und der Stadt Florenz zu legen schien und Caterina ja zur Vermittlung nach Avignon gesandt worden war, legte Florenz den Geistlichen und Klerikern erneut eine Steuer auf und schuf damit einen weiteren Streitpunkt. Der Papst mußte dadurch das Vertrauen in die florentinische Friedensgesinnung verlieren. Caterina erkennt dies wohl und scheint auch vorauszusehen, daß die florentinischen Gesandten, die noch säumen, aber bald eintreffen werden, nicht zu ihr stehen, sie sogar desavouieren. Die Unterredung mit Gregor XI. hingegen betrachtete Caterina als hoffnungsvoll.

An die Acht Kriegsherren, gewählt durch die Bürgerschaft von Florenz, nachdem sie auf ihre Bitte hin nach Avignon zu Papst Gregor XI. abgereist war.

Im Namen Jesu Christi des Gekreuzigten und der süßen Maria.

Teuerste Väter und Söhne in Christus, dem liebsten Jesus! Ich, Caterina, Dienerin und Magd der Diener Jesu Christi, schreibe Euch in seinem kostbaren Blut, mit dem Wunsche, Euch als wahre Söhne zu sehen, demütig und gehorsam unserem Vater, so sehr, daß Ihr nicht Euer Haupt zurückwendet, sondern in aufrichtigem Schmerz und in Bitterkeit über die Beleidigung des Vaters verbleibet. Denn wenn sich der Beleidiger nicht in Schmerz über die begangene Kränkung aufmacht, ist er nicht würdig, Barmherzigkeit zu erlangen. Ich fordere Euch zu aufrichtiger Demütigung der Herzen auf; Ihr sollt nicht zurückblicken, sondern vorwärts gehen und die heiligen Vor-

sätze, die Ihr machtet, befolgen und sie täglich vollkommen wachsen lassen. Wollt Ihr in die Arme des Vaters aufgenommen werden, sollt Ihr, als tote Söhne, das Leben erbitten, und ich hoffe durch die Güte Gottes, daß Ihr es erhaltet, wenn Ihr Euch nur wohl demütigen und Eure Fehler einsehen wollt.
Doch beklage ich mich sehr über Euch, wenn es wahr sein sollte, was man hier über Euch sagt, daß Ihr nämlich den Klerikern eine Kopfsteuer auferlegtet. Stimmt es, so ist es ein großes Unrecht in zweierlei Hinsicht. Erstens, weil Ihr gegen Gott verstößt, denn Ihr könnt es nicht mit gutem Gewissen tun. Doch mir scheint, Ihr verlieret das Gewissen und jede gute Regung; und mir scheint, man sei auf nichts anderes aus, als auf sinnliche und zeitliche Güter, die vorübergehen wie der Wind, und wir sehen nicht ein, daß wir sterblich sind und sterben müssen, wir wissen nicht wann. Und darum ist es eine große Torheit, sich das Gnadenleben zu nehmen und sich selbst den Tod zu geben. Ich will nicht, daß Ihr weiterhin so tut, denn auf diese Weise wendet Ihr eben Euer Haupt zurück. Und Ihr wisset, daß wer nur anfängt, der Herrlichkeit nicht würdig ist, erst durch die Standhaftigkeit bis ans Ende es wird. So sage ich Euch, daß Ihr nur zum Frieden gelangt durch die Beharrlichkeit in der Demut und wenn Ihr den Dienern und Priestern Gottes keinerlei Schmach und Ärgernis mehr zufügt.
Und nun das zweite, von dem ich Euch sagte, daß es Euch schädlich und unheilvoll sei, abgesehen vom Übel, das die Kränkung Gottes mit sich bringt, wie ich eben ausführte. Ich sage, daß es ein Bruch Eures Friedens ist, durch den der Heilige Vater, bekommt er es zu wissen, noch größeren Unwillen faßt gegen Euch. Und folgendes sagten einige Kardinäle, die den Frieden suchen und ihn wirklich wollen. Als sie jenes vernahmen, sagten sie, es scheine ihnen nicht wahr, da man doch den Frieden wolle und, wäre man aufrichtig, man sich darum vor jeder Handlung, die gegen den Willen des Heiligen Vaters und gegen die Gebräuche der heiligen Kirche verstößt, hütete. Ich

glaube die gleichen Worte könnte auch Christus auf Erden sprechen; und er hat Recht und Grund sie zu sagen, falls er sie sagt.
Ich sage Euch, teuerste Väter, und bitte Euch, die Gnade des heiligen Geistes nicht zu verhindern, die er durch seine Güte und nicht durch Euer Verdienst, Euch zu verleihen geneigt ist. Und mir würdet Ihr Beschämung und Tadel zuziehen, denn nichts als Schande und Verwirrung ergibt sich, wenn ich das eine sage und Ihr tut das andere. Ich bitte Euch, daß das nicht mehr vorkomme; bemüht Euch vielmehr, in Wort und Tat zu beweisen, daß Ihr Frieden wollt und nicht Krieg.
Ich sprach mit dem Heiligen Vater: er hörte mich durch die Güte Gottes und die seinige huldvoll an und bezeugte eine innige Friedensliebe. Er verhielt sich wie ein guter Vater, der nicht so sehr die Kränkung des Sohnes, welche er erfahren mußte, betrachtet, sondern darauf schaut, ob er sich demütigt, damit ihm Barmherzigkeit widerfahren könne. Wie besondere Freude er hatte, vermag meine Zunge nicht zu berichten. Nachdem ich eine geraume Zeit mit ihm hin und her geredet hatte, sagte er zum Abschluß der Unterredung, daß wenn es sich so verhielte, wie ich ihm über Euch berichtet habe, er bereit sei, Euch als Söhne aufzunehmen und mit Euch zu tun, wie es mir recht erscheine. Mehr sage ich nicht.
Eine andere Antwort glaubte der Heilige Vater nicht geben zu sollen, bevor Eure Gesandten angekommen sind. Ich wundere mich, daß sie noch nicht da sind. Sobald sie eingetroffen sind, werde ich mit ihnen, dann mit ihnen beim Heiligen Vater sein. Und wie ich den Stand der Dinge dann finde, werde ich Euch schreiben. Doch Ihr, Ihr gebt mir mit Euren neuesten Steuern zu kosten, was gesät wird. Handelt nicht mehr so, bei der Liebe Christi des Gekreuzigten und zu Eurem Vorteil. Mehr sage ich nicht. Verbleibet in der heiligen und süßen Liebe Gottes. Liebster Jesus, Jesus die Liebe. Gegeben zu Avignon, den 28. Juni 1376.

XXXII.

Raimondo von Capua wird kurz nach seiner Ankunft in Rom 1376 Prior des römischen Dominikanerklosters Santa Maria sopra Minerva. Darauf bezieht sich wohl Caterinas Brief mit seinen Ermahnungen, die Last der Menschen zu tragen und ein guter Hirte, Vorgesetzter und Oberer zu sein.

An Frater Raimondo von Capua aus dem Predigerorden.

Im Namen Jesu Christi des Gekreuzigten und der süßen Maria.

Teuerster Vater in Christus, dem liebsten Jesus! Ich, Caterina, Dienerin und Magd der Diener Jesu Christi, schreibe Euch in seinem kostbaren Blut, mit dem Wunsche, Euch aus Liebe zu Gott und aus Verlangen nach der Ehre Gottes und dem Heile der Menschen deren Lasten und Mühen tragen zu sehen. Leitet als guter Hirte mit Sorgfalt die Schafe, die Euch anvertraut sind, daß der Höllenwolf sie nicht wegtragen kann. Wäret Ihr hierin nachlässig, würde von Euch Rechenschaft gefordert werden.
Jetzt ist die Zeit, da jeder zeigen muß, ob er hungert oder nicht, oder ob er unter die Toten zu rechnen sei, die wir ohne das Leben der Gnade herumliegen sehen. Wirket also tapfer und in der wahren Erkenntnis und in demütigem immerwährendem Gebet bis zum Tod. Wisset, daß dies der Weg ist, will man zur Erkenntnis gelangen und Bräutigam der ewigen Wahrheit sein; einen anderen gibt es nicht. Habt acht, daß Ihr den Mühen nicht ausweicht, nehmt sie vielmehr mit Freude an. Geht ihnen sogar entgegen mit heiligem Verlangen, sagend: «Hochwillkommen seid ihr mir»; und: «Welch große Gnade gewährt mir

der Schöpfer, der mich zur Ehre und zum Lob seines Namens dulden und leiden läßt». Tut Ihr so, dann wird Euch die Bitterkeit süß und erlabend; Ihr werdet Tränen und innige Seufzer in angstvoller Sorge für die elenden Schäfchen darbringen, die sich in den Händen des Dämons befinden. Dann werden Euch die Seufzer Speise und die Tränen Trank sein. Bestimmt Euer Leben zu nichts anderem, als Euch mit dem gekreuzigten Christus am Kreuze zu verweilen und auszuruhen. So werdet Ihr ein Sohn der süßen Maria und der Bräutigam der ewigen Wahrheit. Weiter sage ich nichts. Gebt Euer Leben für den gekreuzigten Christus und versenkt Euch im Blute des gekreuzigten Christus. Esset zusammen mit Christus die Speise der Seelen auf dem Holze des Kreuzes. Geht unter und versinkt im Blute des gekreuzigten Christus. Verharret in der heiligen und süßen Liebe zu Gott. Liebster Jesus, Jesus die Liebe.

XXXIII.

Der Brief an die klausurierte Dominikanerschwester Daniella von Orvieto wird gewöhnlich der Zeit um 1376 zugeordnet. Über die Adressatin ist nichts bekannt, außer was aus Caterinas Briefen an sie zu entnehmen ist.

Caterina hält das Problem einer echten Askese, die nicht in eigenwillige Leistungsfrömmigkeit ausarten darf, für so wichtig, daß sie für die in dieser Beziehung gefährdete Schwester Daniella einen eigentlichen geistlichen Lehrbrief diktiert. Mag die Bildwelt dieses kleinen Traktats denen, für die solche Literatur ungewohnt ist, befremdlich erscheinen, so werden sie sich doch bald in das gleichnisreiche Sprachspiel eingelesen haben und Caterinas Sprachwelt uund Ausdrucksweise wie deren psychologischen Scharfsinn und Erfahrenheit bewundern.

Hauptgegenstand ist die Beschreibung der Tugendkraft der discretio. *Seit der Zeit der Wüstenväter wurde sie als grundlegend angesehen, da durch sie die Kunst geübt wurde, echte und falsche Beweggründe zu geistlich-asketischem Tun zu unterscheiden. Das gesamte Glaubensleben war durch scharfe* discretio *von Selbsttäuschung und Heuchelei frei zu halten. Caterina rückt die Unterscheidungsgabe als Tugend der Besonnenheit ganz in die Nähe der sogenannten Kardinaltugenden der Klugheit und der Wissenschaft. Statt der Unterscheidung der Altväter, ob Gedanken und Handlungsanstöße vom bösen oder guten Geist herstammen, legt sie das Gewicht auf die Freiheit von Eigenwillen. Bei aller Bußstrenge, an der sie, vor allem für sich, festhält, zeigt sie eine große Beweglichkeit, sobald es gilt, der Gefahr des Eigenwillens auszuweichen. Caterina verlangt bei aller Askese Gesinnungs- und nicht Werkfrömmigkeit.*

Deutlich scheint typisch dominikanische Spiritualität aus Caterinas Darlegungen: das in Betrachtung Erkannte erhält erst seinen vollen Sinn, wenn es dem Nächsten weitergegeben wird. Auch die Forderung, das eigene Leben müsse für andere exemplarisch sein können, geht auf die von den Dominikanern befolgte Augustinerregel zurück.

An Schwester Daniella von Orvieto, bekleidet mit dem Kleide des heiligen Dominikus, die in grosse Betrübnis geraten war, weil sie ihre strengen Bussübungen nicht mehr befolgen konnte.

Im Namen Jesu Christi des Gekreuzigten und der süßen Maria.

Teuerste Schwester und Tochter in Christus, dem liebsten Jesus! Ich, Caterina, Dienerin und Magd der Diener Jesu Christi, schreibe Dir in seinem kostbaren Blut, mit dem Wunsche, in Dir die heilige Tugend der Besonnenheit wahrzunehmen, die Tugend, welche notwendig ist, wollen wir das Heil erlangen. Warum bedürfen wir ihrer so dringend? Weil sie aus der Erkenntnis unser selbst und der Erkenntnis Gottes hervorgeht: in diesem Hause hat sie ihre Wurzeln. Sie ist unmittelbar von der Liebe geboren, die selbst Besonnenheit ist und ein Licht und eine Erkenntnis, welche die Seele von sich und von Gott hat, wie schon gesagt. Ihre Hauptwirkung ist: hat die Seele mit dem Licht der Unterscheidungskraft eingesehen, in wessen Schuld sie steht und was sie entrichten muß, gibt sie es sofort in bester Unterscheidung. So entbietet sie Gott Ehre und seinem Namen Lob, und alle Handlungen, die sie mit Hingabe der Seele ausführt, tut sie in diesem Licht, so daß es auf dieses Ziel hin ausgerichtet ist. So entbietet sie Gott die ihm gebührende Ehre: sie handelt nicht wie der einsichtslose Räuber, der die Ehre für sich in Anspruch nehmen will und auf der Suche nach eigener Ehre und Befriedigung sich nicht scheut, Gott Schmach und dem Nächsten Schaden zuzufügen. Und weil die Wurzel der seelischen Neigung durch den Mangel an Unterscheidungskraft verdorben ist, ist all sein Wirken sich und den anderen gegenüber verdorben. Den anderen gegenüber, sage ich; denn unterscheidungslos verteilt er die Lasten und gibt er Befehle, handle es sich um Weltleute oder Geistliche, welchen Standes auch immer sie seien. Rügt er oder rät er, er tut es ohne

Unterscheidung; und den Maßstab, den er sich anlegt, will er auch allen anderen anlegen. Ganz anders verfährt die besonnene Seele, die mit Unterscheidungskraft einsieht, was ihr und was dem anderen nottut. Nun, da sie Gott die schuldige Ehre erwiesen hat, erteilt sie auch sich das ihre, nämlich Haß auf das Laster und die eigene Begierlichkeit. Und was ist der Grund? Liebe zur Tugend, sie um ihrer selbst willen liebend. Kraft jenes selben Lichtes, durch das sie sich selbst das Schuldige leistet, leistet sie es auch ihrem Nächsten. Und darum sagte ich: sich und dem Anderen. So bringt sie dem Nächsten, wie es sich für sie gebührt, Wohlwollen entgegen, liebt in ihm die Tugend und haßt das Laster. Sie liebt ihn als das vom höchsten, ewigen Vater erschaffene Geschöpf. Und mehr oder weniger erzeigt sie ihm, je nach dem er sie in sich hat. Dies also ist die hauptsächliche Wirkung der Unterscheidungsgabe in der Seele, in deren Licht sie erkannte, was für eine Schuldigkeit sie zu erstatten hat und wem.

Dies sind die drei Hauptäste dieses Kindes Besonnenheit, das aus dem Baum der Liebe entsteht. Diese drei Äste tragen unzählige und vielfältige Früchte, alle schmackhaft und sehr köstlich; sie lassen die Seele im Leben der Gnade heranwachsen, wenn sie sie mit der Hand des freien Willens und mit dem Munde des heiligen und glühenden Verlangens nimmt. In welchem Stande immer man ist, genießt sie von diesen Früchten, wenn sie das Licht der Unterscheidung hat, in verschiedener Weise freilich, dem Stande entsprechend. Wer in der Welt lebt und dies Licht besitzt, pflückt die Frucht der Befolgung der Gebote Gottes und ihm mißfällt die Welt, er entäußert sich ihrer geistigerweise, wenn er in Wirklichkeit auch mit ihr bekleidet bleibt. Hat er Kinder, dann pflücke er die Frucht der Furcht Gottes und in dieser heiligen Furcht erziehe er sie. Ist er Gebieter, pflücke er die Frucht der Gerechtigkeit, da er klug jedem das Seine zuerkennen will; weswegen er nach strenger Gerechtigkeit den Ungerechten straft und den Gerechten belohnt, die Frucht des Rechtes verkostend, damit er sich weder durch Schmeichelei noch knechtische Furcht von seiner Bahn abbringen läßt. Der Untergebene pflücke die Frucht des Gehorsams und der Ehrerbietung seinem Herrn gegenüber, Gelegenheit und Mittel, ihn zu beleidigen meidend. Hätte er sie mit dem Lichte nicht erkannt, hätte er sie nicht vermieden. Ordensleute oder Würdenträger reißen ab die süße und wohltuende Frucht der Beobachtung ihrer Ordensregel; in gegenseitigem Tragen und Ertragen ihrer Fehler, Schimpf und Schande auf sich nehmend, legen sie sich das Joch des Gehorsams auf die Schultern. Der Prälat nimmt sich den Hunger nach der Ehre Gottes und dem Heil der Seelen, die Angel der Lehre und eines beispielhaften Lebens nach jenen auswerfend. Auf wie mannigfache Weise und von wie verschiedenartigen Menschen werden doch diese Früchte gepflückt! Es wäre zu lang, es aufzuzählen, mit Worten läßt es sich nicht aussprechen.

Aber sehen wir jetzt, liebste Tochter – nun reden wir vom Einzelnen und vom Einzelnen redend werden wir im allgemeinen gesprochen haben –, was für eine Regel die Tugendkraft der Unterscheidung der Seele gibt! Es scheint mir, sie gebe den Menschen, die äußerlich und innerlich ein geistliches Leben führen wollen diese besondere Regel für Seele und Körper, obschon sie alle Menschen gemäß ihrer Stufe und ihrem Stande regelt und lenkt; doch sprechen wir nun von uns. Die erste Regel, die sie der Seele gibt, ist diejenige, von der wir sagten: Gott die Ehre und dem Nächsten Wohlwollen, sich selbst den Haß des Lasters und der eigenen Begierlichkeit zuzuteilen. Sie ordnet jene Liebe zum Nächsten, daß sich die Seele für ihn nicht aufs Spiel setze, das heißt: um ihm Vorteil oder Befriedigung zu verschaffen, will sie Gott nicht beleidigen; vielmehr flieht sie in kluger Unterscheidung die Sünde, hält sich jedoch in ihrem Leibe bereit für jede Pein und Qual, sogar zum Tod, um eine Seele, ja so viele als möglich, aus den Klauen des Teufels zu befreien. Sie ist bereit, das zeitliche Gut daran zu setzen, um den Nächsten zu unterstützen und zu befreien. So verhält sich die Liebe in diesem Lichte der Unterscheidung, das die Nächstenliebe klug geregelt hat. Der Unbesonnene tut das Gegenteil: er scheut sich nicht, Gott zu beleidigen, noch seine Seele unbesonnen in Gefahr zu bringen, um dem Nächsten einen Dienst oder einen Gefallen zu erweisen; sei es, um ihn in Lasterhöhlen zu begleiten oder falsches Zeugnis abzulegen, und in manch anderer Weise, wie es jeden Tag vorkommt. Dies ist die Regel der Unterscheidungslosigkeit, die aus der Überheblichkeit und der verkehrten Eigenliebe hervorgeht, auch aus der Blindheit, weder Gott noch sich selbst erkannt zu haben.

Hat die Unterscheidungsgabe die Seele so in der Nächstenliebe geordnet, regelt sie sie auch in dem, was diese Liebe bewahrt und wachsen läßt, nämlich im demütigen, getreuen und immerwährenden Gebet; sie legt ihr auch den Mantel der Tugendliebe um, damit sie nicht behelligt sei von Lauheit, Nachlässigkeit und geistiger oder leiblicher Eigenliebe; sie gibt ihr die Liebe zur Tugend, damit sie ihre Zuneigung auf keinerlei Sache richte, von der sie betrogen werden könnte.

Auch ordnet und regelt sie den Menschen in leiblicher Hinsicht. Die Seele, die sich anschickt, sich auf Gott auszurichten, macht ihren Anfang in der Weise, wie wir schon sagten. Aber weil sie im Gefäß des Körpers weilt, gehört es sich, daß jenes Licht auch diesem eine Regel setze, wie es für die Seele es tat, damit er ihr ein Werkzeug sei, die Tugendkraft zu vermehren. Diese Regel besteht darin, daß er sich den Vergnügungen und den Annehmlichkeiten der Welt, auch dem Verkehr mit Weltmenschen entziehe, und ihm den Umgang mit den Dienern Gottes dafür gebe. Führ ihn weg aus sittenloser Umgebung und laß ihn an Orten weilen, die zur Frömmigkeit führen. Gib allen Gliedern Deines Leibes Befehl, daß sie zurückhaltend und maßvoll seien: das Auge blicke nicht dorthin, wohin es nicht soll, sondern richte sich auf Erde und Himmel; die Zunge meide müßiges und unnützes Gerede und sei darauf ausgerichtet, das Wort Gottes zum Heile des Nächsten zu verkünden und ihre Sünden zu bekennen; das Ohr fliehe tändelnde, schmeichelnde, liederliche und verleumderische Worte, die es hörte und merke auf das Wort Gottes und das Bedürfnis des Nächsten, das heißt, es höre sich aufmerksam seine Not an. Desgleichen für die Hand beim Berühren oder arbeiten, für die Füße beim Gehen, allen gib eine Regel. Und damit das verruchte Gesetz der Anfechtung, welches das Fleisch dem Geiste entgegensetzt, sich nicht erhebe, um jene Werkzeuge in Unordnung zu bringen, unterstellt sie den Körper einer Regel, ihn kasteiend durch Nachtwachen und Fasten und mit den anderen Übungen, die alle dazu da sind, unseren Körper zu zügeln.

Doch achte darauf, daß die Seele all dies nicht unbesonnen tue, sondern mit dem milden Lichte der Unterscheidung. Worin zeigt sich das? Darin: sie setzt ihre hauptsächliche Neigung auf keinerlei Bußwerk. Und daß sie nicht in solchen Fehler verfalle, die Buße zu ihrem Hauptanliegen zu machen, sah das Licht der Unterscheidung vor, die Seele mit dem Mantel der Tugendliebe zu umhüllen. Sie soll sie, die Bußübung, wohl als Mittel gebrauchen, doch zur rechten Zeit und am rechten Ort, je nach Notwendigkeit. Wenn der Leib durch zuviel Kraft dem Geist widerstrebt, ergreife die Zuchtrute, das Fasten, den vielknotigen Bußgürtel mit großer Nachtwache und lege ihm dann genug Gewicht auf, damit er mürbe sei. Ist der Körper aber schwach, kränklich geworden, so will die Regel der Unterscheidung, daß nicht so verfahren wird. Dann soll nicht nur vom Fasten abgelassen werden, sondern man esse Fleisch; reicht einmal im Tag nicht aus, nehme man davon viermal. Hält man es auf dem Boden nicht aus, lege man sich ins Bett, kann man nicht knien, soll man sitzen oder liegen, wenn es nottut. Dies gebietet die Unterscheidungsgabe, und deshalb will sie, daß all dies getan werde als Mittel, nicht als Hauptzweck.

Und weißt Du, warum sie das nicht will? Damit die Seele Gott diene mit etwas, das ihr nicht genommen werden kann und das kein Ende nimmt, mit etwas Unendlichem, mit dem heiligen Verlangen nämlich. Dieses ist unendlich durch die Vereinigung, die es vollzog mit dem unendlichen Verlangen Gottes und mit den Tugenden, die uns weder Mensch noch Teufel, noch Krankheit nehmen können, wenn wir nicht wollen. So übst Du in der Krankheit die Tugend der Geduld, im Kampf und in der Anfechtung des Teufels übst Du den Starkmut und die lange Ausdauer; in Widerwärtigkeit vonseiten der Menschen übst Du die Demut, die Geduld und die Liebe. Und so läßt Gott durch zahlreiche Widerwärtigkeiten zu, daß auch alle anderen Tugendkräfte auf die Probe gestellt, aber niemals uns genommen würden, wenn wir nicht wollen. Dahinein müssen wir unser Fundament legen und nicht in die Bußwerke. Zwei Fundamente vermag die Seele nicht zu bauen, das eine oder das andere bricht ein. Dasjenige, das nicht die Hauptsache ist, benutze als Werkzeug. Stelle ich meine Grundlage auf körperliche Bußwerke ab, baue ich die Stadt meiner Seele auf Sand, der schwächste Wind wirft sie um und kein einziges Gebäude wird standhalten. Wenn ich aber auf die Tugenden baue, ist es auf dem lebendigen Stein Christus, dem liebsten Jesus gegründet und kein noch so großes Gebäude stünde da nicht fest; kein noch so heftiger Wind vermöchte es umzulegen.
Dieser und anderer darauf folgender Unannehmlichkeiten wegen verlangt die Unterscheidungsgabe, daß die Buße nur als Instrument gebraucht werde. Schon viele Büßer habe ich gesehen, die weder geduldig noch gehorsam waren, denn sie gingen nur darauf aus, den Leib zu ertöten, aber nicht ihren Willen. Dies bewirkte die Regel der Unbesonnenheit. Weißt Du, was darauf folgt? Ihr ganzer Trost und Eifer geht dahin, Bußwerke auf eigene Weise zu tun und nicht auf die der anderen. In ihnen ziehen sie den eigenen Willen groß: und während sie ihn erfüllen, empfinden sie Trost und Freude und

sie wähnen sich erfüllt von Gott, als hätten sie alles vollbracht; und sie bemerken nicht, daß sie dem Eigendünkel und einem Fehlurteil verfallen: Sie glauben, daß wenn jemand nicht denselben Weg geht, er sich im Stande der Todsünde und Gnadenlosigkeit befinde. Unbesonnen wollen sie alle Körper mit dem gleichen Maß messen, nämlich mit dem sie sich selbst messen. Und will man sie davon abhalten und ihren Willen brechen oder gebieten es die Umstände, so zeigen sie einen Eigensinn härter als Diamant. Auf solche Weise lebend erzeigen sie sich zur Zeit der Prüfung, in einer Versuchung oder Anfeindung mit ihrem verderbten Willen schwächer als ein Strohhalm.

Die Unbesonnenheit machte diesen vor, solche Buße zügle den Zorn, die Ungeduld und die anderen lasterhaften Regungen, die aus dem Herzen aufsteigen; aber dem ist nicht so. Jenes glorreiche Licht zeigt Dir, daß Du durch Haß und Mißfallen an Dir (durch Überladen der Schuld mit Vorwürfen), mit der Betrachtung, wer Gott ist, der durch Dich beleidigt wurde und wer Du bist, die ihn beleidigt, mit dem Gedanken an den Tod und mit der Liebe zu den Tugenden das Laster in Deiner Seele zu töten und mitsamt der Wurzel auszureißen vermagst. Das Bußwerk schneidet zwar zurück, aber die Wurzel, die stets wieder ausschlagen kann, findest Du noch in Dir: diese rotte aus! Jenes Erdreich, in das die Laster einmal gepflanzt waren, bleibt immer bereit sie aufzunehmen, wenn der Eigenwille mit freiem Entscheid neue aussät: anders nicht, falls die Wurzel ausgerissen wurde.

Und trifft es ein, daß dieser Körper, krank geworden, unbedingt seine gewohnte Weise aufgeben muß, gerät er, der Unbesonnene, darob sogleich in Überdruß und Verwirrung des Gemütes, verliert er jeglichen Frohmut; er glaubt sich verdammt und verworfen, findet keinen Trost im Gebet, wie er ihn zur Zeit der Bußübung zu finden meinte. Wohin ist jener entschwunden? In den Eigenwillen, in dem er seinen Grund hatte. Jenen Willen kann er nun nicht betätigen, ihn nicht mehr

durchsetzen; er erleidet darob Qual und Traurigkeit. Und weshalb bist Du in solche Verwirrung, ja fast in Verzweiflung geraten? Und wo bleibt die Hoffnung, die Du auf das Reich Gottes hattest? Da sie in jenem Bußeifer aufging, durch den Du das ewige Leben zu verdienen meintest, Du aber die Bußübung nicht mehr tust, fühlst Du Dich ihrer beraubt.
Dies sind die Früchte der Unbesonnenheit. Hätte man das Licht der Unterscheidung, sähe man ein, daß nur der Verlust der Tugendkraft von Gott entfernt; durch die Tugend, in der Vermittlung des Blutes Christi, erlangt man das ewige Leben. Heben wir uns denn weg von aller Unvollkommenheit und richten wir unsere Liebesneigung auf die wahre Tugend, wie gesagt wurde. Sie ist so sehr Erquickung und Heiterkeit, daß keine Zunge es beschreiben kann. Es gibt nichts, das der in der Tugend begründeten Seele etwas anhaben, noch ihr die Hoffnung auf den Himmel nehmen könnte; denn sie hat in sich den Eigenwillen ertötet, im geistlichen wie zeitlichen Belang, und weil ihre Hingabe nicht auf Bußwerk noch eigene Tröstung oder Offenbarungen abstellt, sondern allein auf das Ausharren mit Christus am Kreuz in der Liebe zur Tugend, ist sie denn geduldig, treu. Sie vertraut auf Gott und nicht auf sich und ihre Werke. Sie ist demütig und bereit, mehr auf andere als auf sich zu hören, denn sie ist nicht von sich selbst eingenommen. Sie atmet auf in den Armen der Barmherzigkeit und zusammen mit ihr verjagt sie die Verwirrung des Gemüts.
In der Finsternis und im Kampf zieht sie die Leuchte des Glaubens hervor, sich in wahrer und tiefer Demut tapfer übend; und in der Freude kehrt sie bei sich ein, damit sich das Herz nicht in eitler Heiterkeit auslasse. Sie ist stark und ausdauernd, denn sie hat den Eigenwillen, der sie schwach und wankelmütig machte, in sich ertötet. Jede Zeit ist ihre Zeit, jeder Ort ihr Ort. Die Zeit der Buße ist für sie Freude und Trost, da sie sie als Werkzeug handhabt; muß sie sie aus Notwendigkeit oder Gehorsam lassen, freut sie sich: das

Hauptfundament der Tugendliebe bleibt ihr und wird ihr nicht genommen. Den Eigenwillen, von dem sie im Lichte gesehen hat, daß er von ihr immer mit großem Fleiß und Eifer getreten werden muß, sieht sie untergehen. An jedem Ort findet sie ins Gebet, denn sie trägt den Raum, in dem Gott aus Gnade wohnt und in dem wir fortwährend beten sollen, nämlich das Haus unserer Seele, immer mit sich, wo sie stets mit heiligem Verlangen betet. Dieses Verlangen erhebt sich gemeinsam mit dem Licht des Geistes, um sich in sich selbst und im unschätzbaren Feuer der göttlichen Liebe, die sie in dem in liebender Freigebigkeit vergossenen Blute findet, zu spiegeln; und eben jenes Blut findet sie im Gefäß der Seele. Darauf merke, dies mußt Du zu erkennen trachten, auf daß im Blute sie sich berausche und im Blute verbrenne und verzehre ihren Eigenwillen, und nicht allein darauf aus ist, die Zahl ihrer Vaterunser zu erfüllen. So wird unser Gebet immerwährend und getreu; denn im Feuer seiner Liebe erkennen wir, daß er mächtig ist, uns zu gewähren, worum wir bitten: er ist die höchste Weisheit, die geben kann und weiß, wessen wir bedürfen; er ist auch gütiger und erbarmender Vater, der uns geben will mehr als wir verlangen und mehr als wir für uns zu erbitten vermögen. Sie ist demütig, weil sie ihre Unzulänglichkeit und ihr Nichtsein erkannt hat. Dies ist das Gebet, durch welches wir zur Tugend gelangen und in uns die Liebe zur Tugend erhalten.

Welches ist der Grund von soviel Gut? Die Unterscheidungsgabe, Tochter der Liebe, wie schon gesagt. Und von dem Gut, das sie in sich hat, reicht sie auch ihrem Nächsten. Daher will sie das Fundament, das sie gelegt hat, die Liebe und die Unterweisung, die sie in sich empfangen hat, dies will sie weitergeben und gibt sie dem Nächsten. Sie zeigt es ihm durch das Vorbild ihres Lebens und durch Belehrung, nämlich Rat erteilend, wenn sie Notwendigkeit sieht, oder wenn Rat von ihr verlangt wird. Sie richtet auf und beschämt die Seele des

Nächsten nicht, sie in die Verzweiflung treibend, wenn sie durch irgend einen Fehler fiel; vielmehr macht sie sich liebevoll mit ihm schwach, schafft Abhilfe, wie sie kann, erleichtert sie in Hoffnung auf das Blut Christi.
Diese und zahllose andere Früchte reicht die Tugend der Unterscheidung dem Nächsten. Da sie also so nützlich und notwendig ist, liebste und teuerste Tochter und Schwester in Christus, dem liebsten Jesus, fordere ich Dich und mich auf, das nun zu tun, von dem ich bekenne, daß ich es bisher nicht in der Vollkommenheit verwirklichte, wie ich hätte sollen. Dir erging es nicht wie mir, nämlich sehr fehlerhaft gewesen zu sein und noch zu sein und aus eigener Schuld, die ich in freier Lebensweise mich ergehe, statt in strenger; Du hingegen, als ein Mensch, der die Jugend seines Leibes zugrunde richten wollte, damit sie sich nicht gegen die Seele erhebe, hast das strenge Leben auf solche Weise ergriffen, daß es aus der Ordnung der Besonnenheit zu geraten schien, so sehr, daß ich glaube, die Unbesonnenheit wolle Dir von ihren Früchten zu schmecken geben und Dich dadurch gemäß dem Eigenwillen leben machen. Und wenn Du unterlässest, was Du zu tun Dir angewöhnt hast, scheint es, der Teufel wolle Dir weis machen, Du seiest verdammt. Das tut mir sehr leid, und ich glaube, dies sei eine große Beleidigung Gottes. Und darum will ich und bitte ich Dich, daß der Anfang und unsere Grundlage mit der wahren Unterscheidungsgabe gemacht werde in der Tugendliebe, wie eben besprochen. Ertöte Deinen Willen und tue, was Du geheißen wirst: halte Dich eher an die Ansicht anderer als an Deine eigene. Fühlst Du Dich in Deinem Körper schwach und krank, so nimm täglich die Nahrung zu Dir, die notwendig ist, um die Natur zu stärken. Und wenn Schwäche und Krankheit abzieht, nimm die gewohnte Lebensweise mit Maß und nicht maßlos, wieder auf. Laß nicht zu, daß das kleine Gut des Bußwerks größerem im Wege stehe: bekleide Dich damit nicht als mit einem Hauptanliegen, damit Du Dich nicht

getäuscht findest: ich will vielmehr, daß wir auf der königlichen Straße laufen und auch andere mitführen, unseren eigenen Willen zerbrechend und zertrümmernd.

Und darum sagte ich, daß ich an Dir die heilige Tugend der Unterscheidung wahrnehmen möchte. Mehr sage ich nicht. Bleibe in Gottes heiliger und zarter Liebe. Verzeih, wenn ich zu anmaßend gesprochen haben sollte: das Verlangen nach Deinem Heil veranlaßte mich zur Ehre Gottes. Liebster Jesus, Jesus die Liebe.

XXXIV.

Die Datierung dieses Briefes an Papst Gregor XI. ist ungewiß, sie schwankt zwischen Juli und September 1376, ja man könnte ihn aus inhaltlichen Gründen sogar in die Zeit von Caterinas Abreise aus Florenz im Mai ansetzen. Jedenfalls ist Caterinas Tadel scharf und nur aus ihrem starken Sendungsbewußtsein und der harten Notlage erklärbar. Auch die Aufmunterung ist freilich kraftvoll, der zögernde und unentschiedene Gregor war ihr wohl dafür dankbar. Es ist nicht ausgeschlossen, daß er gelegentlich um Rat nach Caterina schickte. Caterina wünscht eine persönliche Vorsprache, um durch ihre ausführlichen Worte und ihre Präsenz eine Entscheidung herbeizuführen, denn stets liebt sie die Tat und das entschlossene Handeln.

An Papst Gregor XI., als sie in Avignon war

Im Namen Jesu Christi des Gekreuzigten und der süßen Maria.

Heiligster und liebster Vater! Eure unwürdige und armselige Tochter in Christus, dem liebsten Jesus, Caterina empfiehlt sich Euch in seinem heiligen Blut, mit dem Wunsche, Euch als tapferen Mann zu sehen, ohne irgendeine Furcht oder fleischliche Eigenliebe, weder für Euch noch einen Eurer Verwandten dem Fleische nach; denn ich erkenne und sehe im Angesicht Gottes keinerlei andere Sache, die Euer heiliges und gutes Verlangen hemmen und die Ehre Gottes und die Erhöhung und Erneuerung der heiligen Kirche verhindern könnte, als eben dies. Deshalb wünscht meine Seele in unermeßlicher Liebe, Gott möge in seiner unendlichen Barmherzigkeit alle Leidenschaft und Lauheit des Herzens von Euch nehmen und Euch zu einem anderen Menschen umformen, nämlich durch

die Erneuerung des glühenden und heißesten Verlangens: denn anders könnt Ihr den Willen Gottes und den Wunsch seiner Diener nicht erfüllen.
O weh mir, o weh, mein liebster Vater! Verzeiht meine Anmaßung; das, was ich Euch sagte und durch die erste liebste Wahrheit noch zu sagen gezwungen bin. Ihr Wille, Vater, ist folgender und so bittet sie Euch: sie verlangt, daß Ihr Gericht haltet über die Fülle der zahllosen Ungerechtigkeiten, die jene begehen, die sich nähren und weiden im Garten der heiligen Kirche; sie sagt, das Tier solle sich nicht nähren von der Speise der Menschen. Da sie Euch die Gewalt verliehen hat und Ihr sie übernahmt, müßt Ihr Eure Kraft und Macht gebrauchen; wollt Ihr von ihr keinen Gebrauch machen, wäre es besser, auf sie zu verzichten zur größeren Ehre Gottes und zum Heil Eurer Seele. Ferner ist ihr Wille der, und so verlangt sie von Euch: sie will, daß Ihr Frieden schließt mit der ganzen Toscana, mit der Ihr Streit habt. Holt aus all Euren schlimmen Söhnen, die wider Euch rebellierten, was herauszuholen ist, doch nehmt ohne Krieg; aber als Züchtigung, wie es ein Vater mit dem Sohne halten soll, wenn der ihn beleidigte. Zudem verlangt die liebreiche Güte Gottes, daß Ihr volle Befugnis all denen erteilet, die von Euch die Erlaubnis zum Kreuzzug verlangen; denn wenn Euch die Unternehmung auch unmöglich erscheint, seiner liebreichen Güte, die ihn befahl und will, daß er statthabe, ist nichts unmöglich.
Hütet Euch, ist Euch das Leben lieb, diesbezüglich eine Nachlässigkeit zu begehen: spottet nicht über die Wirkungen des heiligen Geistes, der von Euch sie auszuführen verlangt, da Ihr es könnt, wenn Ihr wollt. Gerechtigkeit könnt Ihr üben, Frieden vermögt Ihr herzustellen, wenn Ihr das eitle Gepränge und die Lustbarkeiten der Welt wegnehmt, die Ehre Gottes und was der heiligen Kirche geziemt aber achtet; die Vollmacht zu erteilen, denen, die Euch darum bitten, habt Ihr auch. Da Ihr also nicht arm seid, sondern reich und Ihr die Schlüssel des

Himmels in Händen haltet – wem Ihr öffnet, dem ist geöffnet, und wem Ihr zuschließt, dem ist zugeschlossen –, tut nicht weiterhin so, auf daß Ihr nicht einen scharfen Verweis von Gott erhält. Ich, an Eurer Stelle, befürchtete, daß das göttliche Gericht über mich käme. Und darum bitte ich Euch flehentlich im Namen Christi des Gekreuzigten, dem Willen Gottes gehorsam zu sein. Zwar weiß ich, daß Ihr nichts anderes wollt oder wünscht, als seinen Willen zu tun, auf daß nicht jener harte Vorwurf Euch treffe: «Verflucht seist du, weil du die Kraft und die Zeit, die dir gegeben war, nicht nutztest». Vater, durch die Güte Gottes, und auch Hoffnung schöpfend aus Eurer Heiligkeit, glaube ich, daß Ihr so handeln werdet, daß solches nicht über Euch komme.

Mehr sage ich nicht. Verzeiht mir, verzeiht: die große Liebe, die ich zu Eurem Heile habe und der riesige Schmerz, wenn ich das Gegenteil sehe, läßt mich so sprechen. Gern hätte ich es Euch in eigener Person gesagt, um mein Gewissen voll zu entlasten. Wenn es Eurer Heiligkeit gefällt, daß ich komme, werde ich gerne kommen. Handelt so, daß ich nicht bei Christus dem Gekreuzigten Beschwerde gegen Euch einlegen muß, denn auf einen anderen könnte ich mich nicht berufen, da niemand höher ist auf Erden als Ihr. Verbleibet in der heiligen und süßen Liebe Gottes. Demütig bitte ich um Euren Segen. Liebster Jesus, Jesus die Liebe.

XXXV.

Der Zusatz zum Adressaten «arm an jeder Tugend» stammt wahrscheinlich von Stefano Maconis eigener Hand, als er den Brief für die Sammlung kopierte. Der in Caterinas Umkreis gepflegte demütigende Zuname entspricht aber der Situation Maconis, in der er gerade diesen Brief Caterinas empfängt: er hat sich offensichtlich noch immer nicht ganz zu dem von Caterina angestrebten besseren Leben entschließen können. Er kann sich nur schwer aus seiner gehobenen und angesehenen weltlichen Stellung und den kräftigen Familienbanden lösen.

AN STEFANO DI CURADO MACONI, ARM AN JEGLICHER TUGEND.

Im Namen Jesu Christi des Gekreuzigten und der süßen Maria.

Teuerster Sohn in Christus, dem liebsten Jesus! Ich, Caterina, Dienerin und Magd der Diener Jesu Christi, schreibe Dir in seinem kostbaren Blut, mit dem Wunsche, daß Dir so viel Licht und Erkenntnis innewohne, daß Du einsehest, daß Du nicht lösen, sondern zerschneiden mußt. Denn wer nicht schneidet, bleibt immer gebunden, und wer nicht flieht, bleibt gefangen. Leiste dem heiligen Geist, der Dich ruft, nicht länger Widerstand; Dich gegen ihn aufzulehnen wird Dich schwer ankommen. Laß Dich nicht fangen von der Lauheit des Herzens, durch weibische Liebe, die sich oft genug mit dem Anstrich der Tugend färbt. Sei vielmehr ein Mann, der tapfer aufs Schlachtfeld heraustritt, Dir das mit soviel Liebesfeuer versprühte Blut vor das Auge des Geistes haltend, damit Du, zum Kampfe begeistert seiest. Antworte, antworte, nachlässiger Sohn! Öffne die Türe Deines Herzens: welch eine Schmach, daß Gott an der Türe Deiner Seele steht und Du nicht öffnest. Sei ihm gegenüber nicht Mietssoldat, sondern Getreuer! Tauche Du Dich ins Blut des gekreuzigten Christus, wo Du das Schwert des Hasses und der Liebe finden wirst und jedes Band, das außerhalb des Willens Gottes ist, wirst Du zerschneiden. Du wirst auch das Dir notwendige Licht finden, mit dem Du einsiehst, daß es für Dich unumgänglich ist zu zerschneiden. Ich sage nichts weiter. Verbleibe in der heiligen und süßen Liebe zu Gott. Liebster Jesus, Jesus die Liebe.

XXXVI.

Stefano Maconi geriet in der Umgebung von Siena in Gefangenschaft der Giovanni Aguto unterstellten Söldnerschar. Caterina wurde benachrichtigt und sie erwirkte, daß der Senat als Lösegeld 400 Florin (scudi d'oro) *für Maconi freimachte. So entkam Stefano der Gefangenschaft, was Caterina nicht versäumt, ihm eindringlich geistlich auszulegen.*

Die Frage, welche Stefano Maconi des Messebuches wegen an Caterina stellte, erklärt sich aus dem in kraft stehenden Interdikt: Messer Iacomo Tolomei, Konventmönch und Bischof von Narni, die genannte Eminenz, wurde nach Siena geschickt, um das Interdikt aufzuheben. Für sich und seine Hausgenossen und Begleiter hatte er die Erlaubnis, Messe zu lesen und zu hören. Caterina glaubt nun, die Dispens sei im engeren Sinn, also nur für die nächsten Hausgenossen, und nicht etwa auch für den lose dazugestoßenen Maconi gültig. Sie ist gegen ein solches Privileg, das sie als Anmaßung betrachtet, wenn es Maconi nicht plausibel erklärt werden konnte.

Barduccio di Piero dei Canigiani hatte Caterina 1378, zusammen mit weiteren Familienmitgliedern der Canigiani, anläßlich ihrer Vermittlung zwischen der Stadt Florenz und dem Heiligen Vater kennengelernt. Die Canigiani bauten für Caterina ein Haus in Florenz. Barduccio wurde Caterinas Sekretär und war unter den Schreibern, als Caterina ihr «Buch», den Dialogo, *diktierte. Die Bemerkung in diesem Brief, Barduccio sei nun zum Exempel hingestellt, deutet auf die Übernahme eines Amtes, vielleicht auch nur innerhalb der* famiglia, *hin.*

Interessant, da eine äußerste Seltenheit, ist der Anhang, in dem geschäftliche Mitteilungen über einen Pferdeverkauf, wenn auch lükkenhaft, erhalten sind. Es scheint, Caterina sei zur Organisation einer Großfamilie begabt gewesen; doch blieben Schwierigkeiten im Verkehr untereinander – wer in diesem Fall die Beteiligten waren, ist nicht genau auszumachen – offensichtlich trotzdem nicht aus.

An Stefano di Curado Maconi.

Im Namen Jesu Christi des Gekreuzigten und der süßen Maria.

Teuerster Sohn in Christus, dem liebsten Jesus! Ich, Caterina, Dienerin und Magd der Diener Jesu Christi, schreibe Euch in seinem kostbaren Blut, mit dem Wunsche, Euch aus den Händen der Feinde befreit zu sehen. Es scheint mir, wenn ich mich nicht täusche, daß die göttliche Güte die Morgenröte schon aufsteigen läßt; daher hoffe ich, der helle Tag erscheine, sobald die Sonne aufgegangen ist. Du wurdest gefangen, schreibst Du mir; aber nicht zur Nachtzeit, sondern bei Tag. Dann wirkte die Güte des heiligen Geistes, und das Morgenrot erschien in den Herzen der fleischgewordenen Teufel: so wurdest Du freigelassen.

Denk daran, teuerster Sohn, daß, während Du in der Nacht der wahren Erkenntnis Deiner selbst verbleibst, Du nicht gefangen genommen werden kannst: wollte aber die eigene Ungeduld am Tage der sinnenhaften Eigenliebe oder wollte die Seele voreilig am Tage der Gotteserkenntnis vor der Macht der Selbsterkenntnis passieren, so würde sie von ihren Feinden gefangengenommen. Zweifellos steht die Seele nicht mit ängstlichem und zärtlichem Verlangen in der Erkenntnis ihrer selbst und der Güte Gottes ihr gegenüber, fiele sie in die Gefangenschaft der Feinde. Sofort würde der Feind der Anmaßung mit der Fessel der Überheblichkeit, würden die Leidenschaften und die Freuden und Ehren der Welt, der Teufel und das Fleisch, alles würde uns ergreifen. Und darum will ich, daß Du stets verweilst zwischen dem Tag und der Nacht, das heißt, daß Du Dich in Gott und Gott in Dir erkennst.

Dann wirst Du erfahren, daß, wenn die Feinde Dich auch gebunden und viele verschiedene Gedanken Dein Herz belagert hätten, Deinem Herzen die Morgenröte doch erscheinen

würde. In Deiner Seele wäre Dir zugesprochen worden und Du sprichst es nach: «Geh hin in Frieden und ruhe aus in Frieden auf dem Tisch des Kreuzes, wo Du den Frieden und die Ruhe finden wirst auch mitten im stürmischen Meer».
Welch ein Friede war Euch beschieden, als Euch, Ihr Lämmer inmitten jener Wölfe, von ihnen gesagt wurde: «Gehet in Frieden!» Noch in ihren Krieg verwickelt, schmecktet Ihr den Frieden, als Ihr dies vernahmt. Und so denke Dir, fühlt sich auch die von mannigfachen Gedanken geplagte Seele, wenn Sie sich doch in Übereinstimmung mit dem Willen Gottes befindet. Erfahrend mit welcher Liebe er ihr entgegenkommt, und daß solche Gedanken uns nur zu größtmöglichem Eifer und tiefer Demut gelangen lassen, erreicht Euch der Friede auch mitten im Krieg.
Nun wünscht meine Seele, da Euch der liebste ewige Bräutigam wunderbarerweise verschonte und aus ihren Händen entriß – ich bitte ihn auch in diesem Sinn –, daß er Dich bald jenen anderen, größeren und grausameren Feinden, als jene waren, entreiße. Jene waren Feinde des Leibes, doch die anderen sind Feinde der Seele. Und das ist die Wahrheit: die eigenen Hausgenossen gemäß der Welt sind unsere Feinde, und besonders jene, die uns am meisten verbunden sind, jedoch auf nichts anderes als ihren Vorteil aus sind. Bist Du von ihnen befreit, so bist Du dem Kerker entronnen; dann ist die Sonne aufgegangen. Nun stehst Du in der Morgendämmerung, die Dich noch nicht voll und ganz die Tugend schmecken und erkennen läßt, denn Du bist noch nicht an der Sonne, bis Du gelöst sein wirst von diesen häuslichen Feinden. Aber ich will, liebster Sohn, daß Du Dich nun in dieser Zeit der Morgendämmerung stählst; bald steigt die Sonne auf und läßt uns das süße Wort vernehmen: «Lasset die Toten die Toten begraben, Du aber folge mir».
Mehr sage ich nicht über diese Angelegenheit. Versenke Dich im Blute des gekreuzigten Christus, damit die Feinde Dich

nicht mehr erhaschen. Nun schlafe nicht mehr im Bette der Nachlässigkeit und löse Dich bald, auf daß man Dich besser binde.

Was das Gehen zur Messe betrifft, antworte ich, daß Ihr gut daran tut, nicht hinzugehen. Und daß Ihr Euch als Angehöriger des Misser Jacomo ausgegeben habt: wenn ich es gewußt hätte, Ihr hättet es nicht mehr getan, wäret vielmehr unterwürfig und gehorsam geblieben, in Geduld die Friedenszeit abwartend. Dazu sage ich Dir, daß wenn es Dir auch als zulässig dargelegt wurde, Du Dich nicht damit einverstanden erklären sollst zu gehen, daß sich nicht jeder ein Gewissen auf seine Weise mache. Was nein ist, ist nein. Denn auch seine Eminenz darf es nicht im weiteren Sinne nehmen, glaube ich, da es nur auf seine eigene Hausgemeinschaft, die in seinem persönlichen Dienste steht, anzuwenden ist. Wissen wir doch, daß ich es nicht bin noch sein will. Immerhin, vielleicht daß seine Eminenz die besondere Genehmigung hat, es zu tun. Wenn Ihr hinreichende Aufklärung darüber habt ...

Was Dein Kommen betrifft ... in Sache des ..., erübrigt es sich. Dessetwegen fordere ich Dich also nicht auf zu kommen: trotzdem hätte ich es sehr gerne gehabt, Du wärest gekommen, oder daß Du nun kommst, wenn es ohne Ärgernis geschehen kann. Aber mit Ärger und Aufregung Deines Vaters und Deiner Mutter nicht, nein, erst wenn das Ärgernis notwendig ist. Doch jetzt, zu der Zeit, will ich, daß Du es vermeidest, so gut Du kannst. Ich bin sicher, daß wenn es die göttliche Güte für recht befindet, das Ärgernis verschwindet und Du ruhig wirst kommen können. Komme, wenn Du kannst. Wenn Monna Lapa nach Siena zurückgekehrt ist, sorget, daß sie Euch empfohlen werde.

Dem Pietro richte aus, daß ich von den Geldern, die er mir als Rest vom Pferdekauf schickte, nie etwas erhielt, noch jemals sagte, daß ich sie haben wollte, noch je daran dachte; auch wurde mir nichts darüber mitgeteilt: außer am Tage, an dem

ich die Briefe erhielt, kam Mino di Simone, blickte scharf auf mich, indem er fragte, ob ich das Geld erhalten hätte, worauf ich es verneinte, wie es die Wahrheit war; ich hatte nie davon gewußt. Er sagte mir, er ginge zu Andrea und sage es ihm und er ging dorthin. Natürlich werde ich ihm schicken, was ich geben muß. Wenn er will, gebe er es an Nanni. Mehr sage ich nicht. Verbleibe in der heiligen und süßen Gottesliebe. Stärke Pietro und alle anderen Söhne. Und dem Prior sage ich, mit Monna Lapa verfahre er, wie es ihm gut scheint und schicke ihr, was er will. Ich schreibe weder ihm noch Pietro, weil ich keine Zeit habe und daran bin, anderen zu schreiben.
Dein nachlässiger Bruder Barduccio läßt sagen, Du mögest bald hierher kommen, er habe etwas vor und brauche Deine Gesellschaft. Den richtigen Weg zu finden, scheint ihm schwierig, wenn Du nicht dabei bist: so sehr, daß wenn Du nicht herkommst, er zu Dir will, bevor er etwas unternimmt. Er sei Eurem Gebet empfohlen, Dir und den anderen, denn er bedarf dessen sehr, denn jetzt ist er auf immer als Beispiel hingestellt. Lisa bittet Dich gleichfalls, Dich und die anderen, Gott für sie zu bitten. Liebster Jesus, Jesus die Liebe.
Battista meldet Dir, es sei recht, wenn Ihr ihn schicktet ... und darüber hinaus sei er eine gute neue Pflanze im mystischen Leibe der heiligen Kirche. Aber ich gestehe Dir, daß ich gerne hätte, er wäre mit Misser Tommaso oder mit Misser Martino, die geeignet und in allem erfahren sind.
Ich schickte zur Gräfin, mein Buch zurückzuverlangen und wartete nun schon mehrere Tage darauf: und es kommt nicht. Deshalb, wenn Du zu ihr gehst, richte aus, daß sie es sofort schicke: oder veranlasse, daß wer immer dorthin geht, es ausrichte und es nicht unterlasse.

XXXVII.

Der Brief an die Mutter Stefano Maconis wurde wahrscheinlich in Pisa geschrieben, als Stefano die Reisegesellschaft auf dem Rückweg aus Avignon verlassen hatte und nach Siena vorausging. Dies war Ende November 1376. Caterina empfiehlt in ihrem Brief zwar den Sohn der Mutter und gibt ihn ihr wieder in ihre Obhut, spricht aber gleichzeitig mit deutlicher Sprache über den notwendigen Verzicht der Eltern auf ihre Kinder, wenn diese eine besondere Berufung haben, zum Beispiel die, sich der famiglia *Caterinas anzuschließen. Verschiedene Briefe an Stefano lassen erkennen, daß die Bindung offenbar beiderseitig war und Stefano arg gedrängt werden mußte, bis er den Schritt aus der Familie in eine unkonventionelle Lebensform wagte.*

An Monna Giovanna di Curado Maconi.

An Monna Giovanna, Frau des Curado di Leoncino von Siena, als ich, Stefano, mit Caterina von Avignon zurückkehrte.

Im Namen Jesu Christi des Gekreuzigten und der süßen Maria.

An Euch, liebe Schwester und Tochter in Christus Jesus, schreibe ich, Caterina, Dienerin und Magd der Diener Jesu Christi, in seinem heiligen Blut, mit dem Wunsche, Euch mit dem hochzeitlichen Gewand bekleidet zu sehen, da mir scheint, die Seele könne ohne dieses Kleid dem Schöpfer nicht gefallen und bei der Hochzeit des ewigen Lebens sich nicht einfinden. So will ich, daß Ihr damit bekleidet seiet, und damit Ihr es leichter anlegen könnt, will ich, daß Ihr alle Eigenliebe und sinnenhafte Anhänglichkeit auszieht, die Ihr Euren Söhnen oder sonst einem Menschen entgegenbrachtet außerhalb Gottes. Ihr sollt weder Euch selbst noch sonst irgendetwas außerhalb Gott lieben, da es unmöglich ist, daß der Mensch zwei Herren diene; denn dient er dem einen, mißfällt er dem anderen. Kein Mensch kann Gott und der Welt dienen, weil sie nicht übereinstimmen. Die Welt sucht Ehre, hohen Stand, Reichtum, Kinder in besten Verhältnissen, edle Abstammung, sinnliches Vergnügen und Ergötzen, alles verwurzelt und gegründet im verruchten Hochmut. Gott jedoch sucht und will das Gegenteil. Er will freiwillige Armut, Verdemütigung des Herzens, Verachtung seiner selbst und aller Lust und Vergnüglichkeit der Welt; ferner will er nicht Ehrsucht, aber Gottesehre und Nächstenliebe und daß man nur suche, in welcher Weise man sich mit dem Feuer der heißesten Liebe und dem Schmuck der lieblichen und königlichen Tugend, mit wahrer und heiliger Geduld bekleidet, und daß man keinerlei Unrecht an andern räche, das einem vom Nächsten zugefügt wurde. Vielmehr ertrage man alles in Geduld und suche nur sich selbst gegenüber Rache, da man inne wird, die erste süße Wahrheit beleidigt zu haben. Und was man liebt, liebe man in Gott und außerhalb Gottes nichts.

Und wenn Ihr mir entgegenhaltet: Wie denn soll ich lieben?, so antworte ich Euch, daß man Nachkommen und alles andere allein aus Liebe zu dem, der es erschaffen hat, lieben dürfe, also weder aus Liebe zu sich selbst noch aus Liebe zu den Kindern. Beleidigt ja Gott nie ihretwegen oder irgend einer Sache wegen, das heißt, liebet sie nicht im Hinblick auf irgend einen Vorteil oder als Euer Eigentum, sondern nur als Euch geliehenes Gut; denn alles, was uns in diesem Leben gegeben ist, ist nur zum Gebrauch und als Leihgabe übergeben und in dem Maße nur ist es uns überlassen, wie es Gott gefällt, der es schenkte. Ihr müßt also von allem Gebrauch machen als Sachwalterin Christi des Gekreuzigten; so verteilt das zeitliche Gut nach Möglichkeit und Euer Vermögen an die Armen, die anstelle Gottes stehen; so teilt auch Eure Kinder aus, indem Ihr sie immer in der Furcht Gottes aufwachsen läßt und erzieht und wünschet vor allem, daß sie eher sterben wollten als ihren Schöpfer beleidigen. Gebt, gebt Gott hin Euch selbst und sie! Und wenn Ihr seht, daß Gott sie ruft, setzt seinem liebenswürdigen Willen keinen Widerstand entgegen: vielmehr, wenn sie mit einer Hand geben, so sollt Ihr es als wahre und gute Mutter und Liebhaberin ihres Heiles mit beiden tun. Wollet nicht Ihr ihren Stand nach Eurer Meinung erwählen, denn dies wäre ein Zeichen, daß Ihr sie außerhalb Gottes liebtet; sondern seid zufrieden mit dem Stand, zu dem Gott sie beruft. Oft meint die Mutter, welche ihre Nachkommen nach verkehrter Weltweise liebt: Es ist mir schon recht, daß meine Kinder Gott dienen, sie können ihm aber in der Welt dienen, so gut wie in einem anderen Stand. Aber diesen einfältigen Müttern widerfährt es oft, daß sie sie dadurch weder für Gott noch in der Welt erhalten. Und es geschieht ihnen nur recht, da so viel Anmaßung und Unwissenheit in ihnen herrscht, daß sie selbst dem heiligen Geist, der sie ruft, Gesetz und Regel vorschreiben wollen. Solche lieben sie nicht in Gott noch um Gottes willen, sondern mit sinnenhafter Eigenliebe außerhalb Gottes, weswegen sie mehr ihre Leiber als ihre Seelen lieben. Niemals, geliebteste Schwester und Tochter in Christus, dem liebsten Jesus, kann man Christus den Gekreuzigten anziehen, wenn man nicht zuvor von all dem entblößt ist. Ich hoffe um der Güte Gottes willen, daß ihr davon nicht betroffen seid, sondern als echte und gute Mutter Euch und sie zur Ehre und Verherrlichung Gottes hingebt, und dadurch mit dem hochzeitlichen Gewande bekleidet seid. Damit Ihr es Euch jedoch leichter anziehen könnt, will ich, daß Ihr Euer Verlangen und Eure Zuneigung von der Welt und allen ihren Dingen abzieht und Ihr das Auge des Geistes öffnet, damit Ihr die Liebe Gottes Euch gegenüber erkennet; denn aus Liebe zu Euch gab er das Wort seines eingeborenen Sohnes, und der Sohn gab für Euch sein Leben mit solchem Liebesfeuer dahin, daß er seinen Leib opferte, das Bad in seinem Blute zu bereiten. Weh uns Unwissenden und Elenden, die wir eine solche Wohltat weder erkennen noch lieben! Aber all dies geschieht, weil wir das Auge zuhalten, denn wäre es offen und hätte es Jesus Christus den Gekreuzigten vor sich gestellt, verbliebe es so großer Gnade gegenüber nicht blind und undankbar. Deshalb sage ich Euch: haltet dies Auge stets offen, richtet es auf das hingegebene und hingeschlachtete Lamm und haltet den Blick fest, damit Unwissenheit auf Euch nie zutreffe.

Nun auf, liebste Tochter, zögern wir nicht länger: holen wir die verlorene Zeit mit wahrer und vollkommener Liebe auf, auf daß wir uns in diesem Leben aus Gnade mit dem besagten Gewande bekleiden, wir uns erfreuen und in der Hochzeit des ewigen Lebens frohlocken, Ihr, zusammen mit Eurem Gemahl und Euren Kindern. Und ermuntert Euch zärtlich in Christus dem liebsten Jesus, und bleibt geduldig und laßt Euch nicht verwirren, weil ich Euch Stefano allzusehr entzog; er befindet sich in guter Sicherheit, da ich mich in Liebe und Zuneigung mit Euch verband und Eure Sache als die meinige auf mich genommen habe. Ich glaube, Ihr nahmt es mir nicht zu sehr übel. Für Euch und für ihn will ich bis zu meinem Tod das beste wirken. Ihr, seine Mutter, habt ihn einmal geboren, und ich will ihn und Euch und Eure ganze Familie in Tränen und Schweiß nochmals gebären, durch immerwährende Gebete und Verlangen nach Eurem Heil. Mehr ist nicht zu sagen.

Empfehlt mich Curado und segnet die ganze Familie, und ganz besonders meine junge Pflanze, die neuerdings im Garten der heiligen Kirche Wurzel zu fassen sucht. Laßt ihn Euch anempfohlen sein und zieht mir ihn in Tugend auf, damit er inmitten der anderen Blumen seinen Duft ausströme. Gott erfülle Euch mit seiner wohltuendsten Gnade. Verbleibet immerdar in seiner heiligen und süßen Liebe. Liebster Jesus, Jesus die Liebe.

XXXVIII.

Nicht nur Monna Giovanna di Curado Maconi war der Meinung, ihr Sohn Stefano sei ihr durch die Reise an den päpstlichen Hof von Avignon genommen. Auch Monna Lapa, Caterinas Mutter, die doch selbst nun auch Bußschwester des heiligen Dominikus war, beklagte sich eindeutig über die Abwesenheit ihrer Tochter. Caterina stellt ihr Maria, die Mutter Christi, als nachzuahmendes Vorbild hin. Das Risiko einer Reise, wie sie Caterina damals unternahm, darf freilich nicht unterschätzt werden, so daß Besorgnis gerechtfertigt erschien. Die Rückkunft Caterinas verzögerte sich 1376 dann durch die Krankheit ihrer Begleiter während der Reise. Zu denen gehörten Neri di Landoccio Pagliaresi, Magister Giovanni Terzo Tantucci und Frater Bartolomeo Dominici.
Der Brief wurde wahrscheinlich von Genua aus Oktober/November 1376 geschrieben.

An Monna Lapa ihre Mutter, vor der Rückkehr aus Avignon.

Im Namen Jesu Christi des Gekreuzigten und der süßen Maria.

Teuerste Mutter in Christus dem liebsten Jesus! Eure unwürdige und armselige Tochter Caterina tröstet Euch im kostbaren Blute des Sohnes Gottes. Mit innigem Verlangen wünschte ich Euch wahre Mutter zu wissen nicht nur meines Leibes, sondern auch meiner Seele. Betrachtet mich so – die Ihr doch mehr Liebhaberin der Seele als des Körpers seid –, daß in Euch jede ungeordnete Anhänglichkeit ersterbe und Euch der Verlust meiner leiblichen Gegenwart weniger schwer falle; er gereiche Euch eher zum Trost. Und wollet jedes Leid zur Ehre Gottes ertragen, darauf bedacht, daß auch, was mich betrifft, sich alles zur Ehre Gottes ergebe. Erstrebt Ihr die Ehre Gottes, wird auch in meiner Seele ein Anwachsen der Gnade und Tugendkraft nicht ausbleiben, wodurch sich voll bewahrheitet, daß Ihr, liebste Mutter, mehr Liebhaberin der Seele als des Leibes seid, und Ihr so getröstet und nicht untröstlich sein werdet.

Ich will, daß Ihr von jener liebsten Mutter Maria lernet; sie gab zu Gottes Ehre und unserem Heil den am Holze des heiligsten Kreuzes verstorbenen Sohn dahin. Und als Maria nach der Himmelfahrt Christi allein zurückgelassen wurde, blieb sie mit den heiligen Jüngern zusammen: und nehmen wir an, Maria und die Jünger hätten in ihrem Zusammensein großen Trost erfahren, so willigte sie doch zu Ruhm und Ehre ihres Sohnes und zum Heile der ganzen Welt ein, daß sie von ihr weggingen. Und lieber wählte sie die Mühsal ihres Abschieds, denn die Wohltat ihres Bleibens; aus reiner Liebe war sie auf die Ehre Gottes und unser Heil bedacht. Nun will ich also, teuerste Mutter, daß Ihr von ihr lernet. Ihr wißt, daß es mir zukommt, den Willen Gottes zu erfüllen; und ich bin sicher, daß ihr wollt, daß ich ihn erfülle. Es war sein Wille, wenn ich wegging: die Abreise war nicht ohne Notwendigkeit und Früchte großen Nutzens. Sein Wille war, daß ich wegblieb; nicht Menschenwille bestimmt, und wer das Gegenteil behauptete, ist im Unrecht. Darum werde ich abreisen müssen, seinen Spuren folgend in der Art und zu der Zeit, die seiner unschätzbaren Güte genehm sein wird.

Euch kommt es als guter und liebster Mutter zu, Euch darüber zu freuen und nicht zu betrüben, alle Mühsal zur Ehre Gottes und zu Eurem und meinem Heil zu ertragen. Ich erinnere mich, daß Ihr es um zeitlicher Güter willen so hieltet, als Eure Söhne von Euch weggingen, um weltlichen Reichtum zu erwerben. Nun scheint es Euch aber so unerträglich um des ewigen Lebens willen, daß Ihr Euch auflösen wollt, falls ich Euch nicht bald entgegenkomme. All dies erlebt Ihr so, weil

Ihr den Teil, welchen ich von Euch erhielt, mehr liebt, als was ich von Gott erlangte, d. h. Euer Fleisch, mit dem Ihr mich bekleidet habt. Erhebet, erhebet denn auch nur einwenig Euer Herz und Gemüt zum süßen und heiligsten Kreuz, wo Eure Last sich verringern wird. Wollet doch das kleine zeitliche Leiden auf Euch nehmen, um der ewigen Bedrängnis, die wir durch unsere Sünden verdient haben, zu entkommen. Nun denn, ermannt Euch aus Liebe zum gekreuzigten Christus und wähnt Euch nicht verlassen von Gott und von mir. Also werdet Ihr gestärkt und voll getröstet sein; und das erlittene Leid wird gering sein im Vergleich zur kommenden großen Freude. Bald werden wir uns wiedersehen, so Gott will. Wir wären bereit, sofort zu kommen, wenn wir nicht durch die schwere Erkrankung Neris verhindert wären. Auch Magister Giovanni und Frater Bartolomeo waren krank &c. Weiter sage ich nichts. Empfehlet uns &c. Verbleibet in der heiligen und wonnevollen Liebe zu Gott. Liebster Jesus, Jesus die Liebe.

XXXIX.

Der Brief ist zwischen dem 5. Dezember 1376 und dem 13. Januar 1377 abgefaßt, als Gregor der XI. noch in Corneto, also bereits auf päpstlichem Hoheitsgebiet weilte, aber noch nicht am Orte der Apostel Petrus und Paulus in Rom eingezogen war. Gregor mußte sich die Abreise von Avignon gegen harte Widerstände der Verwandten und Kardinäle (oft beides in einer Person) erkämpfen. Bei jeder Zwischenlandung versuchte sein Gefolge ihn umzustimmen, worauf Caterina durch ihre gezielten Ermahnungen und Aufmunterungen anspielt. Die unglückliche, arme Stadt, für die Caterina speziell Fürbitte einlegt, könnte Pisa sein, wo Caterina sich am 8. Dezember aufhielt, oder Siena, in das sie bereits zurückgekehrt wäre, oder, was unwahrscheinlicher ist, Florenz, das wiederum aufständisch war und gegen das Gregor nun schärfere Maßnahmen zu ergreifen dachte.

An den Heiligen Vater Papst Gregor, als er in Corneto weilte.

Im Namen Jesu Christi des Gekreuzigten und der süßen Maria.

Heiligster und verehrtester Vater in Christus, dem liebsten Jesus! Eure unwürdige und elende Tochter Caterina empfiehlt sich Euch in seinem kostbaren Blut, mit dem Wunsche, Euer Herz standhaft, unerschütterlich und in wahrer und heiliger Geduld befestigt zu sehen. Ich meine, ein schwaches Herz, wankelmütig und ohne Geduld, könnte die großen Taten Gottes nicht vollbringen. Jede vernunftbegabte Kreatur, will sie Gott dienen und mit den Tugenden bekleidet sein, muß diese Beständigkeit, Kraft und Ausdauer haben, sonst käme Gott nie in ihre Seele. Denn wollte sich der Mensch aus ungeordneter Neigung, aus Vergnügen und Gefallen an sich und der Welt, dem Wohlleben hingeben oder wendete er sich den Schmähungen und Verfolgungen zu in Ungeduld und verlöre er die Neigung zu den Tugenden, die er doch in heiligem Verlangen in seinem Geist begriffen hat und erwerben will, so muß er wohl einsehen, daß er die Tugend nicht erlangen, noch darin vollkommen werden kann, ohne ihr Gegenteil. Daraus folgt, daß wenn er den Gegensatz umgeht, er notwendig auch die Tugend flieht, die Tugend, mit welcher er streiten und das Laster niederschlagen sollte, das im Gegensatz zur Tugend steht: mit der Demut jage er die Überheblichkeit; die Reichtümer und Lustbarkeiten und Ehren der Welt mit der freiwilligen Armut. Der Friede verjage und besiege den Krieg in seiner eigenen Seele und gegen seinen Nächsten. Die Geduld überwinde die Ungeduld aus Liebe zur Ehre Gottes und dessen Tugendkraft. Durch Haß und Verachtung seiner selbst trägt er kraftvoll und geduldig die Qualen, Schmähungen, Beschimpfungen, Hohn und Spott, Mühsal des Leibes und zeitliche Verluste. So soll man standhaft handeln und fest sein, unerschütterlich und geduldig; anders wäre man kein Diener Jesu Christi, man würde Diener und Sklave der eigenen Sinnlichkeit. Diese Sinnlichkeit benimmt die Standhaftigkeit und macht kleinmütig, von kleinem und schwachem Herzen. Aber man soll nicht so tun, vielmehr soll man sich die erste süße Wahrheit zum Vorbild nehmen, die mit Aushalten, unsere Fehler tragend und durchhaltend, uns das Leben zurückgab.

O heiligster Vater, mein liebster Vater! Öffnet das Auge des Geistes und betrachtet mit Einsicht, ob die Tugend, wenn sie doch jedem Menschen so notwendig ist, jedem Einzelnen zum Heil seiner Seele, ob dann nicht mehr noch Euch, die Ihr den mystischen Leib der heiligen Kirche, Eure Braut, ernähren und lenken müßt, jene Standhaftigkeit, jener Starkmut und Geduld notwendig sei. Wisset, daß Ihr, der Ihr als neue Pflanze in den

Garten der heiligen Kirche eingetreten seid, Euch mit Tugendkraft ausrüsten müßt, um dem Teufel, dem Fleisch und der Welt zu widerstehen, welches die drei hauptsächlichsten Feinde sind, die Tag und Nacht wider uns angehen und niemals ruhen. Ich hoffe auf die göttliche Güte, sie habe Euch gegen diese Feinde widerstehen lassen und werde es gegen alle tun, damit sie in Euch das Ziel erreiche, um dessetwillen sie Euch erschuf, das heißt, daß Ihr seinem Namen Ehre und Lob erweiset und, um seine Güte zu kosten, seine ewige Anschauung empfanget, worin unsere Seligkeit besteht. Nun seid Ihr Stellvertreter Christi, wodurch Ihr auf Euch nahmt für die Ehre Gottes, für das Heil der Seelen und die Erneuerung der heiligen Kirche zu arbeiten und zu kämpfen: diese Aufgaben sind für Euch Plage und Mühe, da Euch außer den gewöhnlichen Kämpfen, die jeder Seele, die Gott dienen will, gegeben sind, noch besondere bereitstehen, wie eben gesagt. Und weil Eure Last größer ist, benötigt Ihr ein entflammtes, tapferes Herz, das sich vor nichts fürchtet, was eintreffen könnte. Ihr wisset wohl, heiligster Vater, daß, als Ihr die heilige Kirche zur Braut nahmt, Ihr auch auf Euch nahmt, für sie zu arbeiten, selbst in der Erwartung, daß die vielen Gegenwinde der zahlreichen Mühen und Bedrängnisse Euch entgegen sein werden, statt mit Euch zu kämpfen für sie. Doch Ihr, stellt Euch diesen gefährlichen Stürmen als mutiger Mann entgegen, mit Stärke, Geduld und langer Ausdauer. Wendet das Haupt nie zurück aus Schmerz oder Bestürzung noch aus knechtischer Furcht; sondern ausharrend freut Euch in den Stürmen und Kämpfen. Euer Herz freue sich, denn durch die vielen Widerwärtigkeiten, die sich ergaben und noch ergeben, erfüllen sich die Taten Gottes und anders verwirklichten sie sich nie. So sehen wir, daß das Ziel der Kirchenverfolgungen und aller Drangsal einer tugendmächtigen Seele der in wahrer Geduld und Beharrlichkeit erworbene Friede ist: immer geht sie mit der Krone der Herrlichkeit gekrönt daraus hervor. Dies ist also das Heilmit-

tel. Und darum sagte ich, heiligster Vater, daß ich verlange, Euch mit standhaftem, unerschütterlichem und in echter Geduld gefestigtem Herzen zu sehen.
Ich will, daß Ihr ein dem Liebeswort, Christus dem Gekreuzigten, eingepflanzter Liebesbaum seid. Dieser Baum wurzle zur Ehre Gottes und zum Heil Eurer Schafe in der tiefen Demut. Wenn Ihr der Liebesbaum sein werdet, so innig festgewurzelt, werdet Ihr in Euch nur Liebesbaum finden: am Wipfel die Frucht der Geduld und Stärke und dazwischen die gekrönte Beharrlichkeit; und in der Mühsal werdet Ihr Frieden und Ruhe und Trost finden, da Ihr im Leiden Euch Christus dem Gekreuzigten gleichförmig werden seht. Und wenn Ihr so durchhaltet mit Christus dem Gekreuzigten, werdet Ihr mit Frohlocken aus viel Krieg zu großem Frieden übergehen.
Friede, Friede, heiligster Vater! Möge es Eurer Heiligkeit gefallen, Eure Söhne, die Unrecht gegen Euch taten, wieder aufzunehmen, Vater. Eure Gütigkeit überwinde ihre Bosheit und Überheblichkeit. Es wird Euch nicht zur Schande gereichen, wenn Ihr Euch, um ihn zu beruhigen, niederbeugt zum schlechten Sohn. Es wird Euch im Gegenteil zu größter Ehre und zu Nutzen im Angesicht Gottes und der Weltmenschen gereichen. O weh mir, mein Vater, nur keinen Krieg mehr! In irgendeiner Weise, horcht Ihr auf Euer Gewissen, wird der Friede möglich sein. Den Krieg schicke man wider die Ungläubigen, wo er hingehört. Ahmt die Sanftmut und Geduld des unbefleckten Lammes Christus, den liebsten Jesus, nach, dessen Stelle Ihr einnehmt. Ich vertraue auf unseren Herrn Jesus Christus, daß er, in diesen wie in anderen Belangen so mächtig in Euch wirke, daß Euer und mein Verlangen erfüllt werde; denn einen anderen Wunsch kenne ich in diesem Leben nicht, als die Ehre Gottes, Euren Frieden und die Erneuerung der heiligen Kirche zu erleben und in jeder vernunftbegabten Kreatur das Leben der Gnade zu finden. Fasset Mut durch die Bereitschaft hier: nach dem, was man mir zu verstehen gab,

anerkennt man Euch wieder als Vater; und besonders die unglückliche Stadt, welche stets Tochter Eurer Heiligkeit war, die durch Not gezwungen übereinkam, Dinge zu tun, die sie verachtet. Sie meinen, die Umstände hätten sie dazu gebracht. Entschuldigt sie selbst bei Eurer Heiligkeit, so daß Ihr sie mit der Angel der Liebe fanget. Ich bitte Euch bei der Liebe Christi des Gekreuzigten, daß Ihr, sobald als möglich, an den Ort der glorreichen Apostel Petrus und Paulus zurückkehrt. Suchet Eurerseits inständig in Sicherheit abzureisen, und Gott wird seinerseits die nötige Vorsorge treffen für Euch und zum Wohle Eurer Braut. Mehr sage ich nicht. Verzeiht meiner Anmaßung.

Ermuntert Euch und vertraut auf die wahren Diener Gottes, das heißt, auf ihre Gebete, denn sie beten und bitten viel für Euch. Ich und Eure übrigen Söhne bitten demütig um Euren Segen. Verbleibet in der heiligen und süßen Liebe Gottes. Liebster Jesus, Jesus die Liebe.

XL.

Der folgende lange Brief an ihren geistlichen Vater Raimondo von Capua ist ein Entwurf oder eine Vorstufe zu Caterinas «Buch», dem Dialogo *(«Buch von der göttlichen Vorsehung»). Es enthält das weit ausgreifende Zwiegespräch Caterinas mit Gott bereits im Kern: Caterina stellt an Gott vier Bitten, auf die sie, während sie in den Spiegel der Wahrheit und den Spiegel der Liebe blickt, von Gott Antwort erhält. Der Bericht über diese Schau wurde wohl um 1377 aufgezeichnet, als Caterina in Siena weilte, Raimondo von Capua aber in Rom.*

Der erwähnte Franziskustag ist der 4. Oktober, der in jenem Jahr auf einen Sonntag fiel. Am folgenden Mariensamstag, also dem 10. Oktober, befand sich Caterina in Rocca d'Orcia als Gast der Florentinerfamilie Salimbeni. Nach den Ausführungen von Tommaso di Antonio Caffarini im Anhang zum eigentlichen Brief hatte Caterina auf der Rocca d'Orcia auf wunderbare Weise schreiben gelernt, wie früher schon lesen. Raimondo von Capua berichtet in der Legenda maior, *der Lebensbeschreibung Caterinas, diese habe zwar schnell und fließend zu lesen verstanden, aber nie buchstabieren können. Dieser Umstand müßte das Schreibenlernen erschwert haben. Der Briefanhang über das Schreibenlernen ist denn eventuell auch eine Erweiterung von Caterinas Bemerkung, sie verweile sich zu ihrer seelischen Erleichterung mit Schreiben, was ja aber noch keineswegs heißen muß, daß sie selbst eigenhändig schrieb. Barduccio di Piero Canigiani könnte auch hier für sie nach Diktat geschrieben haben.*

Der namentlich erwähnte Frater Matteo ist der Dominikaner Frater Matteo Tolomei aus dem mächtigen Sienesergeschlecht.

An Frater Raimondo von Capua aus dem Predigerorden.

Im Namen Jesu Christi des Gekreuzigten und der süßen Maria.

Teuerster und bester Vater in Christus, dem liebsten Jesus! Ich, Caterina, Dienerin und Magd der Diener Gottes, schreibe Euch in seinem kostbaren Blut, mit dem Wunsche, Euch als Nachfolger und Liebhaber der Wahrheit zu sehen, auf daß Ihr ein wahrer Sohn des gekreuzigten Christus, der die Wahrheit selber ist, und eine wohlriechende Blume im heiligen Ordensstand und im mystischen Leib der heiligen Kirche seid. Und dies müßt Ihr sein. Man darf sich niemals erlahmen lassen oder das Haupt wegen der Dornen der vielen Verfolgungen rückwärts wenden; denn der wäre wahrhaft verrückt, der die Rose der Dornen wegen ließe. Mein Wunsch ist es, Euch mannhaft und ohne Menschenfurcht zu wissen. Ich bin gewiß, daß die unendliche Güte Gottes diesen meinen Wunsch erfüllen wird. Ermuntert Euch, liebster Vater, an der holden Braut Christi: denn je mehr in ihr Bedrängnis und Bitterkeit überhandnehmen, um so mehr verspricht die göttliche Wahrheit sie von Süßigkeit und Trost überströmen zu lassen. Und dies wird ihre Süßigkeit sein: die Erneuerung durch heilige und gute Hirten, die Blumen der Herrlichkeit sind, das heißt, Wohlgeruch und Ruhm der Tugendkraft Gottes verbreiten. Dies ist die Erneuerung der Blume ihrer Diener und Hirten. Die Frucht jener Braut aber hat nicht nötig, wiederhergestellt zu werden, denn sie vermindert sich nicht, noch wird sie schlecht durch die Fehler der Diener. So erfreut Euch also der Bitterkeit, da jene Wahrheit uns versprochen hat, uns nach der Bitterkeit Erfrischung zu verschaffen ... Ein solcher Trost war auch der Brief des lieben Vaters und der Eure: denn Bitterkeit empfand ich durch den Schaden der Kirche und durch Eure Bitterkeit, die ich besonders eindringlich verspürt hatte am Tag des heiligen

Franziskus; und ich war froh, daß Ihr mich aus großer Kümmernis zoget. Nun, nachdem ich die Briefe gelesen und alles zur Kenntnis genommen hatte, bat ich eine Dienerin Gottes, sie möge ihre Tränen und ihren Schweiß vor Gott aufopfern für die Braut und für die Schwachheit des Papstes.
Daraus erwuchs plötzlich durch Gottes Gnade eine Sehnsucht und eine Freude über alle Maßen. Und darin erwartete ich den Morgen, um die Messe zu besuchen, denn es war Marientag; und als die Stunde der Messe gekommen war, nahm sie* ihren Platz ein in wahrer Selbsterkenntnis, sich vor Gott ihrer Unvollkommenheit schämend. Und als sie sich in sehnsuchtsvollem Verlangen über sich selbst erhob, und sie sich mit dem Auge des Geistes in der ewigen Wahrheit spiegelte, brachte sie dort vier Bitten vor, stellte sich selbst und ihren Vater vor die Braut der Wahrheit.
Zuerst die Erneuerung der heiligen Kirche. Da sagte Gott, sich zwingen lassend durch die Tränen und sich binden lassend mit dem Strick des Verlangens: «Meine liebste Tochter, schau wie sie ihr Antlitz beschmutzt hat mit Unreinheit und mit Eigenliebe, und wie aufgeblasen sie ist durch Hochmut und Habgier derer, die sich an ihrer Brust ernähren. Doch nimm Deine Tränen und Deinen Schweiß, beziehe sie aus der Quelle meiner göttlichen Liebe, und wasche ihr das Gesicht. Dann verspreche ich Dir, daß ihr ihre Schönheit nicht mit dem Schwert, nicht mit Grausamkeit und Krieg, aber mit dem Frieden, durch demütige und fortwährende Gebete, durch Schweiß und Tränen wiedergegeben wird, wenn meine Diener sie in kummervollem Verlangen vergießen. Und so wird sich Dein Wunsch in vielem Aushalten erfüllen, und keinen Punkt wird meine Vorsehung nicht einhalten.» Und wenn darin auch das Heil der ganzen Welt mit inbegriffen war, so erstreckte sich doch das Gebet mehr noch ins Einzelne, als ich für die ganze Welt bat.

* Caterina spricht hier von sich, wie öfter, nach dem Beispiel des Apostels Paulus, aus Demut und Diskretion in der dritten Person.

Da zeigte mir Gott, mit welcher Liebe er den Menschen geschaffen hatte und sagte: «Nun sieh, daß jeder mich schlägt. Schau, Tochter, mit wie vielen und verschiedenen Sünden sie mich schlagen und besonders mit der elenden und ekelhaften Eigenliebe, aus der jedes Übel hervorgeht, mit dem sie die ganze Welt vergiftet haben. So stellt Euch denn, ihr meine Diener, davor mit unablässigem Gebet! So werdet ihr den Zorn des göttlichen Gerichtes abmildern. Und wisse, daß meinen Händen niemand entkommen kann. Öffne darum das Auge deines Geistes und blicke auf meine Hände.» Und als ich das Auge erhob, sah ich von seiner Hand das ganze Weltall umschlossen. Dann sagte er: «Ich will, daß du wissest, daß mir keiner daraus genommen werden kann; denn alle sind sie darin, entweder zum Gericht oder zum Erbarmen, so daß sie alle mein sind. Und weil sie aus mir hervorgegangen sind, liebe ich sie unaussprechlich und werde ich ihnen Barmherzigkeit widerfahren lassen um meiner Diener willen.» Darauf verblieb ich, indem das Feuer des Verlangens zunahm – zugleich selig und doch voll Schmerz, und dankte Gottes Güte –, wie in der Einsicht, Gott habe ihr die Vergehen der Menschen gezeigt, um sie zu mehr Eifer und größerem Verlangen anzutreiben. Und immer mehr wuchs das heilige und liebevolle Feuer, so daß sie das Wasser des Schweißes, welches ihr austrat, verachtete im großen Verlangen, daß ihr Leib Blutschweiß vergießen möchte; und sie sagte zu sich selbst: «Meine Seele, du hast die ganze Zeit deines Lebens vertan. Deswegen kam so viel Übel und Schaden in die Welt und in die heilige Kirche, sowohl im allgemeinen wie auch im einzelnen. Darum will ich, daß du nun Abhilfe schaffst.» Darauf erhob sich die Seele, angespornt durch heiliges Verlangen, noch viel mehr und sie öffnete das Auge des Geistes und spiegelte sich in der göttlichen Liebe. Da sah und kostete sie, wie sehr wir dazu angehalten sind und die Verherrlichung und das Lob des Namens Gottes im Heil der Seelen suchen müssen.

Und dazu berief Euch die ewige Wahrheit und sie drängte Euch dazu, als sie auf die dritte Bitte, welche den Hunger Eurer Seele betraf, erwiderte: «Tochter, das will ich, daß er mit Anstrengung suche. Doch weder er noch du noch sonst jemand kann dies ohne große Verfolgungen erleiden, wie ich sie für euch zulasse. Richte ihm aus: in dem Maße, wie er meine Ehre in der heiligen Kirche wünscht, soll er die Liebe haben, mit wahrer Geduld durchhalten zu wollen. Daran werde ich erkennen, daß er und meine anderen Diener wahrhaftig meine Ehre suchen. Dann wird er ein innigstgeliebter Sohn sein und an der Brust meines eingeborenen Sohnes verweilen. Aus ihm habe ich eine Brücke gemacht, damit ihr alle hinübergelangen könnt, um die Frucht eurer Mühen zu empfangen und zu genießen. Wisset, Kinder, daß der Weg abgebrochen war durch Adams Sünde des Ungehorsams, und auf diese Weise niemand zu seinem Ziele gelangen konnte. So verwirklichte sich meine Wahrheit nicht, denn ich hatte ihn geschaffen nach meinem Bild und Gleichnis, damit er das ewige Leben erlange und an meiner höchsten und ewigen Güte teilhabe und von ihr koste. Jene Schuld brachte Dornen und Disteln der Drangsal hervor und einen Fluß, der ständig seine Wellen schlägt: deshalb habe ich euch die Brücke meines Sohnes gegeben, auf daß ihr, wenn ihr den Fluß überschreitet, nicht ertrinkt. Doch öffnet das Auge des Geistes und seht, wie er vom Himmel zur Erde reicht; denn von der Erde aus hätte man sie nicht von solcher Länge machen können, daß sie zur Überquerung des Flusses hingereicht und euch das Leben verliehen hätte. So verband er, das heißt die göttliche Natur, die Höhe des Himmels mit der Erde eurer Menschheit. Ihr müßt euch also an diese Brücke halten, indem ihr die Verherrlichung meines Namens im Heil der Seelen suchet, in Pein die großen Mühen aushaltet, den Spuren jenes süßen und liebevollen Wortes folgend. Ihr seid meine Arbeiter, die ich in den Weinberg der heiligen Kirche zur Arbeit geschickt habe: ihretwegen will ich der Welt Barmherzigkeit widerfahren lassen. Habt aber acht, daß ihr nicht unten durch gehen wollt, denn dort geht nicht der Weg der Wahrheit. Weißt du, wer jene sind, die unterhalb dieser Brücke durchgehen? Dies sind die schändlichen Sünder, für die ich euch bitte, zu mir zu beten, und für die ich euch Tränen und Schweiß zu vergießen heiße; denn sie liegen in der Finsternis der Todsünde darnieder. Diese gehen durch den Fluß und langen in der ewigen Verdammnis an, wenn sie nicht endlich mein Joch annehmen und auf sich legen. Es gibt einige, die sich aus Furcht vor der Strafe ans Ufer absetzen und aus der Todsünde auftauchen; sie spüren nun zwar die Dornen der vielen Bedrängnisse: sie sind aber dem Flusse entkommen. Bleiben sie jedoch nicht träge und in ihrer Eigenliebe eingeschlafen, halten sie sich an der Brücke fest und beginnen, die Tugendkraft liebend, aufzusteigen. Verharren sie aber in der Eigenliebe und Lauheit, tut ihnen alles zu weh. Sie halten nicht durch und ein Gegenwind, der sie anbläst, läßt sie zu ihrem Auswurf zurückkehren».

Nachdem sie gesehen hatte, auf wieviele verschiedene Weisen die Seele untergehen konnte, sprach die ewige Wahrheit: «Blicke auf jene, die über die Brücke des gekreuzigten Christus gehen». Und sie sah viele, die liefen ohne jegliche Mühe, denn sie waren frei vom Gewicht des Eigenwillens; und dies waren die wahren Kinder. Sie hatten sich selbst gelassen und gingen in sehnsüchtigem Verlangen dahin, nur die Ehre Gottes und das Heil der Seelen suchend. Am Fuße ihrer Liebesneigung – sie hielten ihn umfangen und gingen über Christus den Gekreuzigten, der ihnen Brücke war, – sprudelte Wasser hervor und die Dornen waren durch ihre Füße niedergetreten, ohne daß es ihnen weh getan hätte, das heißt, sie achteten in ihrem Sinn nicht auf die Dornen der zahlreichen Verfolgungen, sondern fanden sich in wahrer Geduld ab mit dem Wohlstand der Welt; er besteht aus jenen grausamen Dornen, die der Seele den Tod geben, besitzen sie ihn in ungeordneter Liebe. Sie mißachteten ihn wie Gift und waren nur darauf bedacht, sich am Kreuze mit Christus zu verweilen, denn er war ihr einziges Vorbild. Es gab andere, die langsam vorwärts kamen. Und warum gingen sie langsam? Weil sie vor das Auge des Geistes nicht Christus den Gekreuzigten gestellt hatten, sondern die Tröstungen, die sie aus dem gekreuzigten Christus zogen, wodurch sie zu unvollkommener Liebe kamen. Und sie verlangsamten öfter ihren Schritt und taten, wie Petrus sich vor der Passion verhielt, als er sich nur das Angenehme im Umgang mit Christus vor Augen hielt und darum schwach wurde, als ihm dieser Gegenstand des Trostes genommen war. Doch als er sich durch den Verlust seiner selbst gekräftigt hatte, wollte er nichts mehr kennen und suchen, als allein den gekreuzigten Christus. In dieser Weise sind jene schwach, die, wenn sie fühlen, daß der Gegenstand ihres Liebesaffekts und der eigenen Tröstungen weggehoben wird, ihren Schritt des heiligen Verlangens verlangsamen. So kommt es, daß wenn sie dann die Stiche der Anfechtung des Teufels oder der Menschen oder ihrer selbst – durch eine geistliche Wollust, die sie fühlen – verspüren, wenn sie sich all der Dinge, die sie lieben, beraubt sehen, nehmen sie ab und werden schwach auf dem Wege Christi des Gekreuzigten. Denn in Christus dem Gekreuzigten wollten sie dem Vater nachfolgen und die Süßigkeit seiner vielen Tröstungen erfahren: im Vater nämlich begegnet keine Qual, aber im Sohn. Und darum sagte ich, sie folgen dem Vater. Aber man sah, daß man ihrer Schwachheit nicht abhelfen konnte, wenn sie nicht dem Sohne nachfolgten. Und darum spricht die ewige Wahrheit: «Ich sage, daß niemand zu mir kommen kann außer durch meinen eingeborenen Sohn, denn er ist derjenige, der euch den Weg bereitet hat, den ihr gehen könnt. Er ist Weg, Wahrheit und Leben. Und wer auf diesem Weg geht, kann die Wahrheit schmecken und erkennen und kosten die unaussprechliche Liebe, die er ihnen bewies, durch die Leiden, die er ihretwegen auf sich nahm. Du weißt wohl, hätte ich euch nicht geliebt, hätte ich euch keinen solchen Erlöser gegeben. Aber weil ich euch seit Ewigkeit liebte, überlieferte und übergab ich diesen meinen eingeborenen Sohn dem schmachvollen Tode am Kreuz. Er hat durch seinen Gehorsam und durch seinen Tod den Ungehorsam Adams und den Tod des Menschengeschlechtes aufgehoben. Und daran erkennen sie meine Wahrheit, und die Wahrheit erkennend, folgen sie der Wahrheit und so erhalten sie das ewige Leben. Denn sie haben sich an den Weg Christi des Gekreuzigten gehalten, haben das Tor der Wahrheit erreicht und durchgangen und befinden sich mit den wahren Seligen im stillen Meer. Siehst du nun, meine Tochter, daß sie sich anders nicht stärken können. Noch könnte man sich anders mit der Braut meiner Wahrheit vereinigen, noch könnte er zu jener Vollkommenheit gelangen, zu der ich ihn bestimmt habe, wenn nicht auf diesem Weg. Jeder andere Weg außer dem ist mühevoll und unvollkommen, denn Mühe verursacht immer nur der Eigenwille, sei er nun geistig oder zeitlich. Wer aber keinen Willen mehr hat, ist von jeder Bedrängnis seinerseits frei. Es bleibt ihm nur die unerträgliche Pein aus der Beleidigung mir gegenüber; diese hat aber Maß und Ordnung, denn sie ist gewürzt mit der Würze der Liebe, welche die Seele klug macht, so daß sie durch kein Leid sich von meinem süßen Willen trennen läßt.»

Es gab dort andere, die kaum angefangen hatten aufzusteigen. Das waren jene, die ihre Schuld einzusehen begannen, aber nur aus Furcht vor der Strafe, welche der Schuld folgt, und deswegen hatten sie sich von der Sünde abgekehrt, eben aus Furcht vor der Strafe, was aber eine unvollkommene Furcht war. Doch viele andere sah man dort von der unvollkommenen zur vollkommenen Furcht übergehen. Und diese stiegen befliessen auf die nächste Stufe und zur letzten über. Aber viele gab es, die aus Faulheit sich am Eingang zur Brücke niedersetzten, mit solch knechtischer Furcht; sie hatten kaum angebissen und nur lässig ohne einen Funken von Selbsterkenntnis und Erkenntnis der Güte Gottes gegen sie; so blieben sie in Lauheit. Von solchen sagt die süße Wahrheit: «Schau Tochter, es wäre unmöglich, daß solche, die in der Tugendübung nicht fortschreiten, nicht zurückgingen. Und dies ist die Ursache: die Seele kann ohne Liebe nicht leben, und das, was sie liebt, sucht sie immer besser zu kennen und ihm zu dienen. Und wenn sie sich nicht bemüht, sich selbst zu kennen – und wo vermöchte sie dann die Großmut und Fülle meiner Liebe besser zu erkennen? –, liebt sie nicht, da sie nicht erkennt, und nicht liebend, dient sie mir nicht. Da sie, dadurch meiner beraubt, doch nicht ohne Liebe zu bleiben vermag, kehrt sie zur elenden Eigenliebe zurück. Solche tun wie der Hund, der sich, kaum hat er aufgefressen, erbricht und dann in seiner Unreinheit sein Auge auf das Erbrochene wirft, um es zu verschlingen und so sich unrein zu nähren; so haben jene Müßigen, in so große Lauheit versetzten, aus Furcht vor der Strafe das angefaulte Zeug der Sünden durch die heilige Beichte ausgespien und einwenig angefangen, sich auf den Weg der Wahrheit zu machen. Nun, da sie nicht vorwärts schreiten, müssen sie zurückkehren. Das Auge der Seele auf das vorher Ausgespiene zurückgewendet, haben sie sich den Ausblick auf die Strafe genommen und sind zum Anblick der sinnlichen Lust zurückgekehrt. Dadurch verloren sie die Furcht. Daher sind diese viel mehr Tadels und der Strafe würdig als die anderen. So werde ich verruchterweise von meinen Geschöpfen beleidigt. Nun will ich, liebste Kinder, daß ihr in eurem Verlangen nicht nachlasset; es soll vielmehr wachsen, indem ihr euch am Tische des heiligen Verlangens nährt. Mögen sich meine wahren Diener aufmachen und von mir, dem Worte, lernen, sich die verirrten Schafe auf die Schulter zu heben und sie mit Mühe, mit vielen Nachtwachen und Gebeten zu tragen. Und so werdet ihr über mich, der ich Brücke bin, schreiten, wie gesagt wurde, und ihr werdet Bräutigam und Sohn meiner Wahrheit und ich werde euch die Wahrheit eingießen, mit einem Glaubenslicht, das Euch die volle Erkenntnis der Wahrheit schenken wird. Dadurch erlangt ihr höchste Vollkommenheit.»

Weil es dem Wohlwollen und der Barmherzigkeit Gottes gefiel, sich selbst und ihre Geheimnisse zu offenbaren – bei diesen Dinge, teuerster Vater, versagt uns die Zunge und der Geist scheint sich zu verdunkeln, so blendend ist ihr Anblick –, lebt das Verlangen qualvoll, so sehr, daß alle Kräfte der Seele einstimmig ausrufen, sie wollten die Erde verlassen, sich aufmachen und ihr Ziel erreichen, mit den wahren Bürgern die höchste ewige Dreieinigkeit schmecken, wo ihr Ehre und Lob dargebracht wird; wo die Tugenden, der Hunger und das Verlangen der wahren Diener und vollkommenen Ordensleute, die in diesem Leben wie flammende Lichter auf den Kandelaber der heiligen Kirche gestellt waren, erstrahlen und der ganzen Welt ihr Licht geben. Weh mir, Vater, welch Unterschied zwischen ihnen und den heutigen! Über sie beklagte er sich mit Eifer nach strenger Gerechtigkeit, sagend: «Jene haben das Verhalten der Fliege, die ein so häßliches Tier ist, die sich auf süße und wohlriechende Dinge setzt und, kaum hat sie sich erhoben, sich nicht scheut, auf stinkenden und schmutzigen Dingen sich niederzulassen. So genießen diese Sünder die Süße meines Blutes. Und sie scheuen sich nicht, nachdem sie sich vom Altartisch wegbegeben, meinen Leib und die anderen Sakramente der heiligen Kirche verwaltet und gespendet haben – diese sind duftend von süßem Wohlgeruch und großem Geschmack, so sehr, daß er der Seele Leben verleiht und sie ihn in Wahrheit verkostet und ohne ihn nicht weiterleben kann –, sie, sage ich, sie scheuen sich nicht, sich mit Seele und Leib so sehr in den Schmutz zu begeben, wie sie nur können. Solches Laster stinkt nicht nur bis zu mir, sogar den Teufeln ekelt vor dieser so erbärmlichen Sünde.»

Nachdem, teuerster Vater, die göttliche Güte auf die drei Bitten geantwortet hatte, wie oben ausgeführt, beantwortete sie die vierte Bitte, die sie stellte, in der sie verlangte, Gott möge seiner Hilfe und seiner Vorsehung einer bestimmten Person in einer gewissen Sache beistehen. Davon kann ich schriftlich Euch nicht berichten, werde es mit dem lebendigen Wort aber nachholen, wenn Gott mir nicht soviel Gnade und Erbarmen erweist, daß sich meine Seele von diesem elenden Körper trennt, bevor ich Euch wiedersehe. Der ist ein verkehrtes Gesetz, das immer dem Geist widerstreitet. Und Ihr wißt genau, daß ich die Wahrheit sage, so daß ich es als Gnade betrachtete, von ihm befreit zu werden. Ich sagte, und wiederhole, daß die ewige Wahrheit sich würdigte, auf meine vierte Bitte zu antworten und dem gequälten Verlangen, das sie vorbrachte, zusprach: «Meine Tochter, meine Vorsehung wird dem niemals fehlen, der sich ihr anvertraut. Das sind diejenigen, die vollkommen auf mich hoffen. Das sind diejenigen, die mich in Wahrheit anrufen; nicht nur mit Worten, sondern in Liebe und mit dem Licht des heiligsten Glaubens. Nicht schmecken werden mich noch meine Vorsehung diejenigen, welche nur mit dem Schall des Wortes Herr, Herr rufen; denn ich werde sie – falls sie mich nicht mit anderer Kraft bitten – nicht kennen, und sie werden von mir nicht erkannt sein, weder in Barmherzigkeit noch im Gericht. Hingegen sage ich dir, daß meine Vorsehung ihnen nicht fehlen wird, wenn sie auf mich hoffen. Indes will ich, daß du zu solcher Geduld kommst. Mir kommt es zu, sie und meine anderen Geschöpfe, die ich nach meinem Bild und Gleichnis geschaffen habe, mit großer Liebesneigung zu tragen.» Als ich darauf das Auge des Geistes, aus Gehorsam auf seinen Befehl, im Abgrund seiner Liebe öffnete, sah ich, daß er die höchste, ewige Güte war und wie er sie nur aus Liebe geschaffen und durch das Blut seines Sohnes alle vernunftbegabten Kreaturen erkauft hatte, und daß er mit dieser selben Liebe gab, was immer er gab. Bedrängnis und Trost, alles war aus Liebe geschenkt und um für das Heil des Menschen zu sorgen und zu nichts anderem. Und er sagte:

«Das für euch vergossene Blut beweist euch, daß dies die Wahrheit ist. Doch sie, durch die Eigenliebe, mit der sie sich selbst lieben, verblendet, nahmen Ärgernis in großer Ungeduld und schätzten als ein Übel und zu ihrem Schaden und Ruin und aus Haß getan, das ein, was ich aus Liebe und zu ihrem Wohle tue, um sie vor der ewigen Strafe zu erretten und als Lohn ihnen das ewige Leben zu geben. Warum also beklagen sie sich über mich und hassen, was sie verehren müßten? Und warum wollen sie meine geheimen Ratschlüsse, die alle gerecht sind, richten? Sie tun wie der Blinde, welcher durch Tasten mit der Hand, dann wieder durch Kosten mit dem Geschmack und manchmal nach dem Klang der Stimme zum Guten oder Schlechten urteilen will, gemäß seiner mangelhaften und schwachen Erkenntnis, und sich nicht an den halten will, der das Augenlicht hat, sondern wie ein Narr nach dem Gefühl der Hand – die sich tastend doch täuschen kann, da sie kein Augenlicht hat, die Farben zu unterscheiden – vorwärtsschreiten will. So täuscht sich auch der Geschmack, denn er sieht nicht das schmutzige Tier, das sich auf seine Speise setzt. Das Ohr ist getäuscht durch den Wohlklang, weil er nicht sieht, wer singt; und nimmt er sich aus Wonne vor ihm nicht in acht, kann jener durch den Wohlklang ihm den Tod versetzen. Jene also tun wie Blinde: nachdem sie das Licht der Vernunft verloren, tasten sie mit der Hand ihres sinnlichen Gefühls nach den Vergnügungen der Welt, und sie erscheinen ihnen gut.

Aber weil er nicht sieht, bemerkt er nicht, daß er ein mit vielen Dornen, mit vielem Elend und Kummer vermischter Stoff ist; so sehr, daß das Herz, welches ihn besitzt, sich selbst unerträglich ist. Desgleichen der Mund des Verlangens, der Vergnügungen in ungeordneter Weise liebt; ihm scheinen sie süß und wohlschmeckend; doch sitzt darauf das unreine Tier der vielen Todsünden, welche die Seele verunreinigen. Wenn diese sich mit dem Lichte des Glaubens nicht reinigen geht im Blute, empfängt sie den ewigen Tod. Das Gehör ist die Eigenliebe, die einen süßen Ton von sich gibt, damit die Seele hinter der Liebe zur eigenen Sinnlichkeit herlaufe. Da sie aber nicht sieht, ist sie vom Wohlklang getäuscht und wird in die Grube geführt, die Hände durch ihre Feinde mit dem Strick der Schuld gebunden. Denn wie geblendet von Eigenliebe, und durch das Vertrauen, welches sie in ihre Eigenliebe und ihren Geschmack gesetzt haben, geben sie nicht acht auf mich, der ich ihnen Weg und Führer, Leben und Licht bin. Und wer auf mir einhergeht, kann nicht getäuscht werden oder sich in der Finsternis verlaufen. Sie vertrauen nicht auf mich, der ich doch nichts will, als ihre Heilung und ihnen aus Liebe alles verspreche und schenke. Und ständig nehmen sie Ärgernis an mir; ich aber trage und ertrage sie in Geduld, da ich sie liebe, auch ohne von ihnen geliebt zu werden. Und sie verfolgen mich fortwährend mit großer Ungehaltenheit, mit Haß und Widerrede und mit großer Untreue; und sie wollen sich daran machen, meine geheimen Gerichte, die alle gerecht und liebevoll sind, nach ihrem Gutdünken und blinden Belieben zu durchforschen. Und sie kennen noch nicht einmal sich selbst und darum sehen sie falsch. Denn wer sich selbst nicht erkennt, vermag mich nicht zu erkennen, noch meine Gerichte in Wahrheit. Willst du, Tochter, daß ich dir darlege, wie sehr die Welt sich täuscht über meine Geheimnisse? Nun also, öffne das Auge des Geistes und blicke auf mich.» Und mit ängstlichem Verlangen hinschauend, zeigte er mir die Verurteilung dessen, durch den das Unglück geschah, und um deswillen ich gebeten wurde, indem er sagte: «Ich will, daß du wissest, daß ich dieses Unglück zuließ, um ihn der ewigen Verdammnis zu entreißen, in der er war, wie du siehst; auf daß er durch sein Blut das Leben in meinem Blute habe. Denn ich hatte seine Verehrung und Liebe zu meiner süßen Mutter Maria nicht vergessen. So tat ich ihm denn aus Barmherzigkeit an, was Unwissende für Grausamkeit halten. Und all dies widerfährt ihnen aus Eigenliebe, die ihnen das Licht benahm; und darum erkennen sie die Wahrheit nicht.

Wenn sie sich jedoch die Wolke wegfegen wollten, würden sie sie erkennen und lieben. So hielten sie alles in Ehren und zur Zeit der Ernte erhielten sie die Frucht. Aber in allem, in dieser wie in jeder anderen Sache, werde ich, meine Kinder, euren Wunsch erfüllen durch langmütiges Ertragen. Und meine Vorsehung wird mit ihnen sein, wenig oder viel, je nach dem Maße, in dem sie mir vertrauen. Und was ich vorsehe, wird ihr Maß übersteigen, auch was ich tue, um den Wunsch meiner Diener, die für sie bitten, zu erfüllen. Denn ich verachte nicht diejenigen, die mich demütig bitten, für sich oder für andere. Und deshalb fordere ich dich auf, von mir Erbarmen zu erflehen für sie und für die ganze Welt. Empfanget, Kinder, und gebäret den Sohn des Menschengeschlechtes, im Haß und in der Verachtung der Sünde und mit glühender, sehnsuchtsvoller Liebe.»

O liebster und teuerster Vater, alsbald nachdem ich so viel geschaut und gehört hatte durch die liebreiche höchste Wahrheit, schien mir, daß mir das Herz mitten entzweispringe. Ich sterbe und kann nicht sterben. Habt Mitleid mit der elenden Tochter, die in solcher Not lebt durch so große Beleidigung Gottes und nicht weiß, bei wem sich Luft verschaffen, wenn nicht der heilige Geist in mir selbst mit seiner Güte für mich vorgesorgt hätte; äußerlich hat er für mich vorgesorgt, daß ich mich verweile beim Schreiben. Trösten wir uns alle in Christus dem liebsten Jesus, und die Mühsal sei uns Erfrischung, und nehmen wir die süße Einladung mit großem Eifer und ohne Verzug an. Lieber Vater, freuet Euch, denn Ihr seid zärtlich gerufen. Haltet durch mit großer Freude und Geduld, ohne Betrübnis, wenn Ihr Bräutigam der Wahrheit sein und meine Seele durch Euch trösten wollt. Denn anders könntet Ihr keine Gnade finden und Ihr würdet mich in großer Bitterkeit hinhalten. Und darum sage ich, ich wünschte Euch in der Nachfolge und Liebe zur Wahrheit zu wissen. Mehr sage ich nicht. Verbleibet in der heiligen süßen Liebe Gottes.

Segnet Frater Matteo in Christus, dem liebsten Jesus. Diesen Brief und einen anderen, den ich Euch schickte, schrieb ich mit eigener Hand auf der Isola della Rocca, bei vielen Seufzern und einer Unmenge von Tränen, so vielen, daß das Auge nichts sah, wo es auch hinschaute. Doch voll war ich von Erstaunen über mich selbst und über die Güte Gottes, wenn ich sein Erbarmen gegenüber den vernunftbegabten Geschöpfen und seine Vorsehung betrachtete. Sie war überströmend mir gegenüber, als sie mir zur Erleichterung, da ich ohne Trost verblieb, für mich sorgte, indem sie mir – durch meine Unwissenheit konnte ich es zuvor nicht – die Fähigkeit zu schreiben gab, auf daß ich beim Niedersteigen aus der Höhe wüßte, wie meinem Herzen Erholung zu verschaffen, damit es nicht zerspringe. Da er mich noch nicht aus diesem dunklen Leben nehmen will, befestigte er sie auf wunderbare Weise in meinem Gedächtnis, wie ein Lehrer es einem Schüler gegenüber durch sein Beispiel tut. So begann ich im Schlaf zu begreifen, sobald Ihr von mir geschieden wart mit dem glorreichen Evangelisten Johannes und Thomas von Aquin. Verzeiht mir das zuviele Schreiben, doch stimmen Hände und Zunge mit dem Herzen überein. Liebster Jesus, Jesus die Liebe.

XLI.

Dieser Brief Caterinas an ihren geistlichen Vater Raimondo von Capua ist nicht mit Gewißheit zu datieren. Doch ist, wie schon einmal, vorauszusetzen, daß Raimondo Oberer geworden ist, was auf die Zeit um 1378 zuträfe, da er zum zweiten Mal Prior von Santa Maria sopra Minerva war. Caterina verpaßte keine Gelegenheit, Raimondo grundlegende geistliche Lehren zu erteilen.

An Frater Raimondo von Capua aus dem Predigerorden.

Im Namen Jesu Christi des Gekreuzigten und der süßen Maria.

Teuerster Vater in Christus dem lieben Jesus! Ich, Caterina, Dienerin und Magd der Diener Jesu Christi, schreibe Euch in seinem kostbaren Blut, mit dem Wunsche, in Euch den wahren Bräutigam der ewigen Wahrheit und den Nachfolger und Liebhaber eben dieser Wahrheit zu sehen. Doch weiß ich nicht, wie wir sie verkosten und mit dieser Wahrheit leben können, wenn wir uns selbst nicht kennen. Denn in der Erkenntnis unserer selbst erkennen wir, daß wir nicht sind, sondern unser Sein von Gott haben; zugleich sehen wir ein, daß er uns erschaffen hat nach seinem Bild und Gleichnis. Und in der Selbsterkenntnis finden wir auch die Neuschöpfung, die Gott uns zuteil werden ließ, als er uns im Blute seines eingeborenen Sohnes neu schuf zur Gnade, im Blute, das uns die Wahrheit des Vaters offenbart. Dies eben war seine Wahrheit, daß er uns erschuf zu Ehre und Lob seines Namens, und damit wir teilhaben können an seiner ewigen Schönheit, und geheiligt seien in ihm. Wer beweist uns, daß das die Wahrheit sei? Das Blut des unbefleckten Lammes.

Wo finden wir dieses Blut? In der Erkenntnis unser selbst. Wir waren jene Erde, in der das Banner des Kreuzes befestigt wurde; wir waren das Gefäß, das vom Kreuze niederrinnende Blut des Lammes aufzufangen. Wieso waren wir jene Erde? Weil die Erde allein unfähig gewesen wäre, das Kreuz aufrecht zu halten, ja sie hätte eine solche Ungerechtigkeit sogar zurückgewiesen. Kein Nagel wäre fähig gewesen, ihn anzuheften und anzunageln, wenn ihn die unaussprechliche Liebe zu unserem Heil nicht festgehalten hätte. So hielt ihn denn die glühende Liebe zur Ehre des Vaters und zu unserem Heil. Wir waren also die Erde, welche das Kreuz aufrecht hielt und wir sind das Gefäß, welches das Blut auffing. Wer dies erkennt, wird Bräutigam dieser Wahrheit sein und wird im Blute Gnade, den Reichtum und das Leben der Gnade finden. Seine Blöße wird bedeckt und bekleidet mit dem hochzeitlichen Kleid des Feuers der Liebe, vermengt und vermischt aus Blut und Feuer, aus Liebe vergossen und doch mit der Gottheit vereint. Im Blut kann man sich an Barmherzigkeit laben und nähren, im Blut löst sich die Finsternis auf und genießt man das Licht, denn im Blute verliert man die Wolke der sinnlichen Eigenliebe und die knechtische Furcht, die Kummer macht: und man erhält heilige Furcht und Geborgenheit in der göttlichen Liebe, die man im Blute findet. Wer aber nicht als Freund der Wahrheit erfunden wird, kann sie weder in der Selbsterkenntnis noch im Blute erkennen. Möge Er rein wandeln, ohne Tändelei und Leichtfertigkeit oder knechtische Furcht; Er möge fühlen das Licht eines lebendigen Glaubens, nicht nur in Worten, sondern jederzeit, nämlich in Widerwärtigkeit wie in Wohlergehen, zur Zeit der Verfolgung wie zur Zeit der Tröstung. Und durch nichts nehme der Glaube, sein Licht, ab. Denn die Wahrheit gab sich uns in der Wahrheit zu erkennen, nicht so sehr zum Genuß als zur Bewährung.

Ich sage, wenn dieses Licht und diese Wahrheit in der Seele nicht gefunden wird, heißt das nicht, sie sei nicht Gefäß und

habe das Blut nicht empfangen, aber es gereicht ihr zum Gericht und zur Beschämung. In der Finsternis und des Gnadenkleides beraubt, wird sie verurteilt; nicht durch Versagen des Blutes, sondern weil sie das Blut verachtete und durch Selbstliebe erblindete, die Wahrheit im Blute nicht sah und nicht erkannte; so empfing sie es zu ihrem Verderben. Und in großer Bitterkeit ist sie der Freude des Blutes, der Süßigkeit und der Frucht des Blutes beraubt; denn sie erkannte weder sich noch das Blut in sich und darum war sie kein treuer Bräutigam der Wahrheit.
So ist es denn notwendig, die Wahrheit zu kennen und Gemahl der Wahrheit sein zu wollen. Wo dies? Im Hause der Selbsterkenntnis, erkennend daß Ihr Euer Sein aus Gnade von Gott habt und nicht aus Schuldigkeit. Und in Euch müßt Ihr die Euch geschenkte Neuschaffung wahrnehmen, nämlich erkennen, daß Ihr im Blute des Lammes zur Gnade neu geschaffen wurdet, und Euch darin baden und darin untertauchen und den Eigenwillen ertöten. Anders werdet Ihr kein treuer Bräutigam der Wahrheit sein, sondern ungetreu. Ich sagte aber, daß ich wünsche, Euch als treuen Bräutigam der Wahrheit zu sehen. Tauchet also unter im Blute des gekreuzigten Christus, und badet Euch im Blute, und berauschet Euch am Blute, und sättigt Euch am Blute und kleidet Euch mit dem Blute. Und waret Ihr untreu, taufet Euch wieder im Blute; verdunkelte Euch der Dämon das Auge des Geistes, wascht Euch das Auge mit dem Blute; wäret Ihr in Undankbarkeit gefallen durch Unkenntnis der empfangenen Gaben, so seid dankbar im Blute; wart Ihr ein schlechter Hirte ohne Zuchtrute der Gerechtigkeit auf Klugheit und Barmherzigkeit abstellend, so zieht sie aus dem Blute: betrachtet sie mit dem Auge des Geistes im Blute, ergreift sie mit der Hand der Liebe und haltet sie in ängstlichem Verlangen fest. In der Hitze des Blutes vertreibt die Lauheit, im Lichte des Blutes verjagt die Finsternis, auf daß Ihr Bräutigam der Wahrheit, guter Hirte und

Leiter seid der Schäflein, die Euch anvertraut sind. Seid Liebhaber der Zelle der Seele und des Leibes, soweit es in Eurem Amte möglich ist. Wenn Ihr im Blute bleibt, verwirklicht Ihr dies, anders nicht, keinesfalls. Und nun bitte ich Euch um der Liebe Christi, des Gekreuzigten Willen, daß Ihr dies tut. Und schält Euch los von jeder Kreatur – und darunter sei ich die erste – und bekleidet Euch mit der Hingabe in Gottes Liebe und liebt jede Kreatur um Gottes willen, das heißt, daß Ihr viele liebet, aber wenig mit Ihnen umgeht, es sei denn, das Heil der Seele mache es notwendig. Auch ich werde es so halten, so weit mir Gott die Gnade gibt. Und erneut will ich mich mit dem Blute bekleiden und mich jeden Kleides entledigen, das ich bis jetzt trug. Ich will Blut und im Blut bin ich zufrieden und werde ich fürderhin meine Seele zufriedenstellen. Ich war betrogen, als ich Befriedigung in den Geschöpfen suchte. Darum will ich in der Zeit der Bedrängnis zusammen mit Ihnen ins Blut, so werde ich das Blut und die Geschöpfe haben und werde ihre Zuneigung und Liebe im Blute trinken. Und so werde ich in Kriegszeit Frieden und in der Bitterkeit Süße schmecken: und im Verlustiggehen der Geschöpfe und der Zärtlichkeit des Vaters* werde ich den Schöpfer, den höchsten und ewigen Gott finden. Badet Euch im Blute: und freuet Euch, daß ich mich durch heiligen Selbsthaß freue. Weiter sage ich Euch nichts. Verbleibet in der heiligen und süßen Liebe zu Gott. Liebster Jesus, Jesus die Liebe.

* Caterina meint hier die Abwesenheit ihres geistlichen Vaters Raimondo von Capua.

XLII.

Der Brief, in dem Caterina so ungeduldig zu Maconi spricht, muß bereits unter dem Pontifikat von Urban VI., also nach April 1378, geschrieben sein. Caterina agitiert und erteilt Maconi Geheimaufträge, die er mit der Bruderschaft der Jungfrau Maria in bestimmtem, von ihr diktiertem Sinn durchbesprechen muß. Die Lücken im Brief enthielten gewiß geheimzuhaltende Mitteilungen und wurden bei der Abschrift des Briefes für die Überlieferung und Verbreitung ausgelassen.

An Stefano di Curado Maconi.

Im Namen Jesu Christi des Gekreuzigten und der süßen Maria.

Teuerster Sohn in Christus, dem liebsten Jesus! Ich, Caterina, Dienerin und Magd der Diener Jesu Christi, schreibe Euch in seinem kostbaren Blut, mit dem Wunsche, daß Dir die Trägheit des Herzens genommen werde, damit Gott Dich nicht aus seinem Munde ausspeit und Du den Vorwurf hören mußt: «Verflucht Ihr Lauen! Wäret ihr wenigstens kalt!» Solche Lauheit geht aus der Undankbarkeit hervor, welche Undankbarkeit aus dem mangelhaften Licht kommt, das nicht ausreicht, die gekreuzigte und hingegebene Liebe Christi des Gekreuzigten und die von ihm empfangenen unendlichen Wohltaten zu erkennen. Wenn wir ihn nämlich deutlich sehen könnten, müßte unser Herz im Feuer der Liebe auflodern; wir wären gierig auf die Zeit, diese mit viel Eifer zur Ehre Gottes und zum Heil der Menschen zu gebrauchen. Dich, liebster Sohn, fordere ich zu solchem Eifer auf; Du sollst von neuem zu arbeiten beginnen.

Ich sende Dir einen Brief, den ich den Herren von der Regierung und einen, den ich der Compagnia della Vergine Maria schreibe. Nimm Einsicht in sie und nimm sie zur Kenntnis, dann gib sie ihnen: und dann halte Dich an ... mit jedem einzeln, wie es Dir mitgeteilt ist. Und sprich mit ihnen offen über den in den Briefen beschriebenen Sachverhalt. Bitte jeden im Namen Christi des Gekreuzigten und meinerseits, daß sie mit größter Eindringlichkeit, so viel ihnen möglich ist, mit den Herren von der Regierung und denen, die mit ihnen zu tun haben, verhandeln, damit unternommen werde, was der heiligen Kirche und dem Stellvertreter Christi, Papst Urban VI., gegenüber geschehen muß. Lieg ihm meinerseits auf, daß er sich in dieses Unternehmen zur Ehre Gottes und zum geistlichen und zeitlichen Vorteil der Stadt wage. Hab acht, daß Du diese Angelegenheit eifrig und nicht lau betreibst und Deine Brüder und Vorsteher der Compagnia aufstachelst, damit sie ihr Möglichstes tun in eben der Sache. Wenn Ihr wäret, was Ihr sein solltet, würdet Ihr an ganz Italien Feuer legen, nicht nur dort.
Weiter nichts. Verbleibe in Gottes heiliger und süßer Liebe. Ermutige ... Alle diese Deine Brüder und Schwestern mögen Dich stärken in Christus; und alle sind gespannt auf Dich. Liebster Jesus, Jesus die Liebe.

XLIII.

Caterina war Anfang 1378 nach Florenz gekommen, um im Krieg der Acht Heiligen – so wurden die acht Regierenden von Florenz spöttisch genannt – mit dem Papst, auf dessen Bitte hin, zu vermitteln. Doch starb Gregor XI. am 27. März, als die Friedensverhandlungen endlich hoffnungsvoll standen. Am 7./8. April wurde Bartolomeo Prignano aus Bari als Urban VI. zum neuen Papst gewählt. In diesem ersten Brief an Urban VI. versucht Caterina vehement, ihn für das Reformwerk der Kirche wie für den Kreuzzug zu begeistern. Sie selbst bietet ihr Leiden und ihr immerwährendes Gebet an. Vermutlich wurde das Schreiben im Juni oder Juli 1378 diktiert: das Ärgernis, von dem sie spricht, wäre dann ein Volksaufstand gegen papstfreundliche Politiker, bei dem Caterina selbst beinahe durch Gewalt ums Leben kam. Die heimzuholenden Schafe außerhalb der Hürde, die Caterina dem Oberhirten empfiehlt, sind die unter dem Interdikt stehenden Florentiner. Am 28. Juli endlich wurde der Friede mit Florenz geschlossen. Doch regierte Urban VI. hart, weswegen Caterina ihn um Milde und Maß bittet, um Gerechtigkeit nicht ohne Barmherzigkeit.

An Urban VI.

Im Namen Christi des Gekreuzigten und der süßen Maria.

Heiligster und teuerster Vater in Christus, dem liebsten Jesus! Ich, Caterina, Dienerin und Magd der Diener Jesu Christi, schreibe Euch in seinem heiligen Blut, mit dem Wunsche, Euch in aufrichtiger und vollkommener Liebe gegründet zu sehen, damit Ihr als guter Hirte das Leben für Eure Schafe einsetzt. Und wahrlich, heiligster Vater, nur der steht in der

Liebe fest, der bereit ist, aus Liebe zu Gott und für das Heil der Seelen zu sterben, denn er kennt keine Eigenliebe. Wer in der Eigenliebe befangen ist, ist nicht bereit, das Leben zu lassen und nicht nur das Leben, es scheint, er vermöge auch die kleinste Mühe nicht auszuhalten; denn er fürchtet immer um sich, nämlich das leibliche Leben und die eigenen Annehmlichkeiten zu verlieren. Daher ist alles, was er tut, unvollkommen und verdorben, da seine Hauptneigung, aus der heraus er handelt, verdorben ist. In jedem Stand vollbringt er wenig aus Tugendkraft, sei er Hirte oder Untergebener. Doch der Hirte, der in wahrer Liebe begründet ist, tut nicht so; vielmehr ist jede seiner Handlungen gut und vollkommen, weil seine Gesinnung gesammelt und übereinstimmend mit der Vollkommenheit von Gottes Liebe ist. Ein solcher fürchtet weder Teufel noch irgendeine Kreatur, er fürchtet einzig seinen Schöpfer. Er kümmert sich nicht um die Verleumdungen durch die Welt, noch deren Schmähungen, Lästerungen oder Beschimpfungen, noch um Widerrede und Murren seiner Untergebenen, die Ärgernis nehmen und widersprechen, wenn sie von ihrem Vorgesetzten getadelt werden: als mutiger Mann, umkleidet mit der Kraft der Liebe, kümmere Dich nicht um sie.
Auch schwächt sich in einem solchen das Feuer des heiligen Verlangens und er nimmt sich die Perle der Gerechtigkeit, die er leuchtend auf seiner Brust trägt, zusammen mit der Barmherzigkeit nicht weg. Denn wäre die Gerechtigkeit ohne die Barmherzigkeit, verbündete sie sich mit der Finsternis der Grausamkeit und wäre eher Ungerechtigkeit als Gerechtigkeit, und Barmherzigkeit ohne Gerechtigkeit wirkte auf den Untergebenen wie Salbe auf eine Wunde, die ausgebrannt werden müßte; denn bestreicht man sie mit Salbe, ohne sie auszubrennen, fault sie eher, als daß sie heilt. Doch das eine und das andere zusammen verleihen dem Prälaten, auf dem sie leuchten, Leben und Gesundheit dem Untergebenen, wenn er nicht bereits Glied des Teufels ist, das sich in keiner Weise bessern

läßt. Doch wenn sich der Untergebene auch tausendmal nicht besserte, dürfte der Vorgesetzte nicht aufhören, ihn zu mahnen, und seine Tugendkraft würde dadurch, daß der Frevelhafte die Frucht nicht annimmt, nicht geringer. Dies bewirkt die reine und klare Liebe, die in einer Seele lebt, die nicht um sich, sondern um Gott bekümmert ist und Gott um seiner Ehre willen und zum Lobe seines Namens sucht, insofern er einsieht, daß er seiner unermeßlichen Güte wegen liebenswürdig ist; auch den Nächsten sucht er nicht um dessetwillen, sondern Gottes wegen, um dem Nächsten den Nutzen zu bringen, den er Gott nicht erweisen kann. Denn er sieht ein und erkennt, daß er unser Gott ist, der unser nicht bedarf. Darum müht er sich ab mit großer Besorgnis, dem Nächsten nützlich zu sein und besonders den Untergebenen, die ihm anvertraut sind. Er läßt sich nicht abhalten durch die Undankbarkeit, die er in ihnen entdeckt, – noch durch Drohungen oder Schmeicheleien der Menschen – das Heil ihrer Seele und ihres Leibes zu suchen. Vielmehr folgt er, bekleidet mit dem hochzeitlichen Gewand, der Lehre des demütigen und unbefleckten Lammes, dem milden und guten Hirten, der, von Liebe erfüllt, zum schmachvollen Tode am heiligsten Kreuz sich aufmachte, um uns zu erlösen. All dies bewirkt die unaussprechliche Liebe, welche die Seele im Anblick Christi des Gekreuzigten erfaßt. Heiligster Vater! Gott hat Euch zum Hirten bestellt über all seine Schafe in der gesamten Christenheit, er hat Euch zum Kellermeister bestellt, das Blut Jesu Christi zu verwalten, dessen Stellvertreter Ihr seid und er hat Euch in eine Zeit gestellt, in der die Schlechtigkeit in den Untergebenen mehr überhand nimmt denn je; schon ist es höchste Zeit, im Leib der heiligen Kirche wie auch im Körper der gesamten Christenheit. Und deshalb ist es für Euch überaus notwendig, in der vollkommenen Liebe gegründet zu sein, mit der Perle der Gerechtigkeit, in der Art, wie gesagt wurde: in der Weise, daß Ihr die Welt nicht beachtet, weder die elenden, in schlechter Gewohnheit Verhärteten, noch irgendeine Schändlichkeit; sondern wie ein echter Ritter und wahrer Hirte, bessert mutig, indem Ihr das Laster ausreißt und die Tugend pflanzt, in der Bereitschaft, das Leben hinzugeben, wenn es notwendig wäre. O liebster Vater, bereits kann die Welt nicht mehr, so sehr häufen sich die Lasten, besonders in denjenigen, die als duftende Blumen in den Garten der heiligen Kirche bestellt sind, damit sie Wohlgeruch ausströmen, und wir sehen, daß sie voll elender und ruchloser Laster sind, so sehr, daß sie die ganze Welt mit Gestank erfüllen. O weh mir, wo gibt es Reinheit des Herzens und vollkommene Ehrbarkeit, so daß die Unenthaltsamen durch die Ehrbarkeit enthaltsam würden? Das Gegenteil trifft zu: denn oft bekommen die Enthaltsamen und die Reinen durch deren Unreinheit die Unenthaltsamkeit zu schmecken. O weh, wo ist die Freigebigkeit der Liebe und die Sorge um die Seelen, das Austeilen an die Armen und zum Wohle der Kirche und ihrer Bedürfnisse? Ihr wisset wohl, sie tun das Gegenteil. O weh mir, ich Elende! Mit Schmerz sage ich es: die Söhne nähren sich von jenem Gut, das sie durch das Blut Christi erhalten und sie schämen sich nicht, es wie Gauner zu halten, und mit den von Ihnen, Stellvertreter Christi, geweihten Händen zu spielen, von den anderen Erbärmlichkeiten, die sie begehen, nicht zu reden. O weh mir, wo ist die tiefe Demut, mit der man die Hoffart ihrer Sinnlichkeit zuschanden machen könnte? Mit dieser Anmaßung verüben sie mit großer Habgier Simonie, erkaufen die Pfründen durch Geschenke, mit Schmeicheleien oder mit Geld, mit ausschweifendem und eitlem Gepränge, schon gar nicht wie Kleriker, ja schlimmer als Weltleute. O weh mir, liebster Vater, schaffet da Abhilfe, und schaffet den qualvollen Wünschen der Diener Gottes, die vor Schmerz sterben und doch nicht sterben können, Erleichterung. Sie erwarten von Euch mit großem Verlangen, daß Ihr, als wahrer Hirte, Hand anlegt zur Besserung, nicht nur durch Worte, sondern in Hingabe, indem Ihr in Euch die mit der

Barmherzigkeit vereinte Gerechtigkeit aufleuchten läßt. Züchtigt wirksam und ohne jede Furcht jene, die sich an der Brust jener liebsten Braut nähren und die zu Spendern des Blutes bestimmt sind.
Allein wahrhaftig, heiligster Vater, ich kann mir nicht vorstellen, wie man dies durchführen kann, wenn Ihr nicht den Garten Eurer Braut mit frischen, guten und kräftigen Pflanzen erneuert, mit Bedacht eine Schar heiligster Männer auslesend, die voll Tugendkraft sind und den Tod nicht fürchten. Berücksichtigt nicht den hohen Stand, doch daß sie Hirten seien, die ihre Schafe mit besorgtem Eifer leiten. Und eine Brigade guter Kardinäle, die für Euch aufrechte Säulen sind, die Euch das Gewicht der vielen Lasten mit der Hilfe Gottes tragen helfen. O, wie wird meine Seele glücklich sein, wenn ich sehe, daß der Braut Christi erstattet wird, was ihr zukommt und ich erkenne, daß sie an ihrer Brust solche nährt, die nicht auf eigenen Vorteil aus sind, sondern auf Ehre und Lob des Namens Gottes und darauf, an der Tafel des Kreuzes sich mit der Seelenspeise zu nähren. Ich zweifle nicht, daß dadurch sich die weltlichen Untergebenen bessern; denn durch das Beispiel ihres heiligen und ehrbaren Lebens gezwungen, kann es nicht ausbleiben, daß sie sich bessern. Ihr dürft also darauf nicht schlafen, müßt indes mutig und ohne Säumnis zur Ehre und zum Lobe des Namens Gottes tun, was Ihr könnt, bis zu Eurem Tod.
Weiter bitte ich und beschwöre ich Euch bei der Liebe des gekreuzigten Christus, daß Ihr nicht länger zögert, die Schafe, die sich außerhalb des Schafstalles befinden – ich glaube, durch meine Sünden – aus Liebe zum Blut, dessen Sachwalter Ihr seid, nicht länger hinhaltet und sie aufnehmet in Barmherzigkeit. Durch Eure Versöhnlichkeit und Heiligkeit bezwingt ihre Hartnäckigkeit und gebt ihnen jenes Gut, nämlich sie in den Schafstall aufzunehmen, und wenn sie es in jener wahren und vollkommenen Demut nicht verlangen, wird Eure Heiligkeit

ihrer Unvollkommenheit Rechnung tragen. Nehmt vom Behinderten, was er Euch bieten kann. O weh mir, habt Erbarmen mit so viel Seelen, die zugrunde gehen! Und achtet nicht auf das Ärgernis, das in jener Stadt geschah, in der wirklich die höllischen Dämonen sich angestrengt haben, den Frieden und die Ruhe der Seelen und der Leiber zu verhindern. Doch sorgte die göttliche Güte vor, daß aus dem großen Unrecht nicht großes Unrecht hervorging, sondern Eure Söhne sich beruhigten und nun von Euch auch das Öl der Barmherzigkeit erbitten. Und nehmen wir an, daß es Euch, heiligster Vater scheine, daß sie es nicht in der angebrachten gefälligen Form und mit herzlicher Verabscheuung ihrer begangenen Schuld erbitten, wie sie es tun sollten und wie es Ihrer Heiligkeit gefiele, daß sie es täten, o weh, steht nicht ab davon! Denn nachher werden sie bessere Söhne sein als die anderen. O weh mir, mein Vater, ich möchte nicht länger bleiben. Tut nachher mit mir, was Ihr wollt. Gewährt mir diese Gnade und Barmherzigkeit, mir erbärmlichen Erbarmenswürdigen, die ich bei Euch anklopfe. Mein Vater, verweigert mir nicht die Brosamen, die ich für Eure Söhne erbettle, damit Ihr nach Friedenschluß das Banner des heiligsten Kreuzes erhebet. Denn Ihr seht wohl, daß die Ungläubigen gekommen sind, Euch herauszufordern. Ich hoffe durch die liebreichste Güte Gottes, er möge Euch mit seiner glühenden Liebe erfüllen, in der Ihr den Schaden der Seelen erkennen werdet und wie sehr Ihr verpflichtet seid, sie zu lieben, und so wird Euer Hunger und die Sorge, sie aus den Klauen des Teufels zu befreien, zunehmen und Ihr werdet den mystischen Leib der heiligen Kirche und den Leib der gesamten Christenheit zu heilen suchen. Besonders werdet Ihr Eure Söhne zu versöhnen suchen, indem Ihr sie mit Milde und jener Zuchtrute der Gerechtigkeit behandelt, die geeignet sind, den Zweck zu erreichen, nichts darüberhinaus. Ich bin gewiß, daß wenn die Kraft der Liebe nicht dabei ist, es nicht möglich sein wird und darum sagte ich, daß ich Euch in wahrer und vollkommener Liebe gegründet wissen möchte. Nicht daß ich etwa annähme, Ihr stündet nicht in der Liebe, doch weil wir, so lange wir Pilger und Wanderer sind in diesem Leben, in der Vollkommenheit der Liebe stets zu wachsen vermögen, sagte ich, daß ich für Euch die Vollkommenheit der Liebe verlange, daß Ihr sie nämlich fortwährend mit dem Feuer des heiligen Verlangens nährt, und Ihr sie, als guter Hirte, auf Eure Untergebenen fortpflanzt. Und so bitte ich Euch, es zu halten. Und ich werde im Gebet ausharren und durch es, und wie man nur kann, wirken bis zu meinem Tod, zur Ehre Gottes, für Euren Frieden und den Eurer Söhne.

Mehr sage ich nicht. Verbleibet in der heiligen und süßen Liebe Gottes. Verzeiht, heiligster Vater, meine Anmaßung; aber die Liebe und der Schmerz mögen mich vor Eurer Heiligkeit entschuldigen. Demütig erbitte ich Euren Segen. Liebster Jesus, Jesus die Liebe.

XLIV.

Der letzte Brief an Stefano Maconi scheint mit Unterbrechungen geschrieben worden zu sein. Es geht darin zweimal um die Frage einer Standeswahl: Maconi weiß sich zu einer Veränderung gerufen und Caterina verspricht ihm, mit ihm die Frage klären zu wollen. Dann, in einem späteren Abschnitt, wundert sie sich, daß er sich mit einigen Gefährten dem Abt von Monte Oliveto verpflichtet habe. Dies erscheint ihr rätselhaft, da Stefano ihr offenbar nie etwas darüber mitgeteilt, ihren Rat nie eingeholt hatte. Es mag sein, daß Caterina ein Gerücht zu Ohren gekommen war, das sich als solches entpuppte, als Stefano kurz vor dem Tode Caterinas in Rom eintraf und von ihr die Weisung erhielt in den Kartäuserorden einzutreten. Eine Art Mißstimmung liegt über dem lückenhaft tradierten Brief; sie konnte zum Glück durch die letzte persönliche Begegnung beseitigt werden.
Der im letzten Teil des Briefes genannte Misser Matteo ist Matteo di Cenni di Fazio, der seit 1373 Spitalvorsteher in Santa Maria della Misericordia in Siena war und zu Caterinas famiglia *gehörte.*
Neri di Landoccio befand sich zur Zeit dieses Schreibens im Auftrage Caterinas bei der Königin von Neapel, zusammen mit einem Abt Lisolo, der, so auch der genannte Pietro, nicht näher zu identifizieren ist, wohl aber, wie Caterina und ihre Anhänger, auf seiten Urbans VI. stand.

AN STEFANO DI CURADO MACONI, ALS SIE IN ROM WAR. ES WAR DER LETZTE AN IHN.

Im Namen Jesu Christi des Gekreuzigten und der süßen Maria.

Teuerster und geliebtester Sohn in Christus, dem liebsten Jesus! Ich, Caterina, Dienerin und Magd der Diener Jesu

Christi, schreibe Euch in seinem kostbaren Blut, mit dem Wunsche, in Dir einen Tugendspiegel zu sehen, auf daß Du durch das Beispiel Deines Lebens, durch die Unterweisung in Deiner Rede und das immerwährende und demütige Gebet ein Werkzeug seiest, die Seelen aus den Händen des Teufels zu reißen und zur Wahrheit zurückzuführen, zu Christus, dem süßen Jesus, wie es Gott von uns verlangt. Damit Du einmal gute Rechenschaft ablegen kannst, von dem Dir anvertrauten Talent, die Tugend zu üben und das Leben der Seele zu lenken. Ohne es wären wir des Gnadenlebens beraubt und müßten wir schon in diesem Leben den Vorgeschmack der Hölle kosten.

O wie lieblich und nützlich ist die Tugendkraft! Die Kraft, welche man durch das im Hause unserer Selbsterkenntnis geübte Gebet erwirbt; in dieser Erkenntnis finden wir das Feuer der göttlichen Liebe und ebendort entdecken wir unsere Elendigkeit, Unwissenheit und Undankbarkeit. Daraus ziehen wir ab die Ader der Demut in der Erkenntnis, die wir in der unermeßlichen Güte Gottes von uns haben werden, zu der wir eben in jenem Hause gelangen: durch Erfahrung und Glauben erhalten wir unsere Hingabefähigkeit im Feuer seiner Liebe. Dann wird unser Gebet demütig, treu und unablässig sein, getan aus Liebe, im Andenken an das Blut des demütigen Lammes: und so kommen wir zu ganz vollkommener Tugendkraft.

Und ich wundere mich nicht, wenn die Seele durch die Erkenntnis ihrer selbst zu vollkommenster Liebe und Tugend gelangt: denn nirgends besser als in uns finden wir so viel göttliches Liebesfeuer. Denn alle geschaffenen Dinge wurden von Gott um der vernunftbegabten Kreatur willen geschaffen und eben dieses Geschöpf schuf er für sich, damit es ihn liebe und ihm diene aus ganzem Herzen, aus ganzem Gemüte und mit allen seinen Kräften. Und daher kann die Seele, die sich solchermaßen geliebt sieht, nicht anders, als auch lieben; darin begründet sich die Liebe. So töricht war er und unfaßlich seine

Liebe zu uns, daß er uns, die wir durch die begangene Schuld seine Feinde geworden waren, zu Freunden machen wollte. Darum sandte er das Wort seines Sohnes, daß er die Schuld bezahle, in die das Geschöpf gefallen war, um uns im Lösepreis unsere große Würde zugleich mit der Schwere der Schuld vorzuzeigen.

Mit gutem Grund soll deshalb die mit Vernunft begabte Kreatur aufschmelzen und wegschmelzen die Härte des Herzens, somit jene Vernunft gebrauchen; das heißt, das Geschöpf soll mit dem Lichte der Vernunft und dem heiligsten Glauben in sich soviel Liebe und den großen für sie bezahlten Lösepreis erkennen. Wer jedoch ohne Vernunft lebt, kann dies nie einsehen noch erkennen: nicht erkennend wird er nicht lieben, und nicht liebend, ist es ihm nicht möglich, irgend eine Tugend zu erlangen. Denn jede Tugendkraft hat Leben aus der in Liebesgesinnung empfangenen Liebe. Haben wir diese Liebe in uns gewonnen, müssen wir sie unserem Nächsten in geistlichen und zeitlichen Belangen zuwenden, der Notwendigkeit entsprechend und wie Gott es uns eingibt: mit sorgenvollem Verlangen nach dem Heil der ganzen und gesamten Welt, zur Ehre Gottes; in Frohlocken, Leiden und Mühen, selbst den Tod, wenn es nötig ist, zu ertragen, zum Ruhm und Lob von Gottes Namen. Und so vereinen wir uns dem mildreichen Lamm.

Heute ist die Zeit, geliebtester Sohn, da Gott von uns diese Hingabe verlangt; denn wir sehen die Welt in übergroßer Finsternis, besonders aber die liebliche Braut Christi. Deshalb will ich, daß Du darauf bedacht seist, Dich ihr hinzugeben. Und weil Du dies ohne die Hilfe der Tugendkraft nicht vermöchtest, sagte ich, daß ich Dich als Tugendspiegel zu sehen wünsche; und so will ich, daß Du Dich mit ganzem Streben darum bemühst. Mehr sage ich nicht.

Gerstern erhielt ich einen Deiner Briefe, in dem ... Darauf antworte ich Dir kurz. Die Verzeihung, welche ich Dir schriftlich versprach, sage ich, sollst Du von mir – dieses wie sonstiges Entgegenkommen – nicht erwarten, außer Du kommst darum. Ich sage nicht, daß ich mich Deiner Not geistigerweise verweigere. Denn mehr denn je will ich tun; und von der Unterweisung und dem Verlangen, das Gott meiner Seele eingeben will, lasse ich Dir mit größerer Dringlichkeit denn je im Angesichte Gottes zukommen, umso mehr ich Deine Not sehe, Deinen Stand, von dem Du sagst, daß er Dir mißfällt, betrachte. Mißfällt er Dir in Wahrheit, werde ich vorsehen, daß Du ihn gleich verlässest. Dann wirst Du Deinen Stand vergessen, den Du bis anhin wenig zu kennen schienst. Ich vertraue auf Gottes mildreiche Güte, daß er, da Du das Tuch bereits einwenig von Deinen Augen genommen hast, es nun ganz weghebe und Du Deinen Stand klar sehen wirst und das bald, falls Du nicht Widerstand leistest oder meine Sünden es verhindern sollten.

Ich antworte Dir zur Angelegenheit von Misser Matteo. Alle Mühe und Bitterkeit, die er meiner Unwissenheit und Nachlässigkeit wegen erduldet hat, schmerzt mich zunehmend. Wisse, daß sein Leiden mehr meines als seines ist. Gott verleihe mir die Gnade, daß es bald von ihm und mir genommen werde. Wenn dieser Brief ... Habt Geduld ...

Ich vernahm viel durch einen Brief, den mir der Abt zukommen ließ und der von den Pflanzen, die er in seinem und meinem Garten pflanzte – und er ist weiter am Einsetzen –, unter denen auch Du und andere Gefährten zu sein scheinst, sagt. Bleibt ihm verpflichtet. Erzeige ... Ich habe übergroße Freude, Euch der Unvollkommenheit entkommen und der Vollkommenheit entgegengehen zu sehen. Doch erstaunt es mich sehr, daß Du Dich verpflichtet hast, ohne davon hören zu lassen. Es bleibt nicht ohne Geheimnis. Ich bitte die göttliche milde Güte, daß sie daraus mache, was zu ihrer Ehre und zu Deinem Heile gereicht. Anderes wollte noch wünschte ich nie vom Tag an, da ich Dich kannte, und Du Dich befreitest aus

dem Schlamm, bis zum heutigen Tag: und durch die Güte Gottes hoffe ich, dies Verlangen bis zum letzten Augenblick zu behalten. Wenn Du gespürt hast, daß der heilige Geist Dich rief und auserwählte zu solchem Stand, tatest Du gut, ihm nicht widerstanden zu haben: dies wird mich trösten. Fühlst Du Dich gerufen, beeile Dich zu antworten.
Viel hätte ich Dir zu sagen, was ich nicht schreiben kann noch will. Neri ist in Neapel, denn ich sandte ihn dorthin mit dem Abt Lisolo. Ich glaube, sie durchstehen manche Mühsal, besonders geistigerweise, da sie so viele und große Beleidigungen Gottes mitansehen müssen.
Weiter sage ich nichts mehr. Ermutige alle dortigen Söhne, speziell Pietro und richte ihm aus, daß wenn ich auch behaupte, Gott erfreue sich an wenig Worten doch an zahlreichen Werken, ich ihm nicht etwa Stillschweigen auferlege, so daß er nicht spreche, und er möge mir schreiben, was ihm zu Friede und Trost gereicht. Immerhin war ich manchmal voller Verwunderung, daß er nicht schrieb. Liebster Jesus, Jesus die Liebe.

XLV.

Der letzte Brief Caterinas an ihren geistlichen Vater Raimondo von Capua wird allgemein als ihr Testament an ihn wie an ihre gesamte famiglia *angesehen. Caterina verbleibt todkrank in Rom, während sich Raimondo – dies ist auch aus dem Briefinhalt zu schließen – in politischem Auftrag Papst Urbans VI. auf der Reise zu Karl V., König von Frankreich, befindet.*

Die Ereignisse, von denen Caterina berichtet, hatten am Fastensonntag Sexagesima, der 1380 auf den 29. Januar fiel, stattgefunden. Der Brief wurde bald nach Mariae Lichtmeß, also nach dem 2. Februar verfaßt.

In der eingehend berichteten prophetischen Schau sieht Caterina die schlimmsten Zeiten für die Kirche und das Papsttum voraus. Daher verzichtet sie von jetzt ab auf jegliche wonnevolle Exstase und wünscht sich nur noch das Martyrium. Und dies nicht mehr im Zusammenhang eines eklatanten santo passaggio, *eines begeisterten Kreuzzuges, wie sie es lange und dringend erwünschte. Ihr jetziges Martyrium ist der verzehrende Hunger und Durst nach dem Heil aller, das sie in Schmerz und Leiden und unablässiger Gebetsarbeit erwirken möchte. Nach einem solchen Tod hofft sie, an der Auferstehung – bald ist ja Ostern – teilzubekommen. Caterina starb ihren frühen und schweren Tod am 29. April 1380. Vorher übergab sie ihr «Buch», das sie als ihr Vermächtnis ansah, an ihre Jünger Raimondo von Capua, Bartolomeo Dominici, Tommaso di Antonio Caffarini oder Tommaso della Fonte, Magister Giovanni Terzo Tantucci, sowie an den apostolischen Protonotar Tommaso de Petra. Raimondo übersetzte das «Buch» für seine größere Verbreitung bald ins Lateinische. Caterina, die jetzt zur scheinbaren Erfolglosigkeit ihres Wirkens ja sagt, erwartet dem Wortlaut dieses Briefes gemäß die große notwendige Erneuerung der Kirche, das heißt der ganzen Christenheit, nicht mehr zu ihren Lebzeiten, hofft indes fest, nach ihrem Tode wirksamer dafür arbeiten zu können.*

Der genannte geistliche Sohn Barduccio, der die nach dem Diktat an den Christus auf Erden, den Heiligen Vater, total entkräftete Caterina stützen mußte, war ihr gegenwärtiger Schreiber Barduccio di Piero Canigiani, der ihr auch, als Mitglied der famiglia, *in der Todesstunde beistand.*

An Magister Raimondo von Capua aus dem Predigerorden.

Im Namen Jesu Christi des Gekreuzigten und der süßen Maria.

Liebster und teuerster Vater in Christus, dem liebsten Jesus! Ich, Caterina, Dienerin und Magd der Diener Jesu Christi, schreibe Euch in seinem kostbaren Blut, mit dem Wunsche, in Euch eine neu gegründete Säule im Garten der heiligen Kirche und Euch als treuen Bräutigam der Wahrheit, wie Ihr es sein sollt, zu sehen: dann wird sich meine Seele glücklich preisen. So will ich nicht, daß Ihr das Haupt, irgend einer Trübsal oder Verfolgung wegen, rückwärts wendet; ich will vielmehr, daß Ihr Euch der Trübsal rühmt. Denn im Ausharren zeigen wir unsere Liebe und Standhaftigkeit, erweisen wir dem Namen Gottes die Ehre; anders nicht. Jetzt ist die Zeit, liebster Vater, sich selbst ganz zu verlieren und an sich selbst nicht mehr zu denken, wie es die glorreichen Arbeiter hielten, die mit großer Liebe und Sehnsucht Ihr Leben ließen und diesen Garten begossen mit Blut, mit demütigem immerwährendem Gebet und der Standhaftigkeit bis zum Tod. Hütet Euch, daß ich Euch nicht furchtsam sehe, noch daß Euer Schatten Euch schrecke; seid vielmehr ein tapferer Streiter und entzieht Euch niemals dem Joch des Gehorsams, das der höchste Hirte Euch auferlegte. Auch im Orden wirket, was Ihr zur Ehre Gottes tun könnt; denn dies fordert von uns die große Güte Gottes, zu anderem hat er uns nicht bestellt.

Nehmt wahr, welche Not in der heiligen Kirche herrscht, wie sie ganz im Stich gelassen wurde. So offenbarte sich die Wahrheit – ich schrieb davon in einem anderen Brief –, denn wie die Braut verlassen wurde, so auch ihr Bräutigam. O liebster Vater, ich will Euch die großen Geheimnisse Gottes nicht verschweigen, so kurz als möglich werde ich sie Euch berichten, wie sich meine schwache Zunge denn auszudrücken vermag. Zudem will ich Euch sagen, was Ihr nach meinem Sinn tun müßt. Vernehmt ohne Kummer, was ich Euch sage, wenngleich ich nicht weiß, was die göttliche Güte mit mir vorhat, mich noch bleiben zu lassen oder zu sich zu rufen.

Vater, liebster Vater und Sohn, wunderbare Geheimnisse hat Gott vom Tage der Beschneidung an bis heute gewirkt, so daß die Zunge sie nicht gebührend zu erzählen vermag. Doch lassen wir den ganzen Zeitraum und kommen wir gleich auf den Sonntag Sexagesima, an dem sich zutrug, was ich in Kürze Euch schreibe, jene Geheimnisse, die Ihr nun vernehmt. Nie hätte ich geglaubt, einen solchen Vorfall zu überstehen. Denn so groß war das Weh des Herzens, daß mein Kleid zerriß, wo ich es anpackte, als ich, vom Krampf erfaßt, mich in der Kapelle wand. Hätte mich jemand angefaßt, ich wäre gestorben. Als dann der Montagabend kam, zwang es mich, an Christus auf Erden und an drei Kardinäle zu schreiben: daher ließ ich mir helfen und begab mich in mein Arbeitszimmer. Und als ich an den Christus auf Erden geschrieben hatte, war ich zu schreiben nicht mehr imstande, so stark waren die Schmerzen, die in meinem Körper anwuchsen. Und kurz darnach der Schrecken der Dämonen, in solcher Weise, daß ich ganz betäubt davon war. Sie wüteten gegen mich, als ob ich Wurm die Ursache wäre, daß ihnen aus der Hand gerissen wird, von dem sie seit langer Zeit in der Kirche Besitz ergriffen hatten. So groß war die Angst und der körperliche Schmerz, daß ich aus dem Arbeitszimmer entfliehen und mich in die Kapelle begeben wollte; wie wenn das Arbeitszimmer der

Grund meiner Qual gewesen wäre. Ich erhob mich denn, und da ich nicht zu gehen vermochte, stützte ich mich auf meinen Sohn Barduccio. Doch plötzlich fiel ich hin, als hätte sich, so schien mir, die Seele vom Körper gelöst; aber nicht wie sie sich damals schied, weil da die Seele das Glück der Unsterblichen schmeckte, das höchste Gut im Verein mit ihnen zu kosten. Jetzt erschien sie wie eine abgetrennte Sache, denn im Körper schien sie mir nicht zu weilen, vielmehr sah ich meinen Körper, als wäre er ein Fremder. Und als meine Seele die Pein desjenigen, der neben mir war, gewahrte, wollte sie wissen, ob ich mit dem Körper noch irgend verbunden war, und ihm sagen: «Mein Sohn, fürchte nichts»! Allein ich sah, daß ich weder die Zunge noch ein anderes Glied rühren konnte, nur einen vom Leben geschiedenen Körper sah ich. Ich ließ nun den Körper wie er war, und mein Geist blieb haften im Abgrund der Dreieinigkeit. Das Gedächtnis war erfüllt von Erinnerung an die Not der heiligen Kirche und des ganzen christlichen Volkes. Und ich schrie auf in seinem Angesicht und mit Vertrauen erbat ich den göttlichen Beistand, ihm alles Verlangen darbringend und ihn durch das Blut des Lammes und all die ertragenen Leiden zwingend. Ich bat so dringend, daß mir gewiß schien, er werde die Bitte nicht abschlagen. Dann flehte ich für Euch alle, ihn bittend, daß sein Wille und meine Wünsche sich in Euch erfüllen. Dann bat ich, er möge mich von der ewigen Verdammnis erretten. So verblieb ich lange Zeit, bis meine Familie mich als tot beweinte; dabei war aller teuflischer Schreck vergangen. Dann wurde das demütige Lamm vor meiner Seele gegenwärtig und sagte: «Zweifle nicht; denn ich erfülle deine Wünsche und die aller meiner Diener. Ich will dir zeigen, daß ich der gute Meister bin, der Töpfe macht, welche er zerschlägt und wiederherstellt, wie es ihm gefällt. Diese meine Gefäße kann ich zerschlagen und wiederherstellen: und daher nehme ich das Gefäß deines Körpers und erstelle es wieder im Garten der heiligen Kirche in

anderer Weise als bisher». Und während die Wahrheit mich in Wort und Gehaben lockend umfaßte, begann ich schwach zu atmen und Anzeichen zu geben, daß die Seele in ihr Gefäß zurückgekehrt sei. Ich war voller Verwunderung. Und es blieb ein solcher Schmerz im Herzen, daß ich ihn noch fühle. Jede Freude, jede Erleichterung und jede Speise war mir da verwehrt. Als man mich dann in den oberen Raum trug, schien die Kammer voller Dämonen und sie lieferten einen erneuten Kampf, schlimmer als ich ihn je erlebte. Sie wollten mich glauben machen, ich sei nicht die, die in diesem Körper war, sondern ein unreiner Geist. Ich rief da die göttliche Hilfe mit zärtlichem Flehen an – scheute die Anstrengung nicht und sagte vernehmlich: «Gott merke auf meine Hilfe, Herr, eile, mir zu helfen!* Du ließest zu, daß ich allein war in diesem Kampf, ohne den Trost meines geistlichen Vaters, dessen ich meiner Undankbarkeit wegen beraubt bin.»
Zwei Nächte und zwei Tage vergingen unter diesen Stürmen. In Wahrheit wurden mein Geist und Verlangen nicht verletzt, denn sie blieben fest auf ihren Gegenstand gerichtet: aber der Körper war ganz geschwächt. Am Tage Mariae Lichtmeß wollte ich die Messe hören. Da erneuerten sich all diese Geheimnisse: und Gott zeigte die große Not, wie sie nachträglich zutage trat; denn ganz Rom war daran, einen Aufruhr zu beginnen mit elenden Verleumdungen und großer Unbotmäßigkeit. Doch Gott legte einen Balsam auf ihre Herzen: und ich glaube, daß alles ein gutes Ende nehmen wird. Dann legte mir Gott im Gehorsam auf, daß ich während dieser ganzen heiligen Fastenzeit die sehnsüchtigen Wünsche meiner ganzen Familie ausschließlich für die heilige Kirche aufopfern und eine heilige Messe in diesem Sinne feiern lassen sollte; und ich solle täglich in der Morgenfrühe an einer Messe teilnehmen: Ihr wißt, daß

* Dieses Zitat aus dem kirchlichen Stundengebet, dem Offizium, sprach Caterina in lateinischer Sprache. Die Stundengebete lernte sie, auch nach anderen Zeugnissen, in Latein verstehen.

das für mich ein Ding der Unmöglichkeit ist; doch dem Gehorsam gegen ihn wird alles möglich. Und so sehr hat sich dieser Wunsch in mir eingefleischt, daß das Gedächtnis nichts anderes mehr fassen, der Verstand nichts anderes einsehen, der Wille nichts anderes mehr wünschen kann. Zwar nicht so sehr, daß er alles Irdische deswegen verwürfe; aber im Umgang mit den wahren Bürgern will sich die Seele nicht mehr an ihrer Wonne mitvergnügen, hingegen an ihrem Hunger, den sie haben und hatten, als sie noch Pilger und Wanderer in diesem Leben waren, teilhaben.

Auf diese und vielerlei andere Weise, wovon ich nicht berichten kann, zehrt und löst sich mein Leben auf in dieser liebsten Braut; ich auf diese Art, die glorwürdigen Martyrer durch ihr Blut. Ich bitte die göttliche Güte, sie möge mich die Erlösung seines Volkes bald sehen lassen. Zur Zeit der Terz*, wenn ich mich von der Messe erhebe, sähet Ihr eine Tote nach San Pietro gehen; und dort beginne ich erneut im Schiff der heiligen Kirche zu arbeiten. Dabei verbleibe ich bis zur Stunde der Vesper**; und von diesem Ort möchte ich mich Tag und Nacht nicht entfernen, bis ich dieses Volk etwas beruhigt und im Einvernehmen mit seinem Vater sehen könnte. Dieser mein Körper verharrt ohne Speise, sogar ohne einen Schluck Wasser in solch süßen körperlichen Qualen, wie ich sie zeitlebens noch nie ertrug, so daß mein Leben an einem Haare hängt. Ich weiß nun nicht, was die göttliche Güte mit mir vorhat; aber nach meinem Befinden zu schließen – doch behaupte ich nicht, ich kenne seinen Willen bezüglich dessen, was er mit mir vorhat –, nach meinem körperlichen Befinden zu schließen, scheint mir, daß ich ihn im Augenblick durch ein neues Martyrium in der Wonne meiner Seele, nämlich in der heiligen Kirche, erfüllen müsse. Vielleicht wird er mich dann mit sich auferstehen lassen und so meiner ganzen Elendigkeit und meinen gekreuzigten

* Etwa 9 Uhr morgens.

** Zwischen 16 und 17 Uhr nachmittags.

Wünschen ein Ziel und Ende setzen. Oder er wird seine gewohnte Weise einhalten, meinen Körper heimzusuchen. Ich bat und bitte seine Barmherzigkeit, sie möge ihren Willen an mir erfüllen, daß ich weder Euch noch die anderen als Waisen zurücklasse, Euch vielmehr auf dem Wege der wahren Lehre in klarer und vollkommener Einsicht lenke. Ich bin gewiß, daß er es tun wird.
Nun bitte und bestürme ich Euch, Vater und Sohn, mir gegeben von der süßen Mutter Maria, daß wenn Ihr vernehmt, Gott habe sein Auge der Barmherzigkeit auf mich gerichtet*, Ihr Euer Leben erneuern wollet und, jedem eigensüchtigen Gefühl abgestorben, Ihr Euch in das Schifflein der heiligen Kirche werfet. Seid immer auf der Hut bei Unterredungen. Die wirkliche Zelle werdet ihr selten haben, aber Eure Zelle des Herzens sollt Ihr immer halten und mit Euch tragen; denn wie Ihr wißt, solange wir uns darin einschließen, werden uns die Feinde nicht schaden. Dann sei jede Übung, die Ihr tut, auf Gott ausgerichtet und hingeordnet. Weiter bitte ich Euch das Herz in heiliger und wahrer Klugheit reif werden zu lassen und Euer Leben sei in den Augen der Weltleute immer beispielhaft, den Sitten der Welt nicht angepaßt. Die Großmut den Armen gegenüber und die freiwillige Armut, die Ihr immer übtet, erneuere und erfrische sich in Euch in wahrer und vollkommener Demut: weder durch Amt noch Ehrung – was Euch durch Gott zuteil werden könnte –, lasset darin nach, sondern vertieft Euch im Tale eben der Demut, Euch am Tische des Kreuzes erfreuend. Dort nehmt die Nahrung für die Seele: umfanget die Mutter des demütigen, getreuen und immerwährenden Gebetes, und dazu die heilige Nachtwache. Außer im Notfall, zelebriert jeden Tag die Messe. Fliehet müßiges und leichtfertiges Reden, seid und erzeigt Euch besonnen im Reden und überhaupt. Werfet von Euch jede Rücksicht auf Euch selbst

* Das heißt, ihrem Leben hier im Tode ein Ende bereitet!

und jede knechtische Furcht, denn verweichlichter Leute bedarf die süße Kirche nicht, aber solcher, streng sich selbst, mild ihr gegenüber. Dies ist, was ich Euch zu beherzigen und zu befolgen bitte. Auch bitte ich Euch, das Buch und was Ihr an Schriften von mir findet, daß Ihr, Frater Bartolomeo, Frater Tommaso und der Magister, es zuhanden nehmt; und macht damit, zusammen mit Misser Tommaso, was Euch zur Ehre Gottes recht scheint. Ich fand darin einige Erleichterung. Dann bitte ich Euch, seid dieser Familie, so gut Ihr es vermögt, Leiter und Schützer wie ein Vater, um sie in der Liebe und in vollkommener Eintracht zu erhalten; nicht daß sie sich verlassen und führerlos vorkommen wie Schafe ohne Hirt. Ich glaube für sie und für Euch nach meinem Tod mehr ausrichten zu können als im Leben. Ich werde die ewige Wahrheit bitten, daß sie die ganze Gnadenfülle und all die Gaben, mit der sie meine Seele erfüllte, über Euch alle ausgieße, auf daß Ihr auf den Kandelaber erhobene Leuchten seid. Ich bitte Euch, betet zum ewigen Bräutigam, daß er mir verleihe, tapfer in seinem Gehorsam zu stehen, und er mir die Menge meiner Sünden vergebe. Und Euch bitte ich, mir allen Ungehorsam, Unbotmäßigkeit und Undank zu verzeihen und den Schmerz und die Bitterkeit, die ich Euch antat, Euch bereitete und mir zu schulden kommen ließ, sowie meine geringe Sorgfalt, die ich auf Euer Heil verwendete. Nun bitte ich um Euren Segen.

Betet inständig für mich und lasset bei der Liebe des gekreuzigten Christus für mich beten. Vergebt mir, wenn ich Euch bittere Worte schrieb; ich schrieb sie Euch nicht, um Kummer zu bereiten, nur weil ich im Zweifel bin und nicht weiß, was die Güte Gottes mit mir vorhat. Ich möchte nur meine Pflicht erfüllt haben. Und betrübt Euch nicht, weil wir leiblich einander fern sind; wärt Ihr mir auch ein großer Trost, größer ist für mich der Trost und die Freude, Euch in der heiligen Kirche Frucht bringen zu wissen. Und ich bitte Euch nun noch dringender zu wirken, denn sie hat es nötig wie noch nie und trennt Euch keiner Verfolgung wegen je ohne Erlaubnis von unserem Herrn, dem Papst. Fasset Euch in Christus, dem liebsten Jesus, ohne jegliche Bitterkeit. Weiter sage ich Euch nichts mehr. Verbleibet in Gottes heiliger Liebe. Liebster Jesus, Jesus die Liebe.

XLVI.

Dieser Brief, ein Bruchstück, dem am Anfang und in der Mitte ein Teil fehlt, ist vielleicht das letzte Schreiben Caterinas. Dann wäre es vermutlich nicht an Urban VI., wie in manchen Handschriften angegeben, sondern eher an Raimondo von Capua gerichtet. Vielleicht aber stellt es das Diktat dar, von dem Caterina im sogenannten ‹Testament› berichtet, daß sie sich vor Leid über den Zustand der Kirche nicht mehr zurückhalten konnte und an den Papst, den Christus auf Erden, Urban VI. schreiben mußte.
Caterina spricht bei der Beschreibung ihrer visionären Schauen von sich gewöhnlich in der dritten Person. So berichtete schon der Apostel Paulus, eine hohe Autorität für Caterina, und mit ihm zahlreiche Mystiker, von der Entrückung in den dritten Himmel. Caterina erkennt in ihrer Vision durch die Belehrung Gottes, daß Urban VI. mehr ein notwendiges Übel zum Ausfegen der Kirche darstellte, bevor ein Friedenspapst einzöge. Ist dieser Brief wirklich als eine Art Fortsetzung zum ‹Testament› von 1380 verfaßt, dann bildet das durch die Wahl Roberts von Genf zum Gegenpapst – Clemens VII. – ausgebrochene Schisma den realen Grund zu Caterinas gesteigertem Schmerz. Caterina opfert nun endgültig ihr Leben für die Erneuerung der Braut Kirche.

An Urban VI.

... da ich von Schmerz gequält bin durch das gekreuzigte Verlangen, das von neuem entfacht ward im Angesicht Gottes, weil sich das Licht des Geistes in der ewigen Dreifaltigkeit gespiegelt hatte und man in jenem Abgrund die Würde des mit Vernunft begabten Geschöpfes erkennen konnte; und auch das Elend, in das der Mensch durch die Schuld der Todsünde fiel, und die Notwendigkeit der heiligen Kirche, die mir Gott in seiner Brust zeigte, und wie niemand in den Abgrund der Dreieinigkeit zurückkehren kann, die Schönheit Gottes dort zu genießen, außer durch die Vermittlung jener liebreichen Braut, da alle durch die Tür des gekreuzigten Christus eingehen müssen und diese Tür sich nirgendwo anders befindet, als in der heiligen Kirche. Man sah, daß diese Braut Leben spendete, denn sie hat in sich so viel Leben, daß niemand sie töten kann. Und sie verlieh Kraft und Licht und es gibt niemanden, der sie schwächen und in sich selbst verdunkeln könnte. Und man sah, daß ihre Frucht nie ausblieb, sondern stets zunahm.

Dann sprach der ewige Gott: «Diese ganze Würde, die dein Verstand nicht fassen könnte, ist euch durch mich verliehen. Betrachte denn mit Schmerz und Bitterkeit und sieh, daß man zu dieser Braut nicht geht, es sei denn ihres äußeren Kleides wegen, nämlich um ihr zeitliches Gut. Doch siehst du sie ganz leer von solchen, die ihr Mark suchen, das ist die Frucht des Blutes. Diese Frucht aber wird demjenigen, der den Preis der Liebe mit echter Demut und dem Licht des heiligsten Glaubens nicht mitbringt, nicht zum Leben gereichen, sondern zum Tod; ein solcher täte wie der Dieb, welcher nimmt, was ihm nicht gehört. Denn die Frucht des Blutes gehört denen, die den Preis der Liebe auf sich tragen, denn sie ist in Liebe gegründet und ist selbst Liebe. Und aus Liebe will ich (sprach der ewige Gott), daß jeder ihr gebe – demgemäß wie ich meinen Dienern in verschiedener Weise ihr zu dienen verleihe –, so wie sie empfangen haben. Doch beklage ich, daß ich keinen finde, der ihr diente. Ja, es scheint, alle hätten sie verlassen. Aber ich werde Abhilfe schaffen.»

Da wuchsen der Schmerz und das Feuer des Verlangens. Sie schrie auf im Angesicht Gottes, indem sie sagte: «Was kann ich tun, o unschätzbares Feuer?» Und in seiner Güte antwortete er: «Daß du erneut dein Leben aufopferst. Und gönne dir selbst niemals Ruhe. Für diese Aufgabe habe ich dich bestimmt, dich und all jene, die dir folgen und noch folgen werden. Bemüht euch denn, nie nachzulassen, sondern nehmet stets zu in eurem Verlangen, denn ich bemühe mich wohl, euch mit meiner Gnade körperlich und geistig beizustehen. Und damit euer Sinnen sich mit nichts anderem beschäftige, habe ich vorgesorgt, indem ich demjenigen, den ich euch zu leiten bestimmte, einen Sporn gab und ihn mit Geheimnissen und neuen Weisen anzog und zu dieser Übung bestellte. So dient mir jener meiner Kirche mit zeitlichem Vermögen und ihr mit immerwährendem demütigem und gläubigem Gebet und mit den Übungen, die notwendig sein werden, die dir und ihnen durch meine Güte vorgeschrieben werden, jedem nach seiner Stellung. Richte deshalb dein Leben, dein Herz und deine Seele allein auf diese Braut aus: ohne dich, ganz für mich. Blicke auf mich und schau den Bräutigam dieser Braut, nämlich den obersten Hirten und blick auf seine heilige und gute Absicht, die ohnegleichen ist. Und wie die Braut einzig ist, so auch ihr Bräutigam. Ich lasse es zu, daß er mit Weisen, die er maßlos anwendet und mit Furcht, die er seinen Untergebenen einjagt, die heilige Kirche ausfege. Doch wird ein anderer kommen, der sie mit Liebe begleiten und erfüllen wird. Dieser Braut wird es ergehen, wie es der Seele geschieht: zuerst ergreift sie die Furcht, doch einmal der Laster entledigt, erfüllt sie die Liebe und umkleidet sie mit Tugendkraft. All dies wird er durch mildreiches Durchhalten erreichen, mild und angenehm für jene, die sich in Wahrheit an ihrer Brust ernähren. Doch unternimm dies: sag meinem Stellvertreter, daß er, seiner Macht entsprechend, sich beruhige und Frieden gebe, all denen, die ihn annehmen wollen. Und den Säulen der heiligen Kirche richte aus, daß sie dem großen Ruin Einhalt gebieten wollen, daß sie dies tun sollen: sie mögen sich alle vereinigen und seien ein Mantel, die Verfahrensweisen ihres Vaters, wenn sie ihnen schlecht erscheinen, zu decken. Und sie sollen ein geregeltes Leben führen und, an der Seite jener, mich fürchten und lieben und sich zusammenfinden, indem sie sich selbst zu Boden werfen. Und wenn sie so tun, werde ich, der ich Licht bin, ihnen jenes Licht verleihen, das der heiligen Kirche nötig ist. Und wenn sie selbst unter sich erkennen, was geschehen müßte ... mögen sie es sofort in wahrer Einheit, kühn und mit großer Überzeugungskraft meinem Stellvertreter vorbringen. Er wird alsdann gezwungen sein, ihrem guten Willen nicht zu widerstehen, denn er hat eine heilige und gute Gesinnung. Die Zunge ist unfähig, so große Geheimnisse zu berichten, weder was der Verstand sah, noch was die Liebe wahrnahm. Und so verging der Tag voller Bewunderung; es nahte der Abend. Und ich verspürte, daß mein Herz in Liebesneigung gezogen wurde, so sehr, daß ich ihm keinen Widerstand entgegensetzen konnte und wiederum an den Ort des Gebetes zurückkehren mußte. Und als ich jenen Zustand, den ich zur Zeit meines Todes* hatte, nahen fühlte, warf ich mich nieder mit großem Vorwurf, denn ich diente der Braut Christi in großer Nachlässigkeit und Trägheit und ich war Grund, daß andere es ebenso hielten. Und als ich mit dem Eindruck dessen, was vor dem Auge meines Geistes stand und was Gott zu mir sagte, erhob, stellte er mich vor sich hin, obschon ich ihm immer gegenwärtig bin, da er ja alles in sich enthält; doch es geschah in neuer Art, als ob Gedächtnis, Verstand und Wille nichts mehr mit meinem Körper zu tun hätten. Und jene Wahrheit spiegelte sich mit so großem Licht, daß sich dann in jenem Abgrund die Geheimnisse der heiligen Kirche erneuerten und alle Gnaden, die ich in meinem Leben empfangen hatte, die vergangenen und die gegenwärtigen, und der Tag, an dem sich meine Seele vermählt hatte. Sie alle entgingen mir nun durch das Feuer, das anwuchs, und ich spannte mich nur noch auf das hin, was sich machen ließ, daß ich mich aufopfere für Gott und die heilige Kirche und um die Unwissenheit und Nachlässigkeit von

* Caterina bezieht sich hier auf den im ‹Testament› (vgl. XLV, S. 235) berichteten mystischen Tod.

denen zu nehmen, die Gott mir in die Hände gegeben hatte. Darauf schrien die Teufel Vernichtung über mich, mit der Absicht, das freie und glühende Verlangen durch ihren Schrekken zu hindern und zu verlangsamen. Dazu schlugen sie auf die Hülle des Körpers; doch das Verlangen entzündete sich umso mehr und rief: «O ewiger Gott! Nimm das Opfer meines Lebens in diesem mystischen Leib der heiligen Kirche. Ich kann nichts anderes geben, als was du mir schenktest. Nimm denn mein Herz und drücke es auf das Antlitz jener Braut». Da wandte der ewige Gott das Auge seiner Güte mir zu und riß mir das Herz aus und drückte es in die heilige Kirche. Und mit solcher Kraft hatte er es an sich gezogen, daß, wenn er es nicht sofort – da er nicht wollte, daß das Gefäß meines Körpers zerbreche – mit seiner Kraft wieder heimgesucht hätte, das Leben es verlassen hätte. Da schrien die Dämonen noch viel mehr, als verspürten sie unerträglichen Schmerz. Sie strengten sich an, mich zu schrecken und drohten mir an, auf jede Weise verhindern zu wollen, daß ich eine solche Übung erfüllen könnte. Aber da die Hölle gegen die Tugendkraft der Demut im Lichte des heiligsten Glaubens nicht aufkommen kann, vereinigte es der Geist noch stärker und arbeitete mit glühenden Eisen. Es vernahm im Angesicht der göttlichen Majestät so viele anziehende Worte, die Freude zu geben versprachen. Und weil dies wahrhaftig so sehr im Geheimnis sich vollzog, ist meine Zunge heute und nie imstande, davon zu sprechen.
Nun sage ich: Dank, Dank sei dem höchsten ewigen Gott, der uns auf den Kampfplatz stellte, wie Ritter mit dem Schild des heiligsten Glaubens für die Braut zu kämpfen. Das Feld ist uns geräumt in der Kraft und Gewalt jener Tugend, die den Teufel zuschanden machte, der das Menschengeschlecht beherrschte. Jener wurde geschlagen nicht in der Kraft der Menschheit, sondern in der Kraft der Gottheit. So ist und wird also der Teufel nicht durch das Leiden unserer Körper besiegt, doch in der Kraft des Feuers der göttlichen, grenzenlosen Liebe.

ANDERE TEXTE

Das «Buch», Das «Buch von Gottes Vorsehung» (Dialogo della Divina Provvidenza ovvero Libro della Divina Dottrina)

Die meisten der im «Buch» behandelten Themen und Bilder finden sich bereits in Caterinas Briefwerk, welches das «Buch», wohl ohne ihre Absicht, in mancher Hinsicht vorbereitete.
Aus dem «Buch über Gottes Vorsehung» werden hier nur zwei, in ihrer Bildwelt und thematischen Durchführung geschlossene Abschnitte ausgewählt, solche, die in der Briefauswahl keine Parallele finden.
Ein gewaltiges Gebet beschließt mit Dank und Lob das «Zwiegespräch»: es soll hier auch einen Begriff von Caterinas Gebetsweise und -impetus vermitteln.

Abschnitt XXIII

Hier zeigte mir die ewige Wahrheit, daß sie uns ohne uns erschaffen hatte, uns aber nicht ohne uns erlösen würde. Sie will vielmehr, daß wir uns mit unserem freien Willen daran beteiligen, indem wir die Zeit in freiem Willen zur Übung in wahrer Tugendkraft nutzen. Und darum fügte er nach und nach bei und sprach:
Ihr alle müßt den Weg über diese Brücke einschlagen und die Verherrlichung und das Lob meines Namens im Heil der Seele suchen, die vielen Anstrengungen mit Mühe aushalten und den Spuren des süßen und liebreichen Wortes folgen: anders könnt ihr nicht zu mir gelangen.
Ihr seid meine Arbeiter, die ich zur Arbeit in meinen Weinberg der heiligen Kirche bestellt habe. Ihr arbeitet in der Gemeinschaft der gesamten Christenheit, aus Gnade durch mich ausgeschickt, als ich euch das Licht der heiligen Taufe verlieh.

Diese Taufe empfängt ihr im mystischen Leib der heiligen Kirche aus den Händen ihrer Verwalter, die ich mit euch zu arbeiten ausgesandt habe.
Ihr seid im Gesamtleib und sie im mystischen Leib dazu bestellt, eure Seelen zu nähren und euch das Blut in den Sakramenten, die ihr von ihnen empfängt, zu reichen. Sie ziehen die Dornen der tödlichen Sünden aus und pflanzen die Gnade ein. Sie sind meine Arbeiter im Weinberg eurer Seelen, verbunden mit dem Weinberg der heiligen Kirche.
Jedes vernunftbegabte Geschöpf hat einen eigenen Weinberg, das ist der Weinberg seiner Seele, in welchem der Wille mit seiner freien Entscheidungskraft in der Zeit Arbeiter ist, nämlich so lange das Leben währt. Ist die Zeit vorbei, kann keine Arbeit mehr verrichtet werden, weder eine gute noch eine schlechte. Doch während es lebt, kann es seinen Weinberg, in den ich es stellte, bebauen. Und jener Arbeiter der Seele empfing solche Kraft, daß weder der Teufel noch irgend ein Geschöpf sie ihm nehmen kann, wenn er es nicht will; denn als er die heilige Taufe empfing, wurde er so gestärkt und wurde ihm das Messer der Tugendliebe und des Sündenhasses gegeben. Diese Liebe und diesen Haß findet er im Blute, denn aus Liebe zu euch und aus Haß auf die Sünde starb mein eingeborener Sohn, euch sein Blut hingebend. Durch dieses Blut empfinget ihr Leben in der heiligen Taufe. So habt ihr also das Winzermesser, das ihr im freien Willensentscheid handhaben sollt, so lange eure Zeit währt, um die Dornen der tödlichen Sünden auszustechen und die Tugendkräfte anzupflanzen. Anders erlangt ihr durch die in der heiligen Kirche bestellten Arbeiter, von denen ich sagte, daß sie im Weinberg der Seele die Todsünde ausreißen und euch die Gnade vermitteln, wenn sie euch in den in der heiligen Kirche angeordneten Sakramenten das Blut reichen, die Frucht des Blutes nicht.
Ihr müßt euch also zuerst mit Herzensreue, mit der Verabscheuung der Sünde und mit der Liebe zur Tugend aufmachen,

dann erlangt ihr die Frucht jenes Blutes. Auf andere Weise vermögt ihr sie nicht zu empfangen; nur wenn ihr euch eurerseits als Rebzweig mit dem Rebstock meines eingeborenen Sohnes verbindet, der sprach: «Ich bin der wahre Rebstock und ihr seid die Zweige und mein Vater ist der Winzer».
Und dies ist die Wahrheit: ich bin der Winzer, denn alles, was Sein hat, ging aus mir hervor. Meine Macht ist unermeßlich und mit meiner Macht und Tugendkraft leite ich das ganze Universum. Nichts ist geschaffen oder angeordnet ohne mich. So bin ich der Winzer, der ich den Rebstock meines eingeborenen Sohnes in eure Menschheit eingepflanzt habe, auf daß ihr, als mit dem Weinstock verbundene Rebzweige, Frucht bringet.
Wer deshalb nicht die Frucht heiliger und guter Werke hervorbringt, wird von diesem Rebstock abgehauen und wird verdorren. Denn getrennt von jenem Weinstock, verliert er das Leben der Gnade und wird er ins ewige Feuer geworfen, wie das Schoß, das keine Frucht bringt, welches alsbald vom Stock abgeschnitten und ins Feuer geworfen wird, da es zu nichts anderem gut ist. Solcherweise geht es den durch ihre Sünden Abgeschnittenen, wenn sie in der Schuld der Todsünde sterben; da sie zu nichts anderem taugen, wird sie die göttliche Gerechtigkeit ins ewig währende Feuer werfen.
Solche haben ihren Weinberg nicht bearbeitet, haben ihn vielmehr verkommen lassen, ihren eigenen und den der anderen. Nicht nur haben sie keinerlei gute Tugendpflanzen eingesetzt, sie haben auch den Gnadenkeimling, den sie im Lichte der heiligen Taufe empfingen, wodurch sie am Blute meines Sohnes teilbekamen und der der Wein war, den jener wahre Weinstock euch reichte, nicht geerntet. Sie nahmen zwar jenen Samen, warfen ihn aber den Tieren zum Fressen vor, nämlich verschiedenen und vielen Sünden und ließen ihn unter die Füße der ungeordneten Neigung fallen. Mit solcher Neigung beleidigten sie mich und schadeten sie sich und dem Nächsten.

Doch meine Diener tun nicht so und wie sie sollt auch ihr handeln; das heißt, ihr sollt in jenen Rebstock eingepfropft und ihm verbunden sein, dann werdet ihr viele Frucht bringen, weil ihr am Safte jener Rebe teilhaben werdet. Und verbleibt ihr im Worte meines Sohnes, dann seid ihr in mir, denn ich bin eins mit ihm und er mit mir. Verbleibt ihr in ihm, so werdet ihr seiner Lehre folgen; befolgt ihr seine Lehre, habt ihr teil an der Substanz jenes Wortes, das heißt, ihr werdet teilhaben an der mit der Menschheit verbundenen Gottheit und daraus werdet ihr eine göttliche Liebe ziehen, an der sich die Seele berauscht. Und deshalb sagte ich dir, daß ihr teilhabet am Wesen des Weinstocks.

Abschnitt XXIV

Weißt du, wie ich es mache, daß meine Diener in der Befolgung der Lehre des süßen und liebreichen Wortes einig sind? Ich beschneide sie, damit sie viele Frucht bringen und ihre Frucht gepflegt sei und nicht verwildere. Wie es sich beim Rebschoß, das am Weinstock ist, verhält, das der Winzer beschneidet, daß es besseren und mehr Wein ergebe; und das, welches keine Frucht bringt, wirft er ins Feuer. Ebenso mache ich es, der wahre Winzer. Die Diener, die in mir verbleiben, beschneide ich mit vielen Bedrängnissen, damit sie mehr und bessere Frucht bringen und ihre Tugend in ihnen erprobt sei. Und diejenigen, die keine Frucht bringen, werden abgehauen und ins Feuer geworfen, wie ich dir eben sagte.

Jene sind wahre Winzer und bearbeiten ihre Seele gut, die alle Eigenliebe wegnehmen, indem sie das Erdreich ihrer Neigung mir zuwenden. Und die den Keim der Gnade, den sie in der heiligen Taufe empfingen, wachsen lassen. Bearbeiten sie das Ihrige, pflegen sie auch dasjenige ihres Nächsten, und sie können das eine nicht bearbeiten ohne das andere. Du weißt ja schon, daß ich dir sagte, jedes Übel und alles Gute vollziehe sich über die Vermittlung des Nächsten. Denn ihr alle seid meine Arbeiter, die von mir, dem ewigen Winzer, ausgingen, der euch vereinigte und dem Weinstock durch die Einheit, die ich mit euch einging, aufpfropfte.

Behalte im Gedächtnis, daß alle Geschöpfe mit Vernunft ihren Weinberg für sich haben; dieser aber ist, ohne irgend ein Zwischending, mit dem ihres Nächsten verbunden, nämlich der eine mit dem anderen, und so sehr sind sie verbunden, daß keiner das Gute für sich und nicht auch für den Nächsten tun kann, noch das Schlechte nicht auch für ihn tue.

Aus euch allen wurde ein allumfassender Rebberg gemacht, nämlich aus der ganzen christlichen Gemeinschaft, die ihr vereinigt seid im Rebberg des mystischen Leibes der heiligen Kirche, aus der ihr Leben bekommt. In jenem Rebberg ist mein eingeborener Sohn als Weinstock gepflanzt, dem müßt ihr aufgepfropft werden. Seid ihr ihm nicht eingepfropft, werdet ihr alsbald aufständisch gegen die heilige Kirche und wie vom Leibe abgetrennte Glieder, die sofort zu faulen beginnen.

Es ist wahr, ihr könnt, so lange ihr Zeit habt, euch aus dem Schmutz der Sünde durch aufrichtige Verabscheuung erheben und euch an meine Sachwalter wenden, die Winzer sind, welche die Schlüssel zum Wein, nämlich zum Blute, das aus dieser Rebe gewonnen wurde, haben. Dieses Blut ist so beschaffen und von derartiger Vollkommenheit, daß kein Versagen des Verwalters ihm die Frucht jenes Blutes zu entziehen vermag.

Das Band der Liebe ist jenes, das ihn in wahrer Demut bindet, das er in der Erkenntnis seiner selbst und meiner erworben hat. Daran erkennst du, daß ich alle als Arbeiter bestellt habe. Und nun lade ich euch erneut ein, denn die Welt nimmt ab, so sehr haben sich die Dornen vermehrt und die haben den Samen erstickt, so sehr, daß sie keine Gnadenfrucht mehr hervorbringen können.

Ich will also, daß ihr wahre Winzer seid, die mit großer Bemühung helfen, die Seelen im mystischen Leib der heiligen Kirche zu bearbeiten. Dazu berufe ich euch, denn ich will der Welt, für die du mich so inständig bittest, Barmherzigkeit widerfahren lassen.
Darauf sagte die Seele in sehnsüchtiger Liebe: O unschätzbare, süßeste Liebe, wer würde sich an solcher Liebe nicht entzünden! Welches Herz vermöchte sich so zu verschließen, daß es dir nicht nachgäbe? Du, Abgrund der Liebe, es scheint, du seiest um deiner Geschöpfe willen närrisch geworden; als ob du ohne sie nicht mehr zu leben vermöchtest, und dies, obschon du unser Gott bist, der unser nicht bedarf. Deine Größe nimmt durch unser Gut nicht zu, denn du bist unveränderlich; unsere Schlechtigkeit gereicht dir nicht zum Schaden, denn du bist die höchste und ewige Gutheit. Was bewegt dich zu solcher Barmherzigkeit? Die Liebe; und nicht etwa Schuldigkeit oder Bedürfnis, das du nach uns hättest, da wir doch böse sind und ruchlose Schuldner.
Wenn ich recht sehe, höchste und ewige Wahrheit, bin ich ein Dieb und du bist für mich aufgehängt, denn ich sehe das Wort, deinen Sohn, ans Kreuz geheftet und geschlagen; aus ihm hast du mir eine Brücke geschlagen, wie du mir, deiner elenden Magd, offenbartest. Dessetwegen zerspringt mein Herz und kann vor Hunger und Verlangen nach dir doch nicht bersten.

Schlussgebet
Dank, Lob der Trinität

Als jene Seele mit dem Auge des Geistes und mit dem Licht des heiligsten Glaubens die Wahrheit und die Vortrefflichkeit des Gehorsams erkannt, mit Zustimmung vernommen und durch die Liebe verkostet hatte, spiegelte sie sich in sehnsuchtsvollem

Verlangen in der göttlichen Majestät, sagte ihr Dank, indem sie sprach:
Dank, Dank sei dir, ewiger Vater, denn du hast mich, dein Geschöpf, nicht verachtet, dein Antlitz nicht weggewendet von mir und mein Verlangen nicht verschmäht. Du Licht achtetest nicht auf meine Finsternis; du Leben ließest dich nicht abhalten von mir, die ich tot bin, noch du Arzt von mir, die ich voll Schmutz zahlreicher Übel bin; du, der du unendlich bist, ließest dich nicht abhalten von mir Endlicher, du Weisheit nicht von mir Törin.
Deine Weisheit, deine Güte, deine Nachsicht und dein unendliches Wohlwollen haben mich, trotz all dieser und anderer Schlechtigkeiten und Fehler, die in mir sind, nicht verachtet, vielmehr gabst du mir in deinem Lichte Licht. In deiner Weisheit erkannte ich die Wahrheit, in deiner Nachsicht entdeckte ich deine Liebe und die Liebe zum Nächsten. Was zwang dich dazu? Gewiß nicht meine Tugend, sondern einzig deine Liebe.
Eben diese Liebe veranlaßt dich, das Auge meines Geistes mit dem Lichte des Glaubens zu erleuchten, auf daß ich deine mir offenbarte Wahrheit erkenne. Gib mir ein Gedächtnis, das fähig ist, deine Wohltaten zu behalten, und der Wille lodere im Feuer deiner Liebe. Dieses Feuer lasse das Blut aus meinem Körper hervortreiben und verspritzen, damit ich mit dem aus Liebe zum Blut vergossenen Blut und mit dem Schlüssel des Gehorsams die Himmelstüre entriegle.
Dasselbe erbitte ich von dir herzlich für jedes vernunftbegabte Geschöpf, im allgemeinen und im einzelnen, und für den mystischen Leib der heiligen Kirche. Ich bekenne und leugne es nicht, daß du mich liebtest, bevor ich war und du mich unsäglich liebst, wie vernarrt in dein Geschöpf.
O ewige Dreifaltigkeit! O Gottheit! Diese deine Gottheit, deine göttliche Natur, verleiht dem Blute deines Sohnes seinen Wert. Du, ewige Dreifaltigkeit, bist ein abgründiges Meer: je weiter

ich in dich eindringe, um so mehr finde ich, und je mehr ich dich finde, um so mehr suche ich dich. Du verschaffst keine Sättigung, denn wenn sich die Seele in deinem Abgrund sättigt, ist sie nicht satt, da sie immerfort im Hunger nach dir verbleibt; sie dürstet nach dir, ewige Dreifaltigkeit, im Verlangen, dich im Lichte deines Lichtes zu sehen. Wie der Hirsch nach der Quelle lebendigen Wassers verlangt, so verlangt meine Seele, aus dem finsteren Kerker des Körpers auszutreten und dich in Wahrheit zu sehen. O, wie lange noch wird dein Antlitz meinen Augen verborgen bleiben?

O ewige Dreifaltigkeit, Feuer und Abgrund der Liebe, löse noch heute die Wolke meines Körpers auf! Die Einsicht, die du mir in deine Wahrheit gabst, zwingt mich zu wünschen, der Schwere meines Körpers enthoben zu sein und das Leben zur Ehre und zum Lob deines Namens hinzugeben. Denn ich schmeckte und sah mit dem Licht des Verstandes, in deinem Licht, deinen Abgrund, o ewige Dreifaltigkeit, und die Schönheit deines Geschöpfes. Da ich mich in dir erblickte, sah ich, daß ich dein Ebenbild bin, dem du, ewiger Vater, von deiner Kraft abgibst; und von deiner Weisheit gabst du in den Verstand eine Weisheit, die deinem eingeborenen Sohne zugehörig ist. Der heilige Geist, der von dir und deinem Sohne ausgeht, gab mir den Willen, damit ich zu lieben fähig sei.

Du, ewige Dreifaltigkeit, bist Schöpfer, und ich, dein Geschöpf, habe in der Neuschöpfung, die du mir im Blute deines Sohnes zuteil werden ließest, erkannt, daß du in die Schönheit deines Geschöpfes verliebt bist.

O Abgrund, o ewige Gottheit, o tiefes Meer! Was konntest du mir Größeres schenken als dich selbst?

Du bist das Feuer, das stets brennt und nicht verzehrt; du bist das Feuer, das in deiner Hitze alle Selbstsucht der Seele verbrennt; du bist das Feuer, das alle Kälte vertreibt, du erleuchtest. In deinem Licht gabst du mir deine Wahrheit zu erkennen. Du bist jenes Licht über allem Licht, das dem Auge des Geistes übernatürliches Licht in solcher Fülle und Vollkommenheit verleiht, daß du das Licht des Glaubens erhellst. In jenem Glauben sehe ich, daß meine Seele das Leben hat, und in diesem Licht empfängt sie dich, Licht.

Im Lichte des Glaubens erlange ich die Weisheit, in der Weisheit des Wortes deines Sohnes. Im Lichte des Glaubens bin ich stark, standhaft und beharrlich; im Lichte des Glaubens hoffe ich: das läßt mich nicht schwach werden auf dem Weg. Dieses Licht weist mir den Weg und ohne dieses Licht ginge ich in der Finsternis. Und darum, ewiger Vater, sagte ich, du mögest mich mit dem Lichte des heiligsten Glaubens erleuchten.

Wahrhaftig, dieses Licht ist ein Meer, denn es nährt die Seele in dir, du ruhiges Meer, ewige Trinität. Das Wasser ist nicht erregt, darum verspürt sie keine Furcht, da sie die Wahrheit kennt. Diese tröpfelt durch und macht die geheimen Dinge offenbar; wo deshalb das überhelle Licht deines Glaubens überfließt, vergewissert sie sozusagen die Seele dessen, was sie glaubt. Sie ist ein Spiegel, nach dem, was du, ewige Dreifaltigkeit, mir zu erkennen gibst: denn blicke ich in diesen Spiegel, halte ich ihn mit der Hand der Liebe, erscheine ich mir in dir, da ich dein Geschöpf bin, und sehe ich dich in mir, durch die Einheit, die unsere Menschheit mit deiner Gottheit einging.

In diesem Lichte erkenne ich und vergegenwärtige ich mir dich, höchstes und unendliches Gut: Gut über jedes Gut, glückhaftes Gut, unbegreifliches Gut und unschätzbares Gut. Schönheit über alle Schönheit; Weisheit über alle Weisheit, ja, du bist die Weisheit. Du, die Speise der Engel, hast dich mit Liebesfeuer den Menschen dargegeben. Du Kleid, das alle Blöße überdeckt, weidest die Ausgehungerten in deiner Süße. Süß bist du, ohne geringste Bitterkeit.

O ewige Dreifaltigkeit! In dem Lichte, das du mir gabst, das ich mit dem Licht des heiligsten Glaubens empfing, erkannte ich durch viele und wunderbare Erhellungen geebnet, den Weg der großen Vollkommenheit, damit ich dir im Licht und nicht in der Finsternis diene, daß ich Spiegel eines guten und heiligen Lebens sei und mich aus dem armseligen Leben erhebe, in welchem ich dir auch durch meine Schuld in Finsternis diente. Ich erkannte deine Wahrheit nicht und liebte sie darum auch nicht. Warum kannte ich dich nicht? Weil ich dich nicht im herrlichen Licht des heiligsten Glaubens sah, da die Wolke der Eigenliebe das Auge meines Geistes verdunkelt hatte. Und du, ewige Dreifaltigkeit, löstest die Dunkelheit in deinem Lichte auf.

Wer könnte deiner Größe etwas beifügen und dir Dank erstatten für solch übermäßige Gaben und große Wohltaten, die du mir schenktest, für die Lehre der Wahrheit, die du mir gabst? Diese ist eine besondere Gnade, über jene hinaus, die du den anderen Geschöpfen verleihst. Du wolltest meiner Not entgegen kommen und derjenigen aller Menschen, die sich darin spiegeln.

Du kamst entgegen, Herr: du selbst hast gegeben, du selbst entsprichst und befriedigst, damit ich dir mit eben diesem Lichte danke. Kleide mich, kleide mich mit dir, ewige Wahrheit, so daß ich dieses sterbliche Leben in wahrem Gehorsam und Lichte des heiligsten Glaubens durcheile. Mit diesem Licht, so scheint es, berauscht sich meine Seele eben von neuem.

Deo gratias. Amen.

Gebet: Die Gabe der Wahrheit

Die uns überlieferten Gebete Caterinas von Siena stammen aus ihren letzten vier Lebensjahren. Die ersten sprach sie während ihrer politischen und kirchlichen Mission in Avignon, die letzten am Ende ihres Lebens in Rom. Dazwischen liegt die Zeit ihrer angestrengten Tätigkeit. Im Unterschied zu den Briefen und zum «Buch» sind die Gebete nicht Caterinas Diktat, vielmehr wurden sie, wahrscheinlich ohne ihr Wissen, von ihren Schülern – eventuell während ihres entrückten Sprechens – notiert.
Das hier als Beispiel angeführte Gebet sprach Caterina vermutlich 1379 in Rom. Es enthält keine Bitte, stellt also eine reine ‹Erhebung› des Geistes unter einem bestimmten Thema dar, eine theologische Meditation.

Wahrheit; Wahrheit, und wer bin ich, daß Du mir Deine Wahrheit gibst? Ich bin die, die nicht ist.
Deine Wahrheit also ist es, die wirkt und spricht und alle Dinge erschafft, da ich ja nicht bin. Deine Wahrheit ist es, die die Wahrheit verleiht, und mit Deiner Wahrheit sage ich die Wahrheit. Deine ewige Wahrheit gibt die Wahrheit den verschiedenen Geschöpfen in je verschiedener Weise; doch ist Deine Wahrheit von Dir nicht geschieden, da Du selbst diese Wahrheit bist. Du ewige Gottheit, Sohn Gottes, Du bist von Gott gekommen, um die Wahrheit des ewigen Vaters zu erfüllen, und niemand kann die Wahrheit haben außer von Dir, Wahrheit. Und wer immer Deine Wahrheit haben will, dem darf nichts fehlen von Deiner Wahrheit, anders könnte er die Wahrheit nicht besitzen, jene Wahrheit, der kein Mangel eignen kann.
Die Seligen besitzen sie auf diese Weise; sie sehen Deine

Wahrheit ohne Trübung vollkommen in der ewigen Anschauung Deiner, die sie durch Teilhabe an Deiner Schau, in der Du Dich selber schaust, haben. Denn Du selbst bist jenes Licht, in dem Du Dich siehst und in dem Du von Deinem Geschöpf gesehen wirst. Und weil Du selbst immer dieses selbe Licht bist, dieses alleinige Mittel und der alleinige Gegenstand, an dem sie teilhaben in der Einheit mit Dir, deshalb fällt Deine Schau und die Schau Deines Geschöpfes in Dir in eins zusammen, wenngleich der eine vollkommener und der andere weniger vollkommen sieht. Doch geschieht dies durch die Unterschiedlichkeit derjenigen, die sie empfangen und nicht wegen der Unterschiedlichkeit Deiner Schau.

So auch die Seele, die in diesem Leben im Gnadenstande ist: sie empfängt Deine Wahrheit durch das Licht des Glaubens. In diesem Glauben erkennt sie, daß die Dinge, welche Deine Kirche uns lehrt, wahr sind; und dennoch empfangen die verschiedenen Seelen je nach der Unterschiedlichkeit ihrer Bereitschaft jene Wahrheit verschieden. Trotzdem erfährt der Glaube dadurch keine Aufspaltung, vielmehr ist es ein Glaube in allen. So gibt es bei den Seligen nur die eine selbe Schau, nur mehr oder weniger vollkommen aufgenommen durch die unterschiedlichen Geschöpfe, wie gesagt wurde. Amen.

ANHANG

1329 — Pierre Roger de Beaufort wird als Sohn einer einflußreichen Familie im Limousin geboren. 1348 zum Kardinal ernannt, wurde er 1370 unter dem Namen Gregor XI. Papst in Avignon. Auf seinem vielversprechenden Programm, das er nur zum kleinen Teil durchzuführen vermochte, standen ein Kreuzzug gegen die Türken, die Reform der Kirche und die Rückkehr des Papsttums nach Rom. Caterina Benincasa sollte ihn in allen Punkten als treibende Kraft unterstützen.

1342 — Sterbejahr des Dominikaners Domenico Cavalca, der als Frauenseelsorger auch literarisch tätig war und u.a. die *Vitae patrum* ins Italienische übersetzte. Er verfaßte auch das Erbauungsbuch mit dem Titel *Specchio di croce* und weitere Andachtsliteratur, die dann auf Caterina Benincasa einen nachhaltigen Einfluß ausübte.

ca. 1347 — Caterina Benincasa wird als dreiundzwanzigstes Kind des Jacopo Benincasa und der Monna Lapa (Jacopa), einer Tochter des Dichters Puccio Piagenti, in Siena geboren.

1348 — Pestseuche und Geißlerzüge in ganz Europa, auch in Siena und Florenz.

Raimondo von Capua aus dem alten berühmten Geschlecht delle Vigne (mutmaßlich um 1330 geboren) tritt in den Dominikanerorden ein.

um 1353/1354 — Visionäre Schau der kindlichen Caterina in ihrem Wohnquartier von Valle Piatta in Siena. Wenig später gelobt Caterina, Jungfrau zu bleiben.

zwischen 1362/1364 — Eintritt Caterinas in den Orden der Bußschwestern des heiligen Dominikus. Einkleidung in der Kirche San Domenico in Siena. Es folgt eine Zeit der inneren und äußeren Zurückgezogenheit und Sammlung im Vaterhaus. Caterina hat dennoch Verbindung zu den sienesischen Dominikanern und zu dem Augustinereremiten William Fleete, durch den sie vermutlich die damalige franziskanisch ausgerichtete Erneuerungsbewegung kennen lernte. Möglicherweise vermittelte er Caterina die Kenntnis des Erbauungsbuches von Ubertino von

	Casale (+ um 1328) mit dem Titel *Arbor vitae crucifixae Iesu*.
um 1366/1367	Mystische Vermählung Caterinas.
1367	Giovanni Colombini beendet sein Leben in der Abtei San Salvatore auf dem Monte Amiata. Um 1304 in Siena geboren war er Kaufmann, Familienvater und in öffentlichen Ämtern stehender Sieneser Bürger. Kurz nach 1348 verließ er alles, verschenkte sein Vermögen an das Spital Santa Maria della Scala in Siena – in welchem später auch Caterina Benincasa verkehren sollte – sowie an das Frauenkloster Santa Bonda und zog mit einer Gruppe von Anhängern, Erneuerung und Umkehr predigend, in der Toscana und dem angrenzenden Gebiet herum. Er hinterließ ein beachtliches und interessantes Briefcorpus. Einer der älteren Brüder Caterinas hatte eine Nichte Colombinis geheiratet, jene Lisa, die sich der *famiglia* Caterinas anschloß.
1368	Ein Kreis von Jüngern und Freunden beiderlei Geschlechts schart sich um Caterina; ihre geistliche Familie formiert sich.
um 1370/1372	Caterina Benincasa diktiert ihre ersten politischen Briefe.
1373	Caterina setzt sich für die Kreuzzugsidee, für den gemeinsamen Kampf der Christen gegen die andringenden Türken, ein.
	Birgitta von Schweden, die sich ebenfalls für eine Erneuerung der Kirche einsetzte, stirbt in Rom.
1374	Caterina wird vor das Generalkapitel des Dominikanerordens zu Pfingsten nach Florenz vorgeladen. Nach einer Befragung heißt es ihre Lebensweise gut und bestätigt ihre Rechtgläubigkeit. Der Ordensgeneral Elias von Toulouse beauftragt Raimondo von Capua, Caterina und deren *famiglia* geistlich zu leiten.
	Ein unbekannter Florentiner macht Notizen in sienesischem Dialekt über Caterina. Es entstehen so die *Miracoli*.
	Der Dichter Francesco Petrarca, der sich persönlich für die Rückkehr des Papstes aus Avignon nach Rom eingesetzt hatte, stirbt.
1375	Caterina reist in religiösen und politischen Angelegen-

heiten Ende Januar nach Pisa, wahrscheinlich auch nach Lucca und Gorgona bei Livorno. In Pisa Empfang der unsichtbaren Stigmata.

1376 Raimondo von Capua reist zu Verhandlungen mit Papst Gregor XI. nach Avignon. Caterina folgt ihm und trifft am 18. Juni ebenfalls in Avignon ein. Am 13. September bricht Gregor XI. auf, um seinen Sitz in Rom, an der Stätte der Apostelfürsten Peter und Paul, einzunehmen. Caterina reist mit ihrer *famiglia* über Genua, wo sich Gregor XI. einschifft, zurück nach Pisa. Dort kommt sie am 8. Dezember an.

1377 Einzug Papst Gregors in Rom am 17. Januar. Caterina gründet mit Hilfe Raimondos das Reformkloster für Frauen S. Maria degli Angeli in der ihr zur Verfügung gestellten Festung Belcaro bei Siena.

Reisen in der Umgebung Sienas.

Im Herbst beginnt Caterina wahrscheinlich mit dem Diktat ihres «Buches», welches sie in kurzer Zeit abschließt.

1378 Zu Beginn des Jahres vermittelt Caterina zwischen der Kriegsregierung von Florenz und dem Papst. Caterina wurde über Raimondo von Capua eigens um ihre Hilfe gebeten und dazu nach Florenz gerufen. Am 27. März jedoch stirbt Gregor XI. Die Wahl seines Nachfolgers erfolgt am 7./8. April in Bartolomeo Prignano aus Bari, Urban VI. Nach einem erneuten Aufstand in Florenz kommt es im Sommer endlich zum Friedensschluß zwischen Florenz und dem Heiligen Stuhl.

Doch erfolgt am 20. September die Wahl eines Gegenpapstes in Robert von Genf, Clemens VII. Damit bricht das rund siebzig Jahre dauernde große abendländische Schisma aus.

Im Oktober beendet Caterina ihr «Buch». Bereits Ende November weilt sie in Rom, wohin Urban VI. sie rief. Am 15. Dezember begibt sich Raimondo von Capua von Ostia aus nach Frankreich: er ist Gesandter Urbans VI. zu Karl V., König von Frankreich.

1379 Caterina setzt sich für die Anerkennung der Rechtmäßigkeit Urbans VI. ein.

1380 Nach schwerem Leiden stirbt Caterina von Siena am

29. April in Rom. Sie wird in der Kirche Santa Maria sopra Minerva, in deren Nähe sie gewohnt hatte, beigesetzt. Am 12. Mai wählt das Ordenskapitel in Bologna Raimondo von Capua zum General der Urban VI. treuen Dominikaner. Elias von Toulouse stand auf der Seite Clemens VII.

1382 Barduccio di Piero dei Canigiani stirbt in Siena. Er hatte einen großen Anteil bei der Niederschrift des «Buches». Von ihm ist ein wertvoller Brief an eine Klosterfrau von San Pietro a Monticelli bei Florenz erhalten, in dem er in Form eines Augenzeugenberichtes das schwere Sterben Caterinas aufzeichnet.

1385 Raimondo beginnt, von der *famiglia* gedrängt, mit der Abfassung von Caterinas Lebensbeschreibung, der *Legenda maior*.

1386 Auf dem Generalkapitel von Wien wird, auf Vorschlag Konrads von Preußen, die Reform des Dominikanerordens beschlossen.

1389 Das erste Reformkloster der Dominikaner wird in Colmar gegründet; Konrad von Preußen steht ihm vor. Urban VI. stirbt am 15. Oktober. Am 2. November wird Bonifaz IX. als Nachfolger gewählt.

1390 In Siena stirbt der treue Begleiter und Beichtvater Caterinas, der Dominikaner Tommaso della Fonte.

1391 Erstes Reformkloster der Dominikaner in Italien: San Domenico in Venedig.

1395 Raimondo von Capua schließt nach Unterbrüchen, die durch sein schwieriges Generalat bedingt waren, endlich die *Legenda maior* ab.

1397 Tod des Giovanni Terzo, auch Tantucci genannt, der Magister der Theologie, also eines der wenigen gelehrten Mitglieder von Caterinas *famiglia* war.

1399 Auf einer Reise stirbt Raimondo von Capua am 5. Oktober in Nürnberg. Der inzwischen zum Kartäuser gewordene Stefano Maconi, engagiertes Mitglied von Caterinas einstiger *famiglia*, hält die Grabrede.

1408 Neri di Landoccio dei Pagliaresi, nach dem Tode Caterinas Einsiedler geworden, stirbt. Als einer der drei Hauptsekretäre hatte er Caterinas Diktat des «Buches» nachgeschrieben. Auf Ersuchen Raimondos von Capua

	und Stefano Maconis übersetzte er die *Legenda maior* ins Italienische, vermochte sie jedoch nicht zu vollenden.
1411 bis 1416	Der Bischof von Castello in Venezien, Francesco Bembo, eröffnet den «Prozeß von Castello»: in der bischöflichen Kanzlei wurden unter Eid gemachte Aussagen über Caterina von Siena gesammelt.
1412 bis 1415	Der Dominikaner Tommaso di Antonio Nacci, auch Tommaso Caffarini oder nur Caffarini genannt, unternimmt eine zweimalige Kürzung der *Legenda maior* und schafft damit die *Legenda minor*. Andererseits ist er bemüht, Lücken in Raimondos Vita auszufüllen und so verfaßt er zwischen 1416 und 1418 das *Supplementum* zur *Legenda maior*.
1414 bis 1418	Konzil von Konstanz, während dem 1415 das abendländische Schisma behoben werden konnte.
1415	Tod von Caterinas früherem Beichtvater und Begleiter, dem Dominikaner Bartolomeo Dominici. Er war ein Hauptzeuge im «Prozeß von Castello».
1424	Stefano Maconi, ein Caterina besonders nahe stehendes Mitglied der *famiglia*, stirbt in der Kartause Santa Maria delle Grazie von Pavia.
1434	Tod des Dominikaners Tommaso di Antonio Nacci (Caffarini), eines Hauptsekretärs Caterinas.
1461	Papst Pius II., der Sienese Äneas Silvius Piccolomini, spricht Caterina Benincasa heilig.

Verweise auf die Übersetzungsvorlagen

Die vorliegenden Briefe Caterinas von Siena wurden nach den italienischen Textausgaben von Dupré Theseider und Tommaseo/Misciattelli (vgl. die ausführlichen Referenzen in der nachstehenden Bibliographie), im gelegentlichen Vergleich mit bestehenden deutschen Übertragungen, soweit vorhanden, übersetzt. Die Nummern dieser Auswahl entsprechen den italienischen Briefsammlungen wie folgt:

I	Tommaseo/Misciattelli VI
II	Tommaseo/Misciattelli I
III	Dupré Theseider XIII
IV	Dupré Theseider XVII
V	Dupré Theseider XVIII
VI	Dupré Theseider IV
VII	Dupré Theseider V
VIII	Dupré Theseider III
IX	Dupré Theseider XXI
X	Tommaseo/Misciattelli LV
XI	Tommaseo/Misciattelli LII
XII	Dupré Theseider XX
XIII	Dupré Theseider XVIIII
XIV	Tommaseo / Misciattelli CLXXIV
XV	Dupré Theseider XXXVIII
XVI	Dupré Theseider XXXIIII
XVII	Dupré Theseider XXX
XVIII	Dupré Theseider XXXXI
XIX	Dupré Theseider XXXXVIII
XX	Dupré Theseider XXXI
XXI	Tommaseo/Misciattelli CCLXXX
XXII	Dupré Theseider XXXXVII
XXIII	Dupré Theseider XXXXVI
XXIV	Dupré Theseider XXXVIIII
XXV	Dupré Theseider LIIII
XXVI	Dupré Theseider LXXXVII
XXVII	Dupré Theseider LVII
XXVIII	Dupré Theseider LXVIII
XXIX	Dupré Theseider LXVIIII
XXX	Dupré Theseider LXV

XXXI	Dupré Theseider LXXII
XXXII	Tommaseo/Misciattelli C
XXXIII	Tommaseo/Misciattelli CCXIII
XXXIV	Dupré Theseider LXXI
XXXV	Tommaseo/Misciattelli CCV
XXXVI	Tommaseo/Misciattelli CCCLXV
XXXVII	Dupré Theseider LXXXVI
XXXVIII	Dupré Theseider LXXXIII
XXXIX	Tommaseo/Misciattelli CCCLXVIII
XL	Dupré Theseider LXXXVIII
XLI	Tommaseo/Misciattelli CCLXXII
XLII	Tommaseo/Misciattelli CII
XLIII	Tommaseo/Misciattelli CCXCI
XLIV	Tommaseo/Misciattelli CCCLXIX
XLV	Tommaseo/Misciattelli CCCLXXIII
XLVI	Tommaseo/Misciattelli CCCLXXI

Die Abschnitte aus dem «Buch» und die Gebete folgen dem von Giulia Cavallini edierten italienischen Text (vgl. die genauen Angaben in der Bibliographie).

Bibliographie in Auswahl

Textausgaben

Briefe:

Epistolario di Santa Caterina da Siena, A cura di Eugenio Dupré Theseider, Roma 1940

Lettere di S. Caterina da Siena, Con prefazione e note del P. M. Lodovico Ferretti, Siena 1918, 5 Bde.

Santa Caterina da Siena, Epistolario, Introduzione e note a cura di D. Umberto Meattini, Roma [3]1979

Le Lettere di S. Caterina da Siena, Con note di Niccolò Tommaseo, A cura di Piero Misciattelli, Firenze [2]1970, 6 Bde.

Die Briefe der Heiligen Catarina von Siena, herausgegeben und eingeleitet von Annette Kolb, Berlin 1919 (Auswahl)

Briefe der Katharina von Siena, ausgewählt, übersetzt und eingeleitet von Maria Maresch, Mönchen-Gladbach 1921 (Auswahl)

Briefe der hl. Katharina von Siena, eingeleitet und übertragen von P. Thomas Käppeli O. P., Vechta in Oldenburg 1931 (Dominikanisches Geistesleben 7) (Auswahl)

Katharina von Siena: Politische Briefe, Übertragung und Einführung von Ferdinand Strobel, Einsiedeln 1944 (Menschen der Kirche, V. Band) (Auswahl)

Katherina von Siena: Engagiert aus Glauben. Briefe, übersetzt und eingeleitet von Ferdinand Strobel, Einsiedeln 1979 (Auswahl)

Das «Buch»:

S. Caterina da Siena: Il dialogo della divina Provvidenza ovvero Libro della divina Dottrina, A cura di Giulia Cavallini, Roma 1968 (Testi cateriniani I)

Caterina von Siena: Gespräch von Gottes Vorsehung, eingeleitet von Ellen Sommer-von Seckendorff und Hans Urs von Balthasar, Einsiedeln 1964 (Lectio spiritualis 8)

Die Gebete:

Taurisano Innocenzo OP: Preghiere ed Elevazioni, Roma [2]1932

S. Caterina da Siena: Le Orazioni, A cura di Giulia Cavallini, Roma 1978 (Testi cateriniani IV)

Caterina von Siena: Meditative Gebete, herausgegeben und übersetzt von P. Hilarius M. Barth O. P., Einsiedeln 1980 (Christliche Meister 5)

Lebensbeschreibungen und Studien

Baglioni A., Brezzi P., Di Rovasenda E., Jervolino M., Petrocchi G.: Inquadramenti storici, Roma 1975 (Quaderni cateriniani 9)

Chéry Henri-Charles: Ein brennendes Herz. Lebensbild der heiligen Katharina von Siena, Zürich 1967; französische Originalausgabe: Sainte Catherine, Tours 1962

D'Urso Giacinto OP: Il genio di santa Caterina. Studi sulla sua dottrina e personalità, Roma 1971 (Quaderni cateriniani 8)

Gertz Bernhard: Mehr sage ich nicht. Die prophetische Kirchenkritik der Caterina von Siena, Internationale katholische Zeitschrift Communio, 2 (1974), S. 132-148

Getto Giovanni: Letteratura religiosa del Trecento, Firenze 1967, S. 109-267: L'intuizione mistica e l'espressione letteraria di Caterina da Siena

Kranz Gisbert: Caterina von Siena, in: Politische Heilige und katholische Reformatoren, 15 Lebensbilder, Augsburg 1958

Das Leben der heiligen Katharina von Siena (Legenda maior des Raimund von Capua), herausgegeben, eingeleitet und übersetzt von Adrian Schenker OP, Düsseldorf 1965 (Heilige der ungeteilten Christenheit)

Misciattelli Piero: Misticismo senese, A cura di Aldo Lusini, Siena 1965

Katharina von Siena. Die Lehrerin der Kirche, Text Walter Nigg, Bilder Helmuth Nils Loose, Freiburg 1980

Schneider Roswitha OP: Begegnung mit der Heiligen aus Siena in Bild und Wort, Abensberg 1979

Scozzi Maria Pierina: Santa Caterina da Siena, Rom 1970 (Collana «Alta vena» 2)

Thomas Antonii de Senis «Caffarini»: Libellus de supplemento, Primus ediderunt Iuliana Cavallini / Imelda Foralosso, Roma 1974 (Testi cateriniani III)

Vita S. Catharinae Senensis B. Raimundi Capuani, Acta Sanctorum, Aprilis III, Antwerpen 1675, 853-959; Paris-Rom 1866, 862-967

Bibliographischer Nachtrag 1988:

Gnädinger Louise: Caterina Benincasa von Siena (1347–1380). Mystikerin und Politikerin, in: Frauen des Glaubens, hrsg. von Paul Imhof, Würzburg 1985, S. 89-102

dies.: Feuertränen. Caterina von Sienas Tränen-Lehre und Tränen-Erfahrung, in: Geist und Leben 54 (1981) 85-98

Jungmayr Jörg: Caterina von Siena. Mystische Erkenntnis und politischer Auftrag in den Traditionen der mittelalterlichen Laienbewegung, in: «Eine Höhe, über die nichts geht». Spezielle Glaubenserfahrung in der Frauenmystik?, hrsg. von Margot Schmidt und Dieter R. Bauer, Stuttgart – Bad Cannstatt 1986, S. 163-186, Texte S. 187-215 (= Mystik in Geschichte und Gegenwart. Texte und Untersuchungen, Abteilung I: Christliche Mystik, Band 4)

Vauchez André: Sainte Brigitte de Suède et sainte Catherine de Sienne: La mystique et l'église aux derniers siècles du moyen âge, in: Temi e problemi nella mistica femminile trecentesca, Todi 1983, S. 227-248